Janine Binder
Seine Toten kann man sich nicht aussuchen

W0171742

PIPER

Zu diesem Buch

Unter Einsatz ihres Lebens stoppt sie Geisterfahrer, schlichtet Schlägereien und holt sich selbst eine gebrochene Nase, rettet Kinder aus verwahrlosten Wohnungen und klaubt Leichenteile von der Straße. Sie ist keine Kinoheldin, sondern eine zierliche Frau von 1,58 m mit einem der härtesten Jobs, die es gibt: Janine Binder ist Polizistin – und kann mit 30 schon nicht mehr zählen, wie viele Tote sie gesehen hat. Ihr Job beginnt, wenn andere zum letzten Mittel greifen: Die Polizei rufen.

Janine Binder, geboren 1981, ist seit 1998 als Polizistin im Dienst des Landes Nordrhein-Westfalen. Nach Stationen bei der Autobahnpolizei und im sozialen Brennpunkt Köln-Chorweiler ist die Polizeikommissarin seit dem Abschluss ihres Studiums in Köln-Porz unterwegs. Da der Dienst nicht immer nur schöne Seiten hat, hat sie zur Verarbeitung der weniger schönen Dinge das Schreiben für sich entdeckt.

Janine Binder

SEINE TOTEN KANN MAN SICH NICHT AUSSUCHEN

Piper München Zürich

Mehr über unsere Autoren und Bücher:
www.piper.de

MIX
Papier aus verantwor-
tungsvollen Quellen
FSC **FSC® C083411**
www.fsc.org

Originalausgabe
1. Auflage Dezember 2011
2. Auflage Januar 2012
© Piper Verlag GmbH, München 2011
Umschlag: semper smile, München
Umschlagabbildung: Jill Flug / Fotoatelier Sued
Satz: Kösel, Krugzell
Gesetzt aus der Charter
Papier: Munken Print von Arctic Paper Munkedals AB, Schweden
Druck und Bindung: CPI – Clausen & Bosse, Leck
Printed in Germany   ISBN 978-3-492-27314-5

Polizisten sind Menschen,
die Menschen vor Menschen schützen.
(Werner Mitsch)

Für dich,
weil du zwar über mich drübergucken kannst,
aber nie über mich hinwegsiehst.

INHALTSVERZEICHNIS

VORWORT

Liebe Leser!

Bevor Sie sich in meine Geschichten stürzen, möchte ich kurz ein paar ernste Worte verlieren. Nicht, dass meine Geschichten nicht schon ernst genug wären, zumindest einige davon. Aber wenn man so wie ich hauptsächlich über Dinge schreibt, die man selbst erlebt und durchlebt hat, dann ist das immer eine etwas schwierige Sache. Es kann passieren, dass andere Menschen in diesen Erlebnissen vorkommen und nicht damit einverstanden sind, nun in einem Buch aufzutauchen, oder dass ich aus Gründen der Pflichten meinem Dienstherrn gegenüber dazu gezwungen bin, aus manchem ein Geheimnis zu machen. Aus diesem Grund sind alle Erlebnisse, Namen, Orte und Personen so abgewandelt, dass niemand sich wiedererkennen kann und ich keine großen Geheimnisse ausplaudere. Trotzdem beruhen alle Geschichten auf meiner dienstlichen Erfahrung. Sie geben meine Erlebnisse aus vielen verschiedenen Einsätzen, mit täglich wechselnden Kollegen an meiner Seite und ihren ganz unterschiedlichen Charakteren, sowie meine persönlichen Eindrücke wieder. Vor allem aber verdanke ich diese Geschichten Ihnen, den Bürgern, die uns anrufen, um eine Katze zu retten, einen Unfall aufzunehmen, für Ruhe zu sorgen und viele Dinge mehr.

Warum ich überhaupt Geschichten schreibe, ist hingegen nicht so einfach zu beantworten. In erster Linie schreibe ich, weil es mir Spaß macht und weil meiner schriftstellerischen

Kreativität beim Schreiben von amtsdeutschen Anzeigen und Berichten enge Grenzen gesetzt sind. Außerdem hat das Schreiben einen nicht ganz unerheblichen psychologischen Effekt: Es dient mir dazu, die manchmal wirklich unschönen, traurig stimmenden oder auch hilflos machenden Ereignisse, deren Zeugin ich täglich werde, zu verarbeiten. Ich erlebe im Dienst häufig etwas, das mich beschäftigt, das mich berührt, anekelt oder verletzt. Damit diese negativen Gefühle sich nicht in mir ansammeln und zum Problem werden können, schreibe ich sie mir im wahrsten Sinn des Wortes von der Seele. Meine Gedanken werden dann zu einer Geschichte, die mich nicht mehr bedrücken, mir keine Angst mehr machen und mich nur noch selten traurig stimmen kann.

Liebe Menschen fanden irgendwann Gefallen an meinen Erzählungen und brachten mich auf die Idee, die ersten Geschichten vorsichtig im Internet zu veröffentlichen. Und schließlich wurde daraus dann sogar ein Buch – dieses, das Sie gerade in Händen halten.

Natürlich hoffe ich auch, dass ich durch meine Geschichten einen kleinen Einblick gewähren und zeigen kann, wie die Welt der Polizei wirklich ist, fernab von Fernsehkrimis, zurechtgeschnittenen Dokumentationen und Kinofilmen. Ich möchte zeigen, dass in jeder Polizeiuniform ein Mensch steckt, dem der eine oder andere Einsatz nahegeht, der vielleicht auch mal mit schlechter Laune aufsteht und der nicht immer nur funktionieren kann, obwohl er das sicherlich gerne würde.

Auch ich bin ganz bestimmt nicht die furchtlose Vorzeigepolizistin, bei der niemals das Hemd aus der Hose rutscht, die immer ihre Mütze aufhat, deren Haare immer ordentlich liegen, die niemals Gefühle zeigt und die sich selbst perfekt und überall an alle Regeln hält. Auch ich bin einfach nur ein Mensch, einer, der gerne mal zu schnell Auto fährt, einer, der hin und wieder überfordert ist, und vor allem einer mit einer nur geringen Geduldspanne, der gerne auch mal laut wird.

Trotzdem versuche ich, meinem Beruf so gut wie möglich gerecht zu werden, gerecht zu sein und für Gerechtigkeit zu sorgen. In den meisten Fällen ist mir das bisher ganz gut gelungen, finde ich, auch wenn das so mancher von mir Festgenommene sicherlich anders beurteilen würde.

Aber genug der einleitenden Worte, machen Sie sich selbst ein Bild von meinem Traumberuf, und schieben Sie mit mir und meinen Kollegen Dienst. Erleben Sie ein paar Einsätze, schauen Sie sich an, wie es ist, Streife zu fahren. Vielleicht sehen Sie dann in Zukunft einen Streifenwagen, der an Ihnen vorbeifährt, mit anderen Augen.

Schlüpfen Sie in meine Uniform, nehmen Sie mein Funkgerät in die Hand, tragen Sie meine Waffe, und schalten Sie Martinshorn und Blaulicht an. Jetzt geht's los, der nächste Einsatz wartet schon ...

Kerpen, im Juni 2011
Janine Binder

WORAUF UNS NIEMAND VORBEREITET ...
2010

Die Nacht war turbulent: Einbrüche, Fälle häuslicher Gewalt, kleinere Prügeleien, ein Unfall. Wir – das sind heute Nacht mein frisch aus dem Studium kommender Kollege Christian und ich – waren von einem Einsatz zum nächsten gefahren, und nur langsam wird es ruhiger am Funk. Erst kurz vor Dienstende haben wir ein bisschen Zeit, um zur Wache zu fahren, Schreibarbeiten zu erledigen, etwas zu essen und zu trinken.

Gerade lehne ich mich in meinem Schreibtischstuhl zurück und schließe für einen Moment die Augen, als der Kopf des Funkers im Türrahmen erscheint. »Könnt ihr mal grade ...?«

Natürlich können wir. Ich schüttle kurz den Kopf, damit die Müdigkeit verschwindet, ziehe die Lederjacke über und sitze wenige Minuten später mit Christian im Streifenwagen. Mit Blaulicht und Martinshorn rasen wir kurz vor Feierabend in Richtung des nächsten Einsatzes. Eigentlich müsste es zu dieser frühen Stunde ja »Feiermorgen« heißen, denke ich, aber im Schichtdienst nennen wir das Dienstende nun mal Feierabend, ob es nun spät in der Nacht, mitten am Tag oder morgens um sechs ist.

Schweigend fahren wir durch die noch menschenleeren Straßen Kölns. »Hilflose Person« ist unser Einsatzstichwort. Das erfordert keine großen Absprachen: Irgendjemand hat zu viel gesoffen und macht jetzt Theater im Hausflur. Routine, immer das Gleiche, kein Überlegen, was einen erwartet. Selbst Christian mit seinem erst wenige Monate alten Kommissarsstern auf den Schulterklappen hat bereits hinreichend Erfahrung mit dieser Art von Einsätzen. So verzichtet er auf Fragen und hängt, wie ich auch, seinen eigenen Gedanken nach, während das Blaulicht durch die Nacht flackert.

Wir halten vor einem Mehrfamilienhaus in Porz-Eil. Keine besonders hübsche Gegend, aber auch nicht total asozial. Ich streiche mir eine Haarsträhne aus dem Gesicht, stecke mechanisch das Funkgerät in die Jackentasche, stoße die Streifenwagentür auf und atme tief die kalte Nachtluft ein. Sekunden später stehen wir vor der Haustür und klingeln. Da die Melderin nicht so freundlich war, ihren Namen anzugeben, drücke ich auf alle Klingelknöpfe gleichzeitig. Die Nachbarn werden sich freuen, aber irgendwie müssen wir ja rein.

Zunächst keine Reaktion, nur das Licht im Flur geht immer wieder flackernd an und aus. Mich fröstelt, der Winter rückt näher. Tagsüber ist es noch ganz angenehm, aber die Nächte werden immer kühler. Bald wird es Zeit, die Lederjacke gegen den Parka zu tauschen und die dicken Handschuhe für nachts herauszusuchen.

Niemand öffnet, über Funk gleiche ich noch mal die Adresse ab. Doch keine Frage, hier muss es sein. Schulterzuckend klingelt Christian noch mal. Im selben Moment ertönt der Türsummer. Mit einem kräftigen Ruck stoße ich die Haustür auf und betätige gleichzeitig mit dem Ellenbogen den Lichtschalter. Ohne Handschuhe will ich so wenig wie möglich anfassen, man weiß ja nie, wie ernst man es in solchen Mehrfamilienhäusern mit dem Hausputz nimmt.

Der Flur riecht muffig und wirkt genauso schmuddelig, wie ich es erwartet habe. Durchs Treppenauge spähe ich nach unten in den Kellerabgang. Niemand zu sehen. Irgendwo in einer der oberen Etagen höre ich eine Tür rhythmisch auf- und zuschlagen. Eine krächzende Frauenstimme scheint immer wieder leise ein Lied zu singen. Das dort oben wird wohl unsere Zielwohnung sein.

»Auf geht's! Natürlich ist es ganz oben.« Ich seufze, Christian lächelt gequält.

Im Laufschritt geht es die Treppe rauf. Bereits in der zweiten Etage merke ich, wie mir unter Pullover, Schutzweste und Lederjacke der Schweiß ausbricht, und innerlich verfluche ich jedes Gramm Ausrüstung, das ich mit mir herumtrage. Das Funkgerät in meiner Jackentasche schlägt mir beim Rennen dumpf gegen die Brust. Der Kollege ist fitter als ich und erreicht den obersten Stock zuerst. Dennoch knallt die Wohnungstür direkt vor seiner Nase zu, bevor er einen Fuß in den Spalt zwischen Rahmen und Tür schieben kann. Er hämmert mit der Faust gegen das Türblatt. Laut hallen die Schläge durch das Haus.

Hinter der Tür hören wir erneut die kratzige weibliche Stimme. Ein lautes, unverständliches Gemurmel setzt ein, und als ich gerade meinen letzten Schritt die Treppe hoch mache, öffnet sich die Tür wieder. Einen Moment bin ich irritiert und weiche einen kleinen Schritt zurück, meine Hand fährt an die Waffe, denn ich sehe niemanden in dem Spalt. Erst als wieder die seltsam singende Stimme ertönt, richte ich meinen Blick auf den Fußboden und schaue in das von tiefschwarzen Hämatomen übersäte und blutverkrustete Gesicht einer Frau mittleren Alters. Ein Auge ist so zugeschwollen, dass man den Augapfel unter der schwarzen Schwellung nur noch erahnen kann.

Wir reagieren beide gleichzeitig. Christian wirft sich gegen die Tür, und ich schaffe es, meinen Fuß in den Spalt zu zwängen, bevor die Tür wieder zuschlagen kann.

Mein Blick sucht das schlecht lesbare Klingelschild, und ich entziffere mit einiger Mühe den Namen »Schulze«.

»Frau Schulze?« Ich spreche lauter als beabsichtigt, meine Stimme überschlägt sich ungewollt.

Der Körper der Frau liegt direkt quer hinter der Tür, sodass wir sie nicht weiter aufbekommen, ohne die Frau, von der ich annehme, dass es Frau Schulze ist, noch mehr zu verletzen.

Hinter ihr erkenne ich jetzt das reinste Schlachtfeld: ein enger Flur, umgeworfene Möbel, Dreck, auf dem Boden Blutlachen und an den Wänden braunrote Handabdrücke und Wischspuren, die Kot, Schokoladenpudding oder Schlimmeres sein könnten.

Kurz bin ich schockiert, und meine Gedanken überschlagen sich, während ich im Geiste durchgehe, was zu tun ist.

»Rettungswagen?« Die Stimme des Kollegen holt mich aus meinen Überlegungen. Ich nicke und stemme mich gegen die Tür, um einen besseren Blick in die Wohnung zu erlangen. Die Frau am Boden summt vor sich hin und reagiert nicht auf uns, so, als wäre das hier total normal.

Mein Kollege nimmt das Funkgerät, das ich ihm hinhalte, und verständigt einen Rettungswagen. Mit weit aufgerissenen Augen schaut er die Frau am Boden an und dann mich: »Auch den Notarzt?«

Unschlüssig warte ich einen Moment und schüttele dann den Kopf. Immer noch überlege ich fieberhaft, was uns hinter der Tür erwarten könnte.

Ich versuche mit der Frau zu reden, die weiter vor sich hinsummt und immer wieder mit kraftlosen Händen versucht, meinen Fuß aus dem Türspalt zu schieben. »Danke. Wir kaufen nichts. Sie können jetzt gehen«, redet sie in einem leichten Singsang vor sich hin. »Winke, winke. Alles gut. Die Kleine ist doch da.«

Mir wird allmählich unwohl vor der Tür. Weder sehe ich, was in der Wohnung passiert, noch weiß ich, wie viele Personen noch drinnen sind und ob uns da eventuell jemand ans Leder will.

Da fällt mein Blick erneut auf das Klingelschild. Zwei Namen, nicht einer. »Frag nach, wer noch hier gemeldet ist!«

Ich habe den Satz noch nicht fertig, als Christian schon ins Funkgerät spricht.

Mein Hirn rattert wie wild. Was ist hier nur passiert? Häusliche Gewalt, und der Täter ist vielleicht noch in der Wohnung? Ein versuchtes Tötungsdelikt? Ein Unfall? Unwillkürlich trete ich einen Schritt vom Türrahmen weg. Wenn da noch jemand drin ist und bewaffnet, stehe ich hier wie auf dem Präsentierteller, schießt es mir durch den Kopf. Dennoch lasse ich meinen Fuß in der Türöffnung und versuche, den Spalt durch leichten Druck stetig zu vergrößern, während die Frau am Boden von der anderen Seite gegen die Tür drückt und fahrig an meinem Fuß herumnestelt. Im Geiste sehe ich mich schon die Waffe ziehen und in die Wohnung stürmen, sobald ich die Gewissheit habe, dass hier mehrere Personen gemeldet sind. In der Wohnung ist es jedoch bis auf das monotone Gemurmel der Frau totenstill. »Die Kleine ist doch da. Ist ja alles gut. Lalilu. Die Kleine ist noch da. Alles ist gut. Könnt wieder gehen. Polizei. Könnt wieder gehen.«

Dann passieren zwei Dinge auf einmal. Im Funkgerät knistert es, und ich höre wie durch Watte den Kollegen auf der Wache sagen: »Da sind nur Frau Schulze und ihre Tochter gemeldet ...« Stille ... »Scheiße, die Kleine ist erst vier!«

Bereits als der Funker »Scheiße« sagt, fällt mein Blick auf die in Kniehöhe an der Wand angebrachten kleinen Fingerzeichnungen: braunrot auf weißem Grund und das Werk sehr kleiner Finger. Die Farbe ist überall die Wand hinuntergelaufen. Mir wird plötzlich heiß und kalt. »Blut, alles ist voller Blut!«, schießt es mir durch den Kopf.

Während der Funker weiterspricht, tausche ich mit Christian einen stummen Blick. Wortlos werfen wir uns jetzt gleichzeitig mit voller Kraft gegen die Tür, ohne Rücksicht auf die am Boden liegende Frau. Sie wird über den dreckigen Boden zur Seite geschoben, kreischt laut und tritt um sich. Die Wohnungstür öffnet sich, ich gerate ein wenig aus dem Gleichgewicht und taumele in die Wohnung. »Behalt sie im Auge!«, zische ich und mache mich mit der Hand an der Waffe daran, die Wohnung zu durchsuchen.

Überall Müllberge, es stinkt widerlich. Laut mache ich mich bemerkbar. »Polizei! IST DA JEMAND?«

Mir schlagen nur Stille und metallischer Blutgeruch aus nahezu jedem Zimmer entgegen. Mein Blick fliegt von rechts nach links. Ich höre, wie der Kollege die Frau befragt, aber nur wenige klare Antworten bekommt, während ich versuche, mir in dem Chaos aus Müll und Unrat einen Überblick zu verschaffen.

Die ersten drei Zimmer sind leer. Eines ist eindeutig ein Kinderzimmer. Glasscherben und Hundekot, wo ich hinschaue. Auf dem Sofa im Wohnzimmer finde ich den dazugehörigen Hund. Röchelnd und augenscheinlich halb verdurstet, verdreht der kleine räudige Mischling bei meinem Anblick die Augen und jault. Mit zitternden Fingern ziehe ich Wäscheberge und Decken vom Sofa, die ganze Zeit darauf gefasst, ein totes Kind zu finden. »Das ist ein Tatort, ein Tatort. Fass so wenig an wie möglich. Tritt nirgendwo drauf. Pass auf, hier kann noch jemand sein. Pass auf!!«, hallt es in meinem Schädel wider, doch je länger meine vergebliche Suche dauert, umso schneller bewege ich mich, und umso hektischer werden meine Bewegungen.

Das vierte Zimmer scheint eine Art Schlafzimmer zu sein. Unter Gerümpel erkenne ich das Bett. Das Fenster ist offen, und im Raum ist es eiskalt. Mit dem nächsten Blick erfasse ich den kleinen blutigen Arm, der aus einem Stapel Decken auf dem Bett herausragt. Mir entfährt ein Schrei, ich stürme nach vorne, unterdrücke den ersten Impuls, die Decken vom Bett zu reißen, und fasse nur ganz vorsichtig den kleinen Arm an.

Er ist kalt. Mir wird schlecht, ich muss würgen, um die Übelkeit zu unterdrücken, aus Angst vor dem, was ich jetzt finden werde. Ich knie mich neben das Bett und schiebe vorsichtig die Decken beiseite. Der kleine Körper, zu dem der Arm gehört, ist ebenfalls kalt. Es ist ein kleines Mädchen mit langen blonden Haaren, die blutverkrustet an ihrem Kopf kleben. Sie ist höchstens vier Jahre alt und trägt nichts außer einer schmutzigen Windel.

Mit zitternden Fingern taste ich nach ihrer Halsschlagader, während ich laut durch die Wohnung rufe: »Kind gefunden!«

Christians leise Frage kommt sofort: »Lebend?«

»Nein«, will ich trotz des dicken Knotens in meinem Hals antworten, als die Kleine plötzlich die Augen aufschlägt und mich aus runden, hellblauen Kinderaugen ansieht.

Mir fällt einer der größten Steine meines Lebens vom Herzen, und ich rechne gleichzeitig damit, dass das Gesichtchen sich im nächsten Moment zu dieser hässlichen kleinen Fratze verzieht, die Kinder schneiden, bevor sie in Tränen ausbrechen. Doch sie sieht mich nur still an und wirkt plötzlich uralt.

Dann lächelt sie, und ihre weißen Milchzähne blitzen auf. Sie streckt mir ihre kalten Ärmchen entgegen und flüstert: »Bist du ein Engel? Nimmst du mich mit?«

Ich bin nicht in der Lage zu antworten. Stattdessen nicke ich und nehme sie vorsichtig auf den Arm. Am Boden in einer getrockneten Blutlache sehe ich eine kleine Hose und einen schmutzigen Pullover. Während ich dem Kollegen erleichtert erkläre, dass die Kleine offensichtlich munter ist, streife ich ihr die Kleider über, streiche ihr vorsichtig das krustige Haar aus dem Gesicht und ziehe ihr auch noch zwei Schuhe an, die ich auf einem der Regale stehen sehe.

Sie ist zart wie eine kleine Elfe. Mit wenigen Blicken und vorsichtigen Berührungen am Kopf erkenne ich, dass sie offenbar unverletzt ist und das Blut nicht ihres. Sie wirkt aufgeweckt und munter, leise frage ich sie nach ihrem Namen.

»Lisa, die Mama sagt auch Lissy. Die Mama ist krank. Ich muss fein leise sein!«, erklärt sie ernsthaft.

Ich schlucke hart, bevor ich antworte: »Ja, die Mama ist krank. Die kommt jetzt zum Doktor, und du kommst mit uns. Ein bisschen spielen. Wäre das toll?«

Sie strahlt mich an. »Ja, das wäre toll. Gibt es bei euch auch was zu trinken, und kann man im Himmel auf einem Wölkchen sitzen?«

Ich nicke und gehe mit ihr in den Flur.

Mein Blick begegnet dem meines Kollegen. Plötzlich wird mir bewusst, dass ich ihn mit der seltsamen Frau ganz allein gelassen habe. Er wirkt geschockt, und ich sehe, dass er mit den Tränen kämpft. Auf alles hat man ihn im Studium vorbereitet – auf Bombenanschläge, auf schreckliche Unfälle, auf Gewalt. Aber auf so etwas? Auf so etwas wohl eher nicht.

Vorsichtig kauert er jetzt neben der Frau am Boden, streicht ihr ein wenig hilflos über das Haar, um sie zu beruhigen, und sieht mich und das Kind immer wieder fassungslos an.

Ich gebe ihm ein paar Minuten, damit er sich sammeln kann, und trage die Kleine ins Kinderzimmer. »Dann lass uns mal ein Stofftier aussuchen, das wir mitnehmen. Was meinst du, Lisa?«

Meine Stimme ist hell und klar, und ich lächle verkrampft. Fröhlich klettert Lisa von meinem Arm und hopst mit ihren kleinen Füßen über die Hundescheiße und die Glasscherben am Boden in ihr Zimmer. Im nächsten Moment hat sie einen kleinen Stoffesel unterm Arm. »Esel kommt mit, Esel kommt immer mit. Esel, wir gehen mit den Engelchen. Darf ich auch ein Buch mitnehmen? Damit du mir was vorlesen kannst?«

Als sie auch das ausgesucht hat, höre ich endlich die Sanitäter im Flur. Ich hebe das Kind wieder hoch und trete, mit Stofftier und Buch ausgerüstet, in den Flur.

Auf dem Boden neben der Frau hocken jetzt zwei Sanitäter und versuchen, ihre Verletzungen zu begutachten. Als sie mich mit dem Kind in dem total verdreckten und mit blutigen Wandzeichnungen versehenen Flur stehen sehen, entgleisen ihre Gesichtszüge. Der eine senkt sofort den Blick, als würde das Kind verschwinden, wenn er es nicht länger ansieht. Der andere formt mit den Lippen tonlos das Wort »FUCK!«.

Mein Kollege lehnt im Hausflur am Treppengeländer und gibt die Informationen per Funk an die Wache weiter. Ich bin froh, dass er trotz der mehr als absurden Situation so gut ohne meine Hilfe funktioniert, und quetsche mich an der Frau und den Sanis vorbei ebenfalls in den Flur.

Die Kleine strahlt Christian an, und ich sehe, dass es ihm gut-tut, ihr Lächeln zu sehen. »Kommst du auch mit spielen? Bist du der Freund von dem Engelchen?« Mit einer kleinen bluti-gen Hand zeigt sie auf mich.

Er lacht sie an, und ich sehe, wie auch dieses Lachen ihm hilft, mit der Situation klarzukommen. »Ja, ich komm auch mit spielen.«

Die Kleine klatscht in die Hände, offenbar total unbeein-druckt von den fremden Leuten und der Hektik, und klettert von meinem Arm auf den des Kollegen. »Liest du mir was vor?«

Total perplex nickt er und lässt sich mit ihr auf dem Treppen-absatz nieder. Ich höre meine Stimme ziemlich rau und tro-cken sagen: »Kommst du damit klar?« Er nickt und beginnt sofort, mit ruhiger Stimme vorzulesen: »Benjamin Blümchen«.

Seine Stimme beruhigt nicht nur die Kleine, sondern auch ich bekomme wieder Boden unter den Füßen und finde zu den Dingen zurück, die getan werden müssen. Während ich in die Wohnung zurückgehe und Fotos von Dreck und Chaos mache, schallt immer wieder glückliches Kinderlachen vom Hausflur herüber.

Die Mutter hat mittlerweile aufgehört zu wimmern und wird von den Sanitätern gerade in einen Transportstuhl gehievt. Sie sperrt sich, tritt und schlägt um sich und kreischt plötzlich los. »IHR NEHMT MIR MEIN KIND NICHT WEG!«

Ich sehe, wie einer der Sanitäter das tut, was auch mein ers-ter wütender Impuls war: Er hebt die Hand zum Schlag. Doch bevor seine Finger auf das total verquollene Gesicht klatschen, treffen sich unsere Blicke, und seine Hand verharrt bewegungs-los in der Luft.

Die Frau kreischt weiter. Wir sehen uns stumm an, langsam schüttele ich den Kopf, der Sani lässt zögernd Blick und Hand sinken.

Auch ich bin wütend auf die, wie ich jetzt am Geruch feststelle, total betrunkene Frau, auf die Zustände, auf jeden, der das hier möglich gemacht hat. Auch auf die Nachbarn, denen erst dann einfällt, die Polizei zu rufen, wenn ihre Nachtruhe gestört ist, und von denen sich trotz des Lärms bisher nicht einer hat blicken lassen.

Auch ich würde die Frau am liebsten schütteln und ihr eine runterhauen, aber das ist es, was uns zu den »Guten« macht: Wir können uns beherrschen in solchen Situationen.

Knipsend gehe ich mit der Kamera von Raum zu Raum. Banne das Chaos auf meine Speicherkarte. Der Hund liegt immer noch röchelnd auf dem Sofa, auch sein Fell ist voller Blut. Vorsichtig betaste ich ihn, finde aber nur kleine Schnittwunden an den Pfoten, die er sich vermutlich beim Laufen über die Glassplitter zugezogen hat.

Im Wohnzimmer finde ich dann endlich die Dinge, die mir helfen zu verstehen, was passiert ist. In einer Ecke ist eine große Blutlache, zerbrochene Bierflaschen kleben in der geronnenen, schleimigen Masse. An einer Ecke des schweren Marmortischs klebt ein Fetzen Kopfhaut mit Haaren. Vor meinem inneren Auge sehe ich die Frau betrunken durch die Wohnung taumeln, sehe sie ausrutschen und fallen. Ich höre das Knirschen, als ihr Kopf mit voller Wucht auf die steinerne Tischkante schlägt, sehe, wie sie bewusstlos in die Bierflaschen fällt. Überall ist Blut. Ich sehe die Kleine, wie sie sich blutige Finger holt, als sie der Mutter helfen will, deren Arme und Rücken von den Glasscherben zerschnitten wurden.

Keine Straftat, kein versuchter Mord, kein prügelnder Ehemann. Keine Gefahr für uns, kein Grund, die Waffe zu ziehen. Lediglich ein Sturz im Alkoholdusel.

Ich wische mir mit der Hand über die Augen und höre im

gleichen Moment die glockenklare Kinderstimme. »Die Mama ist hingefallen und hat sich weh getan. Ich habe im Bilderbuch geguckt, wie der Doktor die Leute untersucht, und das bei der Mama nachgemacht. Wird sie bald wieder gesund? Lies mir noch eine Geschichte vor!« Die ruhige Stimme meines Kollegen erklingt wieder, als er weiterliest.

Nirgendwo finden sich Ausweispapiere, weder die des Kindes noch die der Frau. Wir haben zwar die Überprüfung unseres Funkers, aber ich würde dennoch gerne sichergehen, hier auch wirklich Frau Schulze und ihre Tochter Lisa vor mir zu haben.

Irgendwann breche ich die Suche ab und schalte alle Lampen und elektrischen Geräte ab. Die Sanitäter tragen die mittlerweile still auf dem Transportsitz hockende Frau die Treppe runter. Ihr Kopf schlenkert von links nach rechts. Mit ihrem noch intakten Auge versucht sie mich zu fixieren. »Wenn du mir mein Kind wegnimmst! ...« Der Rest ihrer Drohung verhallt im Treppenhaus. Zwei Feuerwehrmänner erscheinen und packen den kleinen Hund, der sich mittlerweile ein wenig erholt hat und kläffend um uns herumläuft, in eine Transportkiste.

Müde ziehe ich als Letzte die Wohnungstür hinter mir zu. Stumm gehen wir durch den Hausflur, nur die Kleine plappert unentwegt weiter. Nicht eine Tür öffnet sich. Keiner der anderen Bewohner sieht nach, warum es so früh am Morgen so laut ist im Haus. Niemand interessiert sich für das kleine Mädchen mit dem strahlenden Lächeln.

Der Kollege setzt sich mit ihr auf den Rücksitz, ich suche seinen Blick im Rückspiegel. Die Tränen sind aus seinen Augen verschwunden, aber die Fassungslosigkeit ist noch da. Dahinter erkenne ich den Blick des Polizisten, die Härte, die man braucht, um an solchen Dingen nicht kaputtzugehen. Ich sehe, dass es ihn zwar schockiert, dass er auf so etwas nie vorbereitet war, aber dass er schon klarkommen wird. Ich sehe, dass er die tröstend gemeinten, aber oft eher hilflosen und manchmal sogar taktlosen Sprüche der Kollegen wegstecken wird und dass er die Kleine mit ihrem blutigen blonden Haar, der er »Benjamin Blümchen« vorlesen musste, vermutlich nie vergessen wird. Doch auch das wird für ihn nicht zum Problem werden.

Vorsichtig stellt er dem Kind die wichtigen Fragen. »Kocht deine Mama für dich? Hast du Hunger? Gehst du in den Kindergarten? Hast du Freunde? Wie oft hast du geschlafen, seit die Mama hingefallen ist? Wo ist dein Papa?«

»Die Mama kocht nicht so oft. Durst hab ich. Im Kindergarten war ich nicht mehr, seit die Mama gefallen ist. Weiß nicht, wo der Papa ist. Böse ist der, sagt die Mama, genau wie die Oma, die ist auch böse.« Die Kleine plappert munter drauflos und kuschelt sich zutraulich an ihn. Beruhigt starte ich den Wagen und fahre zum Kinderheim.

Zwei Stunden später stehe ich auf der Wache in der Damentoilette. Unsere Berichte sind geschrieben, alle zuständigen Stellen benachrichtigt, die Kleine ist gut untergebracht. Unsere Arbeit ist getan.

Ich stütze mich auf das Waschbecken und starre in den Spiegel. Auf der Wange habe ich eine kleine Blutspur, die ich vorsichtig wegputze. Ich spritze mir eiskaltes Wasser ins Gesicht und schaue wieder in den Spiegel. Meine Lider flattern, die Pupillen sind riesig, als wäre ich auf Drogen, und die Übelkeit ist wieder da. Das Gefühl der Panik, das mich erfasste, als ich das Kind erst nicht fand, klettert langsam wieder in mir hoch. Ein metallischer Geschmack macht sich in meinem Mund breit. Wütend spucke ich in das Becken und frage einen Gott, an den ich nicht glaube, warum er so etwas zulässt.

Als ich wieder in den Spiegel schaue, finde ich nach kurzer Suche auch in meinen Augen die Professionalität wieder, die heute kurz in einem Abgrund der Fassungslosigkeit verschwunden war. Auch ich werde damit klarkommen. Jedes Mal, wenn das Einsatzstichwort in den nächsten Wochen »hilflose Person« lautet, werde ich wahrscheinlich ein leichtes Ziehen im Bauch verspüren und die blutigen Fingerchen von Lisa vor Augen haben. Heute Nacht werde ich von dem schaurig schwarz geschwollenen Gesicht ihrer Mutter träumen, aber in wenigen Tagen wird die Erinnerung verblassen. Der Schock wird kleiner werden, so wie es immer gewesen ist in den letzten dreizehn Jahren Polizeidienst. Die Erleichterung darüber, dass wir gerade noch rechtzeitig gekommen sind, wird überwiegen.

In Gedanken sehe ich die Kleine lachend mit anderen Kindern über die Wiese des Kinderheims laufen. Sie wird darüber hinwegkommen, man wird sich um sie kümmern.

Es klopft, und die Tür zum Vorraum geht einen Spalt weit auf. Mein Kollege steckt den Kopf herein, stumm hält er mir eine Zigarette hin. »Rauchen? Reden?«

Ich denke an meine Notfallschokoriegel, mit deren Hilfe ich mir das Rauchen vor so langer Zeit auch in solchen Fällen abgewöhnt habe. Dann sehe ich seinen bittenden Blick. Nehme die Zigarette und gehe mit ihm vor die Tür. Auf einem Blumenkübel sitzend, rauchen wir, inhalieren tief und blicken in die Sterne.

»Wir waren noch rechtzeitig da, oder?«

Ich nicke stumm.

»Ich dachte, das Kind ist tot.«

Wieder nicke ich.

»Schreibst du darüber eine Geschichte?« Er sieht mich fragend an.

»Ja.« Ich nicke ernst. »Das ist definitiv eine Geschichte wert!«

Er lacht. »Mach mich in der Geschichte ein bisschen sportlicher, ein bisschen schöner und ein bisschen mutiger, ja?«

»Muss ich gar nicht. Du warst gut, so wie du warst.« Ich überlege kurz, dann frage ich ihn: »Wie verarbeitest du das?«

»Ich?«

»Ja, du. Ich schreibe eine Geschichte. Keine schöne, aber eine, die die Seele befreit. Was machst du?«

Er überlegt, aber nur kurz, dann sagt er: »Ich rede jetzt grade mit dir. Das reicht schon. Glaub ich.«

Kurz drücke ich seine Hand. Dann stehen wir auf, werfen die Kippen ins Gras und gehen in die Wache. Bereit für den Feierabend und morgen für die nächsten Einsätze, von denen wir nicht wissen, wie sie aussehen werden.

WIE ALLES BEGANN
1998

Doch bevor ich Einsätze fahren konnte, die mich überraschen, aus der Bahn werfen, zum Lachen bringen, berühren, bewegen und manchmal tatsächlich auch langweilen würden, musste ich erst einmal die Entscheidung treffen, Polizistin zu werden. Eigentlich wollte ich ja immer etwas ganz anderes werden. Seit dem Kindergarten antwortete ich auf die Frage nach meinem Berufswunsch: Lehrerin, und zwar für Mathe, Deutsch und Biologie. Dass es letztlich so kam, wie es kam, habe ich zum einen der Situation zu verdanken, dass sich all meine Klassenkameraden auf eine Lehre vorbereiteten und auch ich vor diesem Hintergrund die Idee von Abitur und Studium immer weniger reizvoll fand, zum anderen meiner Mutter, die mich mit Informationsmaterial zu allen möglichen und unmöglichen Berufen eindeckte, und letztlich einem Einstellungsberater, der in mir einen nie zuvor gekannten Ehrgeiz weckte. Aber lesen Sie selbst.

»So, dann gehen wir mal zum Lauf auf den Sportplatz!«, fordert uns der Herr im ballonseidenen blauen Sportanzug und mit dem eindrucksvollen Schnurrbart auf.

Ich bin von den Turnübungen, die ich gerade erst absolviert habe, noch ziemlich aus der Puste und schnaufe ordentlich. Die Aussicht, mich jetzt auf den Sportplatz des Ausbildungsinstituts in Münster zu begeben, wo gerade Hunderte von Polizisten in kompletter Uniform Mittagspause machen – mehr, als ich in meinem ganzen bisherigen Leben zusammengerechnet gesehen habe –, ist mir alles andere als angenehm. Ich soll vor unzähligen Männeraugen meine Laufübungen absolvieren, dabei bin ich gerade sechzehn geworden, unsicher und schüchtern. Ich werde schon knallrot, wenn mich ein männliches Wesen auch nur in Jeans und T-Shirt sieht. Jetzt trage ich Sportzeug, knappe rosa Shorts und ein T-Shirt in Lila. Ganz sicher werde ich sterben, wenn ich da draußen laufen soll.

»Ähm, können wir nicht hier drinnen ...?« Verlegen knete ich an meiner Turnhose herum und weiche dem Blick des Prüfers aus.

»Nix da, draußen wird gelaufen oder gar nicht!«

Ich schlucke und tausche einen raschen Blick mit meiner Leidensgenossin, die gemeinsam mit mir als Einzige aus einer Gruppe von hundert Bewerbern den schriftlichen und ärztlichen Einstellungstest erfolgreich absolviert hat. Schicksalsergeben schleichen wir hinter dem Prüfer nach draußen.

«Du kannst immer noch verschwinden«, sage ich mir. »Ja, war nett hier, ich wollt nur mal Tag sagen. Tschö, ich bin dann mal weg!« Das würde schon genügen.

Meiner Mitbewerberin geht es augenscheinlich nicht viel besser, ich sehe deutlich, wie sie zittert. Dabei ist sie in meinen Augen bereits erwachsen: groß und schön und vor allem mindestens fünf Jahre älter als ich!

Unter dem Gejohle der überwiegend männlichen Polizeibeamten, die auf der Wiese in der Mitte des Sportplatzes die Sonne genießen, stellen wir uns an die Startlinie.

Zwei Kilometer sind zu laufen, und ich weiß, dass ich mich anstrengen muss, um diese Strecke im geforderten Zeitlimit zu schaffen. Zu Hause ist mir das immer nur ganz knapp gelungen, und jetzt bin ich schon wegen der Aufregung total durcheinander.

Nervös balle ich die Hände zu Fäusten, murmele leise vor mich hin, dass ich diesen verschissenen Scheißtest auch noch schaffen werde, gehe in Startposition und frage mich, welcher

Teufel mich eigentlich reitet, dass ich diesen Schwachsinn hier mitmache.

Wochen scheint es mir her zu sein, dass meine Mutter mit einem Flyer der Polizei nach Hause kam. In meiner Ratlosigkeit, was ich denn nach zehn Jahren Schule weiter lernen sollte, hatte ich ihn einfach ausgefüllt und abgeschickt. Noch länger her schien mir der Besuch dieses unsympathischen Einstellungsberaters der Polizei Nordrhein-Westfalen. Nachdem er sich minutenlang über mich lustig gemacht hatte – meine mangelnde Größe, meinen zierlichen Körperbau und überhaupt Frauen bei der Polizei –, verabschiedete er sich von meiner besorgten Mutter, der der Gedanke, eine Polizistin zur Tochter zu haben, plötzlich so gar nicht mehr gefiel, mit den Worten: »Machen Sie sich mal keine Sorgen, das schafft das Mädchen sowieso nicht!«

War die Polizei vorher für mich nur eine Berufsoption von vielen gewesen, reizte mich dieser Satz bis aufs Blut. Dieser Heini! Zu klein? Zu schwach? Zu zierlich? Pah!

Ohne mich weiter mit den Folgen meiner Entscheidung oder gar den Anforderungen des Berufs auseinandergesetzt zu haben, entschied ich trotzig: »Dem zeig ich, wo der Hammer hängt. Ich werde Polizistin! Jetzt erst recht!«

Und so stehe ich nun hier in der prallen Sonne, die Füße im Startblock. Die erwartungsvollen Gesichter all dieser Polizisten sind auf mich und meine Mitläuferin gerichtet. Manche mustern uns skeptisch, der eine oder andere nickt uns aufmunternd zu. Ich werde trotzdem immer kleiner.

Der Prüfer zieht grinsend eine Startschusspistole und feuert in die Luft. »Das schafft das Mädchen sowieso nicht!« Noch einmal schießt mir der Satz durch den Kopf, dann renne ich los.

Aus dem Augenwinkel bekomme ich mit, wie meine Konkurrentin stürzt. Ich will anhalten, um ihr zu helfen, und werde angeschrien weiterzulaufen. Ich laufe. Die Hitze ist unerträglich, bereits nach wenigen Minuten bin ich nass geschwitzt, und ich merke, wie meine in den letzten Wochen mühsam antrainierte Kondition nachlässt. Verbissen kämpfe ich mich weiter. Ich muss das hier schaffen! Der dämliche Einstellungshansel darf nicht recht behalten.

Meine Mitstreiterin sitzt unterdessen im Gras und sieht mir traurig zu, während der Arzt ihre, wie ich später erfahre, gerissenen Bänder begutachtet.

Ich schnaufe inzwischen wie eine Dampflok. Als ich gerade denke, ich müsse jeden Moment tot umfallen, meinen bescheuerten Ehrgeiz verfluche und mich gedanklich mit einer Stelle als Bankkauffrau anzufreunden beginne, nehme ich neben mir einen Schatten wahr. Einer der Beamten hat sich von seinem Beobachtungsposten auf der Wiese fortbewegt und joggt jetzt locker neben mir her.

»Ruhig atmen, du schaffst das. Schön ruhig atmen, einfach weiterlaufen, bisschen schneller noch. Super!«, murmelt er mir leise zu und hält mit mir Schritt. Viele seiner Kollegen sind mittlerweile ebenfalls aufgestanden und feuern uns, oder vielmehr mich, lautstark an. Als ich das nächste Mal den Prüfer passiere, stimmt der in das mittlerweile ziemlich laute Gebrüll ein: »LAUF! LAUF!«

Und ich laufe, nein, ich renne. Ich muss einfach schnell genug sein. Ich muss diesen doofen Test bestehen, alles andere würde zum sofortigen Tod durch Peinlichkeit führen. Der Polizist joggt auch in der letzten Runde noch neben mir her und murmelt freundlich lächelnd sein Mantra vor sich hin. »Ruhig atmen, ruhig atmen. Du schaffst das!«

Ich hebe den Blick, sehe, wie viele Menschen mir da zusehen, und gebe auf den letzten Metern, angespornt von der Masse der Zuschauer und den lauten Rufen, noch mal Gas.

»Ich schaff das! HAST DU DAS GESEHEN? Einstellungsberatungshansel!!«, nuschele ich, als ich hinter der Ziellinie mit dem Gesicht voran ins Gras falle und einfach liegen bleibe. Ein vorsichtiger Blick auf die große Uhr am Rand des Sportplatzes bestätigt es: Ich habe es geschafft!

Mein Mitläufer nickt mir freundlich zu. »Sag ich doch, du schaffst das, Kollegin!« Er reicht mir die Hand, hilft mir beim Aufstehen, klopft mir kurz auf die Schulter und geht wieder zu seinen Kollegen, die mir kurz Beifall spenden und sich dann wieder anderen Dingen zuwenden. Den Kollegen habe ich nie wiedergesehen, aber seine Worte klingen mir heute noch in den Ohren, wenn ich in Situationen bin, in denen ich an mir zweifle.

Der Prüfer reicht mir die Hand: »Herzlichen Glückwunsch, Frau Binder! Somit steht fest, dass Sie am 1. Oktober 1998 Ihre Ausbildung zur Polizistin beginnen werden.«

Mein Vater wartet auf dem Parkplatz auf mich und kann bereits an den lustigen kleinen Hopsern, mit denen ich auf ihn zulaufe, erkennen, dass ich auch den Sporttest erfolgreich absolviert habe. Und das, obwohl mein Sportlehrer in der Schule mich irgendwann den faulsten kleinen Wurm genannt hat, den er je unterrichtet hat!

Während mein Vater vor Stolz fast platzt, folgen viele tränenreiche Diskussionen mit meiner Mutter und immer wieder die Bitte, doch noch mal darüber nachzudenken. Rechtsanwaltsfachangestellte oder Bankkauffrau seien doch auch ehrbare Berufe. Meine beiden fürsorglichen älteren Brüder beginnen mich genüsslich für »den Job« abzuhärten – natürlich mit den besten Absichten.

So werde ich plötzlich beim Kaffeetrinken gewürgt, finde mich ans Treppengeländer gefesselt wieder und muss unerwartete Angriffe beim Frühstück oder am Mittagstisch mit den Fäusten abwehren, während man mir gleichzeitig mit den Worten: »Als Bulette musst du dem was entgegenzusetzen haben!« die Arme auf dem Rücken fesselt.

Auch meine Klassenkameraden machen sich über mich lustig: Ob man mich als Polizeihund eingestellt habe, von der

Größe her komme das ja ungefähr hin? Oder ob ich die neue Sekretärin des Polizeipräsidenten würde, denn im Streifenwagen übers Lenkrad gucken, das könne ich doch sicherlich nicht.

Ich nehme alles mit stoischer Gelassenheit hin, denn ich weiß, ich hab etwas geschafft, was mir niemand zugetraut hat. Ich, 158 Zentimeter klein und fünfundvierzig Kilo leicht, blond, schüchtern und gerade mal sechzehn Jahre alt, werde Polizistin.

In ECHT!

SCHNELL ERWACHSEN WERDEN
1998

Ich beuge mich über die Tastatur, presse mir ein Taschentuch unter die Nase und tippe mit einer Hand eine Strafanzeige in den Computer. Mir gegenüber sitzt mein Kollege, mit dem ich heute meinen letzten Praktikumsdienst in Aachen absolviert habe. Ab morgen werde ich wieder im Ausbildungsinstitut in Linnich Gesetze pauken, den Umgang mit der Waffe verfeinern, abends kleine Partys auf den Stuben feiern, an der Ruhr entlangjoggen und eine Menge Spaß haben.

Doch jetzt habe ich dafür keinen Gedanken übrig. Meine Nase fühlt sich an, als wäre sie groß wie eine Aubergine, und pocht schrecklich. Sobald ich das Taschentuch wegnehme, tropft Blut auf die Tischplatte, und im Spiegel habe ich gesehen, dass ich bereits jetzt unter beiden Augen zwei herrliche Veilchen habe.

Die Leichtigkeit und Unbedarftheit, mit denen ich bisher an unsere Einsätze herangegangen war, sind verflogen. Klar war mir eingetrichtert worden, vorsichtig zu sein, die Eigensicherung stand über allem. Aber irgendwie war bisher immer noch alles gut gegangen. In den Trainings in Linnich hatte man halt das vorher vereinbarte Zauberwort gebrüllt, wenn man die Situation nicht mehr unter Kontrolle hatte, und sofort ließ der Schauspieler, der den wütenden Aggressor mimte, von einem ab.

Heute Nacht war das nicht so. Mit mehreren Streifenwagen waren wir zu einer Schlägerei gefahren. Es ist Karneval, und während meine Freunde selbst feiern sind, bin ich im Nachtdienst und versuche mit meinen Kollegen, wenigstens ein wenig Ordnung im karnevalistischen Chaos zu wahren.

Noch bevor wir aus den Autos ausstiegen, zogen wir die Handschuhe an und funkten nach Verstärkung, denn die ungefähr vierzig Typen, die sich hier prügelten, waren ganz eindeutig zu viel für uns. Trotzdem hieß es handeln. Schließlich kann man als Polizist nicht im Auto sitzen bleiben und die Knöpfe runterdrücken, während man abwartet, bis die Herrschaften mit ihrer Keilerei fertig sind.

Also hatten wir, zu sechst ganz klar in der Unterzahl, uns ins Getümmel gestürzt. Hatten Kontrahenten getrennt, Streithähne voneinander weggerissen, selbst Schläge ausgeteilt, waren peinlich darauf bedacht gewesen, dass im Gewühl niemand nach unseren Waffen greifen konnte, und hatten Menschen gefesselt.

Als es schien, dass wir die Situation in den Griff bekämen – ich hing gerade am Arm eines der Türsteher der Party und versuchte mit meinem Kollegen, den Kerl zu Boden zu drücken –, zerrte jemand von hinten an meiner Schulter. Ich wurde herumgerissen und hatte das Gefühl, gegen eine Betonwand zu knallen.

Ich versuchte verzweifelt, nicht vor Schmerz ohnmächtig zu werden und zu Boden zu gehen, als ich sah, wie die Faust, die mich gerade mitten ins Gesicht getroffen hatte, erneut ausholte. Einer meiner Kollegen konnte den Schlag gerade noch mit einem gezielten Haken von mir ablenken. Ich schüttelte den Kopf, um wieder klar denken zu können, fing einen besorgten Blick meines Partners auf, nickte ihm unter Schmerzen zu, und im nächsten Moment lag der Schläger unter uns am Boden und trug meine silbern glänzenden Handfesseln. Mein Blut tropfte auf seinen Rücken, während er brüllte: »Du dumme Fotze, mach die Dinger los, dann besorg ich's dir direkt noch mal!«

Mit unseren Einsatzübungen hatte das hier wenig zu tun, doch am Ende hatten wir gewonnen: Zwanzig Männer saßen gefesselt an einem Zaun aufgereiht und warteten auf den Gefangenentransporter. Die andere Hälfte der Herren hatte sich klammheimlich vom Acker gemacht. Zwei Kollegen hatten Kratzer und Schrammen im Gesicht, einer hatte sich das Handgelenk gebrochen, und ich ahnte bereits, dass mit meiner Nase irgendwas nicht in Ordnung war. Trotzdem halfen wir Lädierten den Kollegen, die Gefesselten zu verladen, und begaben uns auf die Wache.

Da sitze ich nun, tippe die Anzeige und versuche nicht daran zu denken, wie sehr mir das Gesicht schmerzt. Einer der Kollegen klopft mir im Vorbeigehen auf die Schulter: »Ordentlich zugelangt, Binderchen, das traut man dir ja gar nicht zu!«

Ich grinse gequält, was ziemlich grotesk aussehen muss, und konzentriere mich wieder auf meinen Bericht.

In diesem Praktikum habe ich meine ersten Toten gesehen, hatte meinen ersten Kontakt mit dem Rotlichtmilieu, wurde mit der Hilflosigkeit und der Überarbeitung konfrontiert, die man bei manchen Einsätzen einfach verspürt, und habe nun zum ersten Mal auch ordentlich was auf die Fresse bekommen. Hatte ich bisher im geschützten Raum in Linnich mit Rollenspielern meine Einsätze geübt, so war jetzt alles echt.

Trotzdem bin ich zufrieden: Ich habe mich bewiesen. Ich bin nicht weggelaufen, ich habe zugepackt und trotz blutender Nase weitergearbeitet, bis unsere Aufgabe erledigt war. Logisch war ich nicht so stark wie die männlichen Kollegen, aber eine Kindheit mit zwei älteren Brüdern und einer jüngeren Schwester, die einen um eine Haupteslänge überragt, lehrt einen ein paar fiese Tricks. Natürlich musste ich meine Grenzen kennen und beachten, aber ich hatte es irgendwie hinbekommen, hatte nach meinen Möglichkeiten mitgekämpft und war trotz meiner nicht zu übersehenden Blessur siegreich gewesen.

Durch das Praktikum habe ich eine Ahnung bekommen, was mich als Polizistin erwarten wird. Mir ist klar geworden, dass es bei diesem Job keineswegs nur darum geht, einem Einstellungsberater zu beweisen, dass ich den Test bestehen und die Ausbildung schaffen würde, sondern dass ich mich auch im Beruf später in Situationen wiederfinden würde, die meine Möglichkeiten eigentlich übersteigen und die ich trotzdem irgendwie lösen muss. Wer mich in Zukunft rufen würde, der erwartete von mir Hilfe.

War ich anfangs recht naiv an diesen Job herangegangen, so begann mir mit der Heilung meiner gebrochenen Nase langsam zu dämmern, worauf ich mich da eingelassen hatte. Während meine Schulkameradinnen und -kameraden die erste große Liebe kennenlernten, sich im Unterricht der Oberstufe Briefchen schrieben und ihre Sexualität ausprobierten, wurde ich im Dienst zu Vergewaltigungsopfern gerufen, musste Kinderpornos sicherstellen, handfeste familiäre Streitigkeiten schlichten, verwahrloste Kinder aus Familien holen, schwere Unfälle aufnehmen und (eigentlich ist das für den normalen Streifenbeamten nicht vorgesehen, aber manchmal passiert es doch) Todesnachrichten an Angehörige überbringen. Ich lernte, dass ich mir meine Einsätze nicht aussuchen konnte, dass ich tun musste, was erforderlich war, auch wenn ich mich manches Mal gerne neben das heulende Opfer gesetzt und ebenfalls geweint hätte.

Ich stellte fest, wie ich mich von meinen früheren Freunden immer mehr entfernte. Ich fühlte mich überlegen, erwachsener, weiser und übersah dabei vollkommen, wie gut es diese Gymnasiasten hatten, die drei Jahre länger zur Schule gingen, ein wenig kindlich sein durften und nicht groß und stark wirken und Ansprechpartner oder Problemlöser für jedermann sein mussten.

Innerhalb kürzester Zeit wuchs ich an meinen Aufgaben und wurde älter und nachdenklicher, als ich es aufgrund meines Alters eigentlich sein sollte. Die Ausbildung war sicherlich eine schöne Zeit, wir haben viel gefeiert, viel gelacht, viel geliebt und gehasst, viel miteinander durchlebt, aber diese Zeit hat mir auch einen Teil meiner Kindheit, meiner Naivität und vor allem viel von meinem Glauben an das Gute im Menschen genommen.

Im Jahr 2001, mit knapp neunzehn Jahren, hatte ich es nach zweieinhalb Ausbildungsjahren geschafft. Ich hatte alle Klausuren und sportlichen Leistungsprüfungen bestanden, die mündliche Prüfung nicht glänzend, aber aufgrund meiner immer noch grandiosen Lernfaulheit zumindest ohne großen Aufwand hinter mich gebracht, und stand nun zusammen mit meinen Kollegen im Flur unseres Wohnheims bereit, um von unserem Jahrgangsleiter zu erfahren, wo wir demnächst eingesetzt werden würden.

»Janine Binder, Polizeimeisterin, ab 1. April 2001 Autobahnpolizei Köln!« Emotionslos las der Jahrgangsleiter weiter die Namen und Dienststellen vor, während ich spürte, dass ich kalkweiß wurde. Es war ein Schock, wie ein Schlag in die Magengrube.

»Autobahnpolizei? Scheiße!«

Autobahnpolizei – das war die Höchststrafe. Nur geradeaus fahren, Unfälle aufnehmen, Lkw kontrollieren. Nix Kriminalität oder gar Nervenkitzel. Kurz – es war die ödeste Tätigkeit, die ich mir vorstellen konnte, und dann auch noch ich, die ich die Straßenverkehrsordnung bisher nur in Ansätzen verstanden hatte und schon beim Anblick der Zulassungsordnung Schweißausbrüche bekam. Ich hatte wirklich mit allem gerechnet, nur nicht damit. Aber es war nichts zu machen, die Entscheidung stand fest, es half kein Tauschen, kein Bitten und Betteln, ich würde auf den Autobahnen von Köln für Ordnung sorgen oder nirgendwo.

»Man wächst mit seinen Aufgaben!«, kam es aus der Reihe hinter mir, und jemand tätschelte mir die Schulter. »Sind ja nur vier Jahre, dann kannst du dich versetzen lassen, und du sparst dir die Zeit in der Hundertschaft. Ist doch super!«

Das war natürlich richtig: Wer auf einer der Landbehörden oder bei der Autobahnpolizei landete, würde von den langweiligen und meist äußerst anstrengenden Demonstrations- und Fußballeinsätzen der Bereitschaftspolizei zunächst verschont bleiben, da nur die großen Behörden ihre Neulinge nach einem Jahr im Streifendienst zur weiteren Ausbildung in die Hundertschaften schicken.

Trotzdem hatte jeder Mitleid mit mir und versuchte, mich aufzumuntern. Außer mir hatten noch ein paar weitere das gleiche Los gezogen, und man witzelte, dass es demnächst auf Kölns Autobahnen vielleicht Vorfälle wie bei »Cobra 11« geben würde.

Ich rang mir zu jedem Witz ein müdes Lächeln ab und begann bereits nach wenigen Tagen, mich daran zu gewöhnen. Was gut war, denn die Sticheleien über Polizisten der Autobahn, die nur das Geradeausfahren beherrschen und mit echter Polizeiarbeit überfordert sind, klingen mir noch heute in den Ohren. Und die Frage, ob ich das mit dem Linksabbiegen denn mittlerweile gelernt hätte, habe ich so oft gehört, dass ich oft schon am Gesichtsausdruck meines Gegenübers erkennen kann, dass sie jetzt kommen wird.

Das einzig halbwegs Positive, das ich an dieser Versetzung erkennen konnte, war die Entfernung. Viele waren an die äußersten Ränder von Nordrhein-Westfalen geschickt worden und mussten sich nun rasch um Wohnungen oder Unterkünfte kümmern. Ich konnte immerhin erst mal bei meinen Eltern wohnen bleiben und dann weitersehen.

Seufzend fügte ich mich in mein Schicksal, und meine Mutter fand immerhin doch noch etwas Positives an der Sache: »Das ist dann wenigstens nicht ganz so gefährlich wie in der Stadt!«

Dass mich gerade die Action und die Gefahr gereizt hatten, wollte ich ihr lieber nicht sagen, und auch, dass die Gefahr, als Polizistin auf der Autobahn von einem Fahrzeug überrollt zu werden, nicht ganz unwesentlich ist, verschwieg ich lieber. Stattdessen trat ich am 1. April 2001 als frischgebackene Polizeimeisterin mit zwei grünen Sternen auf den bisher noch blanken Schulterklappen meinen Dienst auf der Autobahnpolizeiwache Frechen an.

DIE GERADEAUSPOLIZEI
2001

Gelangweilt lümmeln meine Kollegen und ich auf unseren recht unbequemen Stühlen herum und warten, dass uns der große Autobahnoberpolizist begrüßen kommt, damit es dann endlich vom Gebäude der Bezirksregierung, zu der die Autobahnpolizei damals noch gehörte, zu den Wachen gehen kann und wir unseren ersten Dienst erleben dürfen.

Ich bin wie immer die Kleinste und Jüngste und drücke mich dezent im Hintergrund herum. Bloß keine Aufmerksamkeit erregen!

Die Tür fliegt auf, ein Herr mit drei goldenen Sternen auf jeder Schulterklappe, die ihn als Polizeidirektor und somit für mich nahezu unerreichbar höhergestellten Beamten ausweisen, kommt rein, verliert ein paar begrüßende Worte und fragt dann locker in die Runde, wie wir uns den neuen Job »auf der Bahn« denn so vorstellen.

»Langweilig!«, flüstere ich vor mich hin. Doch der freundlich lächelnde Mensch hat leider gute Ohren. Er betrachtet das Namensschildchen vor mir.

»Frau Binder, das war zu leise, ich konnte Sie nicht hören!« Aufmunternd lächelt er mich an.

Ich rutsche auf meinem Stuhl hin und her und blicke angestrengt an ihm vorbei. »Langweilig, hab ich gesagt!«, nuschele ich schließlich nicht unbedingt verständlicher.

Das Lächeln weicht keinen Deut aus seinem Gesicht, und er betrachtet wieder mein Schild. Ich kann förmlich sehen, wie er sich meinen Namen und mein Gesicht einprägt. »Super,

Janine«, sage ich mir, »das mit dem ›Keine Aufmerksamkeit erregen‹ hat ja toll geklappt!«

Verlegen drehe ich meine Mütze in den Händen hin und her, während der Herr, den hier alle siezen, obwohl das bei der Polizei eigentlich unüblich ist, mir erklärt, wie viel Spaß ich bei der Autobahn haben würde, welch spannende Einsätze mich erwarteten und wie dankbar ich sein könne, dass ich es nicht mit dem »Gesocks« in der Stadt zu tun bekäme, das einem da jeden Tag begegnet. Ich nicke artig, verkneife mir jeden weiteren Kommentar und lächle die nächste halbe Stunde grenzdebil vor mich hin.

Wir bekommen eine mehrtägige Einführungsfortbildung und lernen all das, was uns in der Ausbildung immer als weniger wichtig verkauft wurde: Lkw-Kontrollen, Sozialvorschriften, Diagrammscheiben kontrollieren, Unfallstellen auf der Autobahn absichern, wie man ein Fahrzeug auf der Autobahn anhält und wie man den Verkehr stoppt, um auf der Fahrbahn liegende Gegenstände einzusammeln …

All das wird uns schnell noch beigebracht, dann sind wir fit. Fit für die Autobahn.

Die nächsten Monate fliegen nur so dahin. Ich nehme unzählige Unfälle auf, habe meine ersten Gerichtstermine, schreibe Anzeigen wegen schlecht oder auch gar nicht gesicherter Ladung, wir erwischen Geschwindigkeitssünder, begleiten Schwertransporte, ich räume von der Badewanne bis zum Reisekoffer so ziemlich jeden denkbaren und undenkbaren Gegenstand vom Asphalt, fange Tiere wieder ein und erschieße diejenigen, die es nicht mehr geschafft haben, rechtzeitig den Fahrzeugen auszuweichen. Wir machen liegen gebliebene Fahrzeuge wieder flott und sichern Stauenden ab.

Kurz: Für Langeweile bleibt nur in den meist ruhigeren Nachtdiensten Zeit.

Genau so einen Nachtdienst haben wir heute. Es ist Winter, und ein eisiger Wind weht über die Autobahn. Auf den Straßen war nichts los, wir haben auch den letzten Zeitungskurier und Brötchenausfahrer kontrolliert, und jetzt sitzen wir zu acht gemeinsam mit unserem Vorgesetzten bei Kakao und Plätzchen auf der Wache und schauen Horrorfilme. »Final Destination« ist heute angesagt. Gebannt verfolgen wir, wie die dem Tod soeben von der Schippe gesprungenen Menschen nach und nach doch noch um die Ecke gebracht werden.

Auf einmal knistert es im bis dahin toten Funk. Mein Kollege reißt erstaunt die Arme hoch, verzieht sein Gesicht zu einer gruseligen Grimasse und stöhnt im Horrorfilmton: »Wahhhh, er ist hiiiiieeeer, er will auch uns holen!«

Ich schlage ihm leicht genervt mit meiner Mütze auf den Hinterkopf und schubse ihn, damit er zum Funkgerät geht, weil ich keine Lust habe, meinen eigenen Po von der warmen Heizung zu bewegen.

Er stöhnt und ächzt und erhebt sich, als der Funk auch schon lebendig wird. »Umgekippter Lkw-Anhänger, liegt offenbar auf dem Seitenstreifen, aber ragt in die Fahrbahn.«

Grummelnd rappele ich mich hoch, obwohl ich am liebsten sitzen geblieben wäre. »Wir fahren schon. Sagt mir, wie der Film ausgegangen ist.« Ich ziehe mir die Mütze in die Stirn und stapfe nach draußen, dicht gefolgt von meinem Kollegen Thomas, mit dem ich bereits die letzten beiden Nächte gemeinsam Streife gefahren bin und der jetzt irgendwas von arbeitsgeilen jugendlichen Kolleginnen murmelt, die ihm ständig Arbeit einbrocken und ihn von seinem Filmvergnügen abhalten.

Als wir durch die Nacht rasen, taucht plötzlich hinter uns ein Blaulicht auf, und der Funk knistert. »Wir lassen euch nicht allein, wer weiß – vielleicht schwebt ja schon die Todeswolke über der Autobahn und will euch holen ... uuuuahauuuu ...«

Lachen, dann Stille. Als der Streifenwagen uns eingeholt hat und rechts neben uns herrast, winke ich nach rechts, und der

Kollege des anderen Streifenwagens tritt noch mal aufs Gas und fliegt an uns vorbei. Ein Wettrennen bricht los. Immer wieder überholen wir uns, reißen Witze über den Zwei-Meter-Funk (den können bei der Autobahnpolizei nur die Streifenwagen hören, die sich in der näheren Umgebung befinden) und machen uns über die nahende Todeswolke aus dem Film lustig.

Trotz hoher Geschwindigkeit und Blaulicht sind wir fast zwanzig Minuten unterwegs, bis auf dem ersten Schild die Kilometrierung unseres Ziels auftaucht. Doch noch sind wir auf der falschen Seite der Autobahn und müssen erst an der nächsten Ausfahrt oder dem nächsten Rastplatz drehen, um an den Ort des Geschehens zu gelangen.

Vor uns taucht plötzlich eine Rauchsäule auf. Ich glotze nach vorn und greife zum Funk. »Da brennt was!«

Die Leitstelle antwortet leicht genervt: »Kann nicht sein, davon wissen wir nichts.«

»Na und? Hier brennt was«, entgegne ich ebenso genervt, »ihr müsst ja nicht immer alles zuerst wissen!«

»Dann macht hin und schaut nach, was da los ist.«

Aus dem Streifenwagen neben mir trifft mich der erschrockene Blick des Kollegen. Über den internen Funk kommen keine Witzchen mehr.

Thomas stiert nach vorn und würde vermutlich am liebsten das Bodenblech durchtreten, wenn wir dadurch schneller würden. Wir fliegen förmlich an der Unfallstelle vorbei. Gerade will ich erleichtert aufatmen, weil ich sehe, dass Notarzt und Feuerwehr schon da sind, da gibt es genau in dem Moment, als wir auf Höhe der Rauchsäule sind, einen Knall. Ich sehe nur noch Feuer und Funken. Mein Kollege im anderen Wagen verreißt vor Schreck das Steuer und schleudert vor uns herum. Zum Glück fängt er den Wagen wieder ab und rast weiter. Ich gebe den Stand der Dinge an die Leitstelle durch, die mir irgendwie immer noch nicht zu glauben scheint.

Wir rasen auf den nahen Rastplatz und schleudern durch eine Kurve auf den Wirtschaftsweg, der unter der Autobahn durchführt, sodass wir auf die andere Seite gelangen können. Der Streifenwagen dreht sich fast, als wir wieder auf die Autobahn auffahren, aber Thomas greift in seine Tasche und zündet sich erst mal eine Kippe an, während er weiter Gas gibt.

Vor uns Stau. Trotz der Kälte stehen die Leute auf der Straße und sehen uns mit einem stumpfen Gesichtsausdruck entgegen. Keiner steht uns im Weg, alle sehen uns nur an. Ich schlucke, um das unbehagliche Gefühl zu vertreiben, das in mir aufsteigt. Irgendwas stimmt hier ganz und gar nicht.

Thomas rutscht unruhig auf seinem Sitz hin und her, während wir uns einen Weg durch die Fahrzeugkolonnen bahnen. Vor uns taucht Blaulicht auf, und Flammen schlagen aus einem Lkw-Anhänger, der quer über allen drei Fahrspuren liegt.

Der Kollege hält, und ich öffne die Tür, um auszusteigen, als der Notarztassistent zu mir hinjoggt und mir mit ernstem Gesicht erklärt: »Zweimal Ex, sind noch im Auto, wir kommen nicht ran, wegen der Flammen.«

Verständnislos gucke ich ihn an. Ich bin noch nicht lange genug dabei, um zu verstehen, was er mir gerade mitgeteilt hat. Thomas seufzt und lässt sich wieder auf seinen Sitz fallen, während er mir erklärt, was die Worte des Arztes bedeuten: Es hat zwei Tote gegeben.

Da wir im Moment eh nicht viel tun können, geben wir erst mal alles an die Leitstelle weiter und lassen die Szenerie auf uns wirken. Vor uns Flammen, neben uns Hektik. Auf dem Seitenstreifen liegt ein Mädchen, vielleicht zehn Jahre alt, in warme Decken gepackt, und wird verarztet. Ihre Haare sind schwarz verbrannt, verklebte kurze Büschel der offenbar vorher langen braunen Locken stehen vom Kopf ab, und ihr Gesicht ist rußverschmiert. Sie spürt meinen Blick und sieht mich ebenfalls an, während drei Sanitäter und der Notarzt um ihren linken Arm herumsitzen und fleißig mit irgendwelchen medizinischen Gerätschaften hantieren.

Sie wirkt auf mich so verloren, deshalb steige ich aus, gehe zu ihr hin, hocke mich neben sie und streiche ihr die traurigen Überbleibsel ihrer Haare aus dem Gesicht. Sie lächelt mich mit Tränen in den Augen an und drückt mir mit dem gesunden Arm die Hand. Ich frage sie ein paar Dinge, um sie abzulenken und um später nicht meinen Daten hinterherlaufen zu müssen. Sie erzählt mir, wie sie heißt, wo sie wohnt, gibt mir sogar ihre Telefonnummer. Dann sagt sie einen Satz, der mich trotz der traurigen Umstände unheimlich erleichtert: »Rufen Sie bitte meine Eltern an, dass es später wird und dass sie nicht auf mich und Onkel und Tante warten sollen.«

Dann schläft sie urplötzlich ein. Überrascht gucke ich den Notarzt an. Er zuckt mit den Achseln. »Beruhigungsmittel, ist besser so.« Erst jetzt sehe ich, dass ihr linker Arm nahezu ganz vom Körper abgerissen ist.

Ich wende mich ab, während die Sanitäter das Mädchen in den Rettungswagen bringen. Thomas tippt mir auf die Schulter. »Die kriegen das Feuer nicht aus, der hatte Reifen oder so geladen. Das Gummi brennt ohne Ende, und wir kommen nicht ran. Kümmere dich um die Zeugen, wir müssen warten, bis wir nach vorne können.«

Ich nicke und gehe an den Rettungswagen vorbei. Mittlerweile sind sechs Stück davon vor Ort. Dort treffe ich auf die ersten Zeugen. Sie werden von Sanitätern behandelt, haben Verbrennungen, weil sie versucht haben, die beiden Personen aus dem brennenden Auto zu ziehen – vergeblich. Ich nehme einen süßlichen Geruch wahr und versuche sogleich, ihn zu verdrängen. Trotzdem weiß ich: Das ist verbranntes Menschenfleisch. Es riecht so intensiv, dass der Geruch sogar den der brennenden Reifen überlagert.

Eine Zeugin beugt sich neben mir über die Leitplanke und übergibt sich. Ich würde es ihr am liebsten gleichtun, reiße mich aber zusammen, sage mir, dass ich Vorbild sein muss, dass ich Ruhe ausstrahlen soll und für die Menschen um mich herum da sein muss.

Automatisch greife ich nach meinem Notfallschokoriegel, der seit einigen Wochen meine Notfallzigaretten ersetzt, und während ich Personalien und Aussagen notiere, tröste und versuche, den Menschen den Blick auf den mittlerweile fast ausgebrannten Pkw zu verstellen, futtere ich meinen Schokoriegel. Irgendwie gibt mir das Halt.

Mein Kollege taucht aus dem Nichts wieder neben mir auf. »Okay, ich weiß, wie es passiert ist. Kannst du Fotos machen? Die anderen kümmern sich um Abschleppdienste und machen eine Skizze.«

Ich nicke und reiche ihm meinen Notizblock. »Hier die Zeugen, haben aber alle den Unfall selbst nicht gesehen, sind erst danach hier angekommen.«

»Macht nichts, ich hab den Lkw-Fahrer gefunden, zu dem der Anhänger gehört.«

Ich nicke. »Wie ist das denn passiert, und was ist überhaupt passiert?«

Er sieht mich traurig an. Vergessen sind die Witzchen über die Todeswolke, die wir eben noch so spaßig fanden. »Der Lkw-Fahrer ist eingeschlafen, nach rechts gegen die Leitplanke gekommen. Dabei ist der Anhänger abgerissen und umgekippt, quer zur Fahrbahn liegen geblieben, unbeleuchtet mit dem Unterboden in Richtung des ankommenden Verkehrs. Der nachfolgende Wagen hatte keine Chance, ist ungebremst dagegengefahren. Fahrer war vermutlich sofort tot, Beifahrerin ist laut dem Zeugen da hinten in den Flammen gestorben. Die Kleine ist irgendwie aus dem Auto rausgekommen und den anderen Fahrzeugen entgegengerannt, sodass zum Glück kein anderer mehr reingefahren ist.«

Seufzend blicke ich zu den Zeugen hinüber, die immer noch niedergeschlagen neben den Rettungswagen auf der Leitplanke und am Boden kauern. Hinter mir macht sich die Feuerwehr daran, die Toten aus dem Auto zu holen. Jemand weint.

Ich nehme den Fotoapparat und marschiere los, fotografiere mich langsam von harmlos zu entsetzlich. Beginne bei den Schäden an der Schutzplanke, arbeite mich zum Pkw durch.

Der Innenraum des nagelneuen Mercedes ist eine einzige geschmolzene Masse. Im hinteren Fußraum liegt ein verblüffenderweise nur leicht angesengtes rosa Plüschkaninchen. Ich fische es heraus, klemme es mir unter den Arm und werde es dem Mädchen ins Krankenhaus bringen. Auf dem Kofferraumdeckel sehe ich blutige Kinderhandabdrücke. Durch die geborstene Heckscheibe ist die Kleine also rausgeklettert, denke ich mir und knipse weiter. Keine Bremsspuren. Der Tacho ist geschmolzen, die Nadel hängt irgendwo bei 200 km/h.

Systematisch knipse ich weiter, nehme mir den Anhänger vor und schließlich auch noch die Zugmaschine des Lkw. Dann erst schaffe ich es, mich den beiden Hubbeln unter den schwarzen Decken zuzuwenden, die auf dem Seitenstreifen liegen. Ich stehe davor und schlucke hart. Es stinkt nach verbrannten Haaren, und die Silhouetten unter den Decken sehen unnatürlich verkrümmt aus, kaum menschlich.

Hinter mir höre ich eine Stimme. »Wenn du das nicht kannst, mach ich das. Ich weiß, dass das deine ersten Verbrannten sind.«

Ich sehe Thomas dankbar an, schüttele aber den Kopf. »Da muss ich durch, irgendwann ist immer das erste Mal.«

Er nickt, man sieht, dass er froh ist, dass ich sein Angebot abgelehnt habe. Trotzdem bleibt er neben mir stehen und legt mir eine Hand auf die Schulter, als ich die Decken zur Seite schlage und meine grausigen Fotos mache.

Wieder auf der Wache, treffe ich zum ersten Mal seit unserem Begrüßungsgespräch vor einigen Monaten auf den Herrn mit den goldenen Sternen. Wieder hat er dieses offenbar nie erlöschende Lächeln im Gesicht. Während wir die Unfallanzeige in den PC tippen, holt er uns je einen Becher Kaffee, dann sieht er mich an: »Und, Frau Binder? Wie ist das so mit der Langeweile bei uns auf der Autobahn? Fühlen Sie sich nützlich?«

Ich schlucke den Kloß im Hals runter und lächele zu ihm hoch. Zu sagen brauche ich nichts. Er tippt sich grüßend an die Mütze und lässt uns weiterarbeiten.

Den Film »Final Destination« habe ich aus lauter Aberglaube bis heute nicht komplett gesehen, und das Ende wollte mir auch niemand mehr verraten.

SCHAFE AUF DER A1
2003

Natürlich sind tödliche Unfälle und harte Einsätze nicht der Alltag bei der Polizei. Auch erfahrene Polizisten kratzen nicht jeden Tag Tote von der Fahrbahn, liefern sich nicht jeden Tag wilde Verfolgungsfahrten und nehmen nicht jeden Tag einen Bankräuber fest. Manche Tage sind einfach nur von normalen Einsätzen geprägt, die zwar für die Menschen, die darin verwickelt sind, auch immer eine Ausnahmesituation darstellen – sei es ein kleiner Unfall mit Sachschaden oder ein Streit unter Nachbarn, eine Ruhestörung oder eine simple Verkehrskontrolle. Für uns Beamte sind sie, so riskant dieses Wort auch ist, Routine.

Doch zwischen wirklich nervenaufreibenden Einsätzen und Routineeinsätzen gibt es eine dritte Sorte, nämlich die, die einfach nur Spaß machen, über die man auch Jahre später noch herzlich lachen kann und an die man sich gerne zurückerinnert. So war es mit den Schafen auf der A 1.

Meine Kollegin Nadine und ich rollen mit dem Streifenwagen über die A 1 vom Autobahnkreuz Köln-West in Richtung Leverkusen. Der Dienst hat gerade erst angefangen, die anderen Streifenwagenbesatzungen sind mit Sperrungen für eine Brückensprengung beschäftigt, und wir sollen für alle anderen Einsätze bereit sein. Doch bisher ist nichts angefallen – kein Unfall, keine Gegenstände auf der Fahrbahn, nicht mal jemanden ohne Sicherheitsgurt haben wir erspäht. Also fahren wir im herrlichsten Sonnenschein durch den Frühlingsmorgen und warten auf den ersten Einsatz des Tages, als ein Räuspern aus dem Funk ertönt: »Schafe auf der A1 kurz vorm Kreuz Köln-Nord.« Nadine bestätigt, und ich steuere den Wagen ein wenig schneller in die Richtung.

Schafe sind eigentlich gar nicht so schlecht. Sie sind nicht so schnell und wendig wie Ziegen, Wildschweine oder Hunde, und sie sind kleiner und somit handlicher als Rehe, Pferde oder gar Kühe. Daher verursachen sie auch nicht so viel Schaden, wenn es zu einem Unfall kommt, und sie lassen sich auch locker von einer Person wegschleifen, während man für ein kaputt gefahrenes Wildschwein schon mal zwei oder drei Kollegen braucht, um es von der Fahrbahn zu hieven. Ich selbst hatte mich gerade vor ein paar Wochen dran probiert, war forsch auf die tote Sau zugegangen, hatte sie an einem Hinterlauf gepackt und wollte sie von der Fahrbahn zerren. Mit den zweihundert Kilo Fleischmasse hatte ich aber irgendwie nicht gerechnet. So zog und zerrte ich, die Sau bewegte sich keinen Zentimeter, und schließlich riss der ohnehin durch den Unfall leicht lose sitzende Hinterlauf ab. Ich purzelte rückwärts und landete mit der abgerissenen Wildschweinkeule auf der Brust auf dem Seitenstreifen.

Während ich so noch meinen Gedanken nachhänge und wir in Richtung Einsatzort fahren, wird der Verkehr für einen Samstagmorgen immer dichter, bis wir schließlich kurz vor dem Autobahnkreuz in einem ausgewachsenen Stau stehen. Nichts geht mehr.

Ich schalte das Horn ein, und wir kämpfen uns durch nur widerwillig Platz machende Fahrzeugkolonnen. Das ist übrigens immer so: Wir müssen irgendwo durch, wo es nicht weitergeht, damit wir vorne Platz machen können, damit es dann irgendwann doch wieder weitergeht. Diesen logischen Ablauf scheinen viele Autofahrer jedoch nicht zu begreifen. Da wird dann für den ersten Streifenwagen zögerlich ein Weg freigemacht, den man dann aber sofort wieder zumacht, sodass der zweite Streifenwagen und die folgende Feuerwehr erneut Probleme haben vorbeizukommen. Was so schwierig daran ist, einfach eine Gasse zu bilden und diese so lange offen zu lassen, bis es weitergeht, hat sich mir bis heute nicht erschlossen.

Wir kämpfen uns also mit laut heulendem Martinshorn und Blaulicht langsam durch den Stau, und dann sehen wir es.

Ja, da sind Schafe auf der A 1, aber nicht eins oder zwei, wie ich angenommen hatte. Nein, die gesamte dreispurige Autobahn vor uns ist voller Schafe! Auf dem Seitenstreifen sind Schafe, auf dem Fahrstreifen, auf dem Überholstreifen und auf dem Mittelstreifen – überall stehen die blökenden Viecher und gucken wenig intelligent zu uns herüber.

Nadine und ich tauschen einen ratlosen Blick. Wie sollen wir die von der Fahrbahn bekommen?

Erst mal schalte ich das Martinshorn aus, das die Tiere ohnehin wenig beeindruckt hat. Nadine gibt die Situation per Funk an die Leitstelle weiter und erfährt knapp: »Kein zweiter Wagen frei. Ihr Mädels macht das schon!«

Ja, wir machen das schon. Aber wie?

Zunächst versuchen wir, die Herde zumindest daran zu hindern, durch den Mittelstreifen auf die Gegenfahrbahn zu laufen, indem wir dort entlangrennen, mit den Armen fuchteln und »Husch, husch!« schreien, mit dem Erfolg, dass sich die Schafe allmählich in Bewegung setzen und tatsächlich den Mittelstreifen räumen.

Von unserem Erfolg bestärkt, fahren wir mit unserem »Husch husch«-Gebrüll fort und treiben die Herde unter den amüsierten Blicken der wartenden Autofahrer über die Autobahn. Aber eben leider nur über die Autobahn und nicht von ihr runter. Keines der Schafe ist dazu zu bewegen, sich auf dem Feldweg, von dem sie offensichtlich gekommen sind, zurück zu ihrer Weide zu begeben.

Mittlerweile schwitzen Nadine und ich ordentlich von dem Rumgerenne. Die Schafe stehen unbeeindruckt weiterhin auf der Fahrbahn und glotzen blöd. Ich bin nach einem kleinen Sturz über ein Lamm, das mir in die Quere gelaufen war, von oben bis unten voller Schafscheiße, und auch Nadines Uniform hat gelitten und weist am Hemdsärmel ein großes Loch auf, während eines der Schafe gemächlich auf dem grünen Stofffetzen herumkaut.

Kurz, wir kommen nicht weiter. Genervt funke ich die Leitstelle um Unterstützung an, nur um wieder die Antwort zu erhalten: »Keiner da! Der Schäfer ist verständigt, braucht aber etwa eine Stunde, bis er da ist.«

Ratlos betrachte ich, an den Streifenwagen gelehnt, die Herde. Wenn wir hier einfach eine Stunde warten, werden uns die Autofahrer im Stau sicher lynchen. Und selbst dann steht noch nicht fest, wie lange der Schäfer braucht, um seine Schafe wieder auf den rechten Weg zu führen.

Plötzlich vibriert das Diensthandy in meiner Hemdtasche. Es ist die Wache. »Tim hier!«, meldet sich der Funker. »Hör mal, wir hatten letztens auch Schafe auf der Bahn. Nicht ganz so viele, aber schon ein paar. Wenn du die an den Füßen packst und auf den Rücken drehst, laufen sie nicht weg, und ihr könnt sie wegtragen!«

»Ja, ja, ich komm vom Dorf. Ich weiß, wie ich Schafe stilllege und transportiere. Aber ich denke nicht, dass wir die etwa vierhundert Stück hier einzeln von der Bahn tragen werden!«, unterbreche ich ihn ungeduldig.

»Habt ihr den Lämmertrick schon probiert?«, will Tim jetzt wissen.

»Den Lämmertrick?« Zum Glück kann er meinen dämlichen Gesichtsausdruck nicht sehen. »Was soll das denn sein?«

»Schafe sind ja etwas doof, deshalb laufen sie immer in die Richtung, wo eines der Biester am lautesten schreit. Schnapp dir ein Lamm. Lass es blöken, und dann renn mit dem blökenden Lamm dahin, wo die anderen hinsollen!«

»Is klar. Danke für den Hinweis!« Ich tippe mir in Nadines

Richtung mit dem Finger an die Stirn. »Tim hat sie auch nicht mehr alle.«

Sie nickt nur und wischt sich den Schweiß aus dem Gesicht. Die Hand ist von der schmutzigen Schafwolle fettig und hinterlässt eine braune Dreckspur auf Nadines Stirn.

Eine Weile schaue ich mir die Schafe an und stelle fest, dass die Viecher tatsächlich immer dahin laufen, wo gerade eines am lautesten brüllt. Dann zucke ich mit den Achseln. »Versuchen könnten wir es ja mal!«

Ich erkläre Nadine den Plan, die sich genauso an die Stirn tippt wie ich. »Klappt nie!«, meint sie nur. Aber ich muss an einen anderen Tiereinsatz denken, der sich bis vor Kurzem immer wiederholte: Gänse auf der A 553. Dort hatte ein Bauer seine Gänse nicht so ganz unter Kontrolle, und seit Wochen marschierten die immer mal wieder über den Seitenstreifen der Autobahn. Wochenlang hatten wir uns Verfolgungsrennen mit den Viechern geliefert, bis uns der Bauer erklärte, wir sollten einfach »Ab nach Hause« sagen, dann wüssten sie schon, was sie zu tun hätten. Auch in dem Fall tippten wir uns erst an die Stirn, bis wir feststellten, dass es funktionierte: Die Gänse zockelten tatsächlich brav in einer Reihe heimwärts, sobald wir mit dem Streifenwagen ankamen und über Außenlautsprecher »Ab nach Hause!« brüllten.

Wer ernsthaft mit Gänsen spricht, um sie davon zu überzeugen, dass sie sich vom Acker machen sollen, dem sollte es auch nicht zu affig sein, die Sache mit dem blökenden Lamm wenigstens zu probieren. Also stürzen Nadine und ich uns ins Getümmel. Es dauert ein paar Minuten, bis ich eines der Lämmer zu fassen bekomme und mir unter den Arm klemmen kann. Aber dann sitze ich tatsächlich mit einem kleinen verängstigten Bündel auf dem Schoß im Streifenwagen, halte ihm das Funkgerät an die Schnute und zwicke es immer mal leicht, damit es blökt.

Und oh Wunder – es funktioniert! Sobald das erste Blöken aus dem Außenlautsprecher schallt, geht ein Ruck durch die

Herde, und vierhundert Schafköpfe starren dieses grün-weiße Monsterschaf mit der lauten Stimme an. Dann setzen sie sich in Bewegung.

Nadine springt auf den Fahrersitz und fährt langsam los in Richtung Feldweg, ich auf dem Beifahrersitz, das blökende Lämmlein im Arm und die Schafe hinterher.

Keine zehn Minuten später ist die Fahrbahn der A 1 wieder frei, und die Schafe sind wieder auf ihrer Weide. Den Zaun bessern wir notdürftig mit ein paar Abschleppseilen aus und liefern das Lämmlein bei seiner Mutti ab, die ich zum Glück vorher markiert hatte, indem ich ihr mit Sprühkreide, die eigentlich zum Markieren von Unfallspuren dient, ein grünes X auf das Fell gemalt hatte.

Nachdem wir die Herde dem verlegenen Schäfer übergeben haben, der allerdings tatsächlich den Nerv hat durchzuzählen, ob auch alle Schäflein wieder da sind, steuern Nadine und ich die Wache an. Unter den hämischen Blicken der Kollegen verkrümeln wir uns, ordentlich nach Schafkot müffelnd, sofort in die Umkleide und richten unser Äußeres wieder her. Erst dann können wir von unserem großen Sieg über die gemeine Schafmeute berichten und sind in der Lage, die Lacher auf unsere Kosten lächelnd zu ertragen.

SEINE TOTEN KANN MAN SICH NICHT AUSSUCHEN
2004

Unter uns Polizisten gibt es zwei Gruppen: die Glückskinder und diejenigen, denen grundsätzlich die Scheiße an den Händen klebt. Ich gehöre seit meiner Ausbildung stets zur letzten Gruppe. Passiert irgendwo ein tödlicher Unfall, bin ich, sofern ich denn im Dienst bin, grundsätzlich die Erste vor Ort. Gäbe es Preise für die Beamtin, die die verrücktesten Einsätze bekommt, ich stünde garantiert mit auf dem Treppchen. Auch gibt es Kollegenkonstellationen, bei denen man genau weiß: Wenn die zwei in einem Auto sitzen, dann rappelt es immer irgendwo gewaltig.

Aberglaube? Mag sein, doch es gibt tatsächlich diese Glückskinder, die in ihrer ganzen Dienstzeit noch nie eine eklige Leiche sehen mussten, die bei den blöden Einsätzen immer frei haben oder die gerade mit dem Streifenwagen am anderen Ende des Bereichs stehen, wenn es irgendwo eine Schlägerei gibt. Mit einem solchen Glückskind war ich damals unterwegs ...

Es ist kurz vor Feierabend. Die Kollegen und ich sitzen auf der Wache herum und warten darauf, dass die Zeit vergeht. Noch zehn Minuten, und wir können nach Hause gehen. Die ersten Kollegen der Ablösung ziehen sich bereits um, als plötzlich Hektik aufkommt und unser Chef durch die Wache flitzt.

»Einer muss schnell noch mal raus, da liegt ein totes Wildschwein mitten auf der Fahrbahn!«

Zwei Kollegen stehen murrend auf und fahren los, das Wildschwein von der Fahrbahn räumen, damit keiner mehr drüberrollt.

Keine zwei Minuten später schallt erneut die Stimme unseres Vorgesetzten durch den Aufenthaltsraum.

»Schnell noch wer raus, da soll jemand von einer Brücke gesprungen sein!«

Da die Ablöse noch nicht fertig umgezogen ist, gibt er mir die Örtlichkeit durch, und mein heutiger Streifenpartner Holger und ich düsen los. Ganz kurz kommt mir die Ortsangabe komisch vor. Das hab ich doch eben schon mal gehört, aber keine Zeit, drüber nachzudenken. Blaulicht an und losgebrettert.

Auf dem Beifahrersitz hockt mein Kollege, starrt vor sich hin und wird immer weißer im Gesicht. Er ist viel älter als ich und hat schon leicht graue Schläfen

Ich gucke ihn entgeistert an. »Alles klar bei dir??«

»Mmpff ... Das ist dann mein allererster Toter ...«, grunzt Holger und wischt sich über die Stirn.

Tja, was sagt man da als dreiundzwanzigjähriges Gör, das von Verbrannten über Bahnleichen bis hin zur Wasserleiche schon so ziemlich alles gesehen hat? Erst mal gar nichts.

«Schau dir alles nicht zu genau an«, rate ich ihm schließlich, »und wenn's dir schlecht geht, kannst du dich ruhig in den Streifenwagen verkriechen. Ich mach das dann schon irgendwie.« Erst hinterher fällt mir auf, dass ich ihm die gleiche Ansprache gehalten habe, die ich vor Jahren im Praktikum von meinem Tutor bekam, als wir auf dem Weg zu meiner ersten Leiche waren.

Der Kollege nickt und stiert weiter auf die Fahrbahn vor uns, während unser Streifenwagen blau blinkend durch den Verkehr fliegt.

Wir treffen vor Ort ein. Die Kollegen, die das »Wildschwein« von der Fahrbahn entfernen sollten, sind schon da. Ich schlage mir mit der Hand vor die Stirn. Daher kam mir die Örtlichkeit so bekannt vor!

Erleichtert will ich schon aufatmen. Kein Brückenspringer, nur totes Schwarzwild. Doch dann sehe ich die blutigen Spuren auf der Fahrbahn. Ich schlucke. Doch kein Wildschwein. Kein Zweifel, das ist eindeutig ein Mensch oder das, was von ihm noch übrig ist. Es sei denn, Wildschweine trügen seit Neuestem Nike-Air-Turnschuhe und Jeans.

Ich verschaffe mir einen Überblick und zähle eins und eins zusammen. Auf dem Seitenstreifen steht ein Vierzigtonner. Die Spuren auf der Fahrbahn, die Brücke darüber.

Der Mann mit der Jeans und den Turnschuhen hat den Moment genau abgepasst und ist dem Vierzigtonner direkt vor die Scheibe gesprungen. Der Fahrer sitzt schockiert am Straßenrand. Alleine. Ich gucke in die Runde. Alle, Kollegen und Feuerwehrleute, stehen ein bisschen ratlos herum. Also nehme ich das in die Hand.

»Okay, wach werden«, sage ich zu mir und zu den anderen. »Tom, ihr nehmt den Unfall auf?«

»Jaaaaaa.«

»Gut, dann mach ich euch Fotos und 'ne Skizze.«

Ein dankbarer Blick des Kollegen, weil ich ihm die eklige Arbeit abnehme. Ich lächle, obwohl mir ganz und gar nicht nach Lächeln zumute ist. Weitere Streifenwagen kommen an, unter anderem der Chef, der direkt die Führung übernimmt und meine Einteilung fortsetzt.

»Einer hoch auf die Brücke, gucken, ob da noch ein Auto oder so steht. Wir müssen wissen, wer das da ist.« Er deutet auf den größten Blutmatschfleck. Ein Kollege rennt sofort die Treppen der Brücke hoch. »Einer bleibt beim Lkw-Fahrer und lässt ihn nicht aus den Augen. Ich will hier nicht noch einen haben, der sich was antut.« Alle nicken, eine Kollegin setzt sich in Bewegung.

Ich krame im Kofferraum unseres Streifenwagens, während

hinter mir aus dem Stau wütendes Hupen einsetzt. Block, Stift, Kamera, Messrad, alles da. Das Hupen hört nicht auf. Ich atme tief durch, dann drehe ich mich um und marschiere auf einen schwarzen S-Klasse-Mercedes zu, von dem das Gehupe kommt. Kaum bin ich da, geht's los.

»Die Fahrbahn ist doch frei, was soll denn das?«, blökt mich der offenbar befehlsgewohnte Herr im feinen Anzug an. »Ich habe einen wichtigen Termin, also bewegen Sie mal Ihren Hintern und die Streifenwagen da weg, und zwar zügig! Sonst beschwere ich mich bei Ihrem Vorgesetzten!« Bei den letzten Worten spuckt er mir vor Wut ein paar Sabberfäden auf die Lederjacke.

Gelassen warte ich, bis er fertig geschimpft hat, wische den Sabber weg, zucke dann resigniert mit den Achseln und öffne ihm die Autotür. Er guckt mich erst verständnislos an und steigt dann zögernd aus. Ich führe ihn um die Motorhaube herum und deute stumm auf etwas, das im Scheinwerferlicht des Wagens auf der Straße liegt. Es ist eine Hand des Toten, und zwar nur die Hand.

Der Mercedes-Fahrer sieht mich schockiert an, schluckt, steigt in sein Auto und sagt nichts mehr. Ich lächle ihn an, krame in meiner Jackentasche und gebe ihm meine Visitenkarte. »Hier können Sie Ihre Beschwerde über mich dann hinschicken.« Er schüttelt den Kopf, starrt mich immer noch entsetzt an und legt die Hände in den Schoß. Braver Kerl.

Ich zücke die Kamera, während Holger mir mit seiner Maglite leuchtet, damit wir nirgends reintreten. Er ist ziemlich blass im Gesicht, reißt sich aber sichtlich zusammen.

Wir fotografieren. Blutflecken, Bremsspuren, Glassplitter, Körperteile, die nicht mehr identifizierbar und über knapp zweihundert Meter verteilt sind. Kein schöner Tod, aber ein schneller.

Der Lastwagen sieht vorne ziemlich demoliert aus, der Fahrer sitzt immer noch fassungslos daneben. Mein Kollege will die Kamera wegpacken, doch ich schüttele stumm den Kopf, schnappe mir die Maglite und krieche unter den Lkw. Schäden festhalten und weitere Blutspuren sichern. Irgendwas Blutiges, Schleimiges tropft mir auf die Jacke. Ich wische es fast achtlos weg, als ich wieder unter dem Fahrzeug hervorkrieche.

Mein Kollege steht rauchend daneben und tritt von einem Bein aufs andere. Seine Gesichtsfarbe hat sich immer noch nicht normalisiert.

Ich krame in meiner Tasche und finde meinen Notfallschokoriegel. Als ich anfange, den zu futtern, folgen mir ungläubige Blicke. Ich kann nichts dafür. Andere rauchen zur Beruhigung, ich futtere Schokoriegel, auch wenn neben mir Leichenteile liegen. Es hilft mir, mich zu konzentrieren und die Nerven zu behalten.

Kauend räume ich die Kamera ins Auto, als der Notarzt zu mir kommt. »Du machst die Skizze?«

»Ja!«

»Komm, ich helf dir. Ich kann dir sagen, was hier alles rumliegt, und für den Toten kann ich eh nichts mehr tun.« Kurz deute ich fragend auf den Lkw-Fahrer. »Dem hab ich schon was zur Beruhigung gegeben.« Dann stapfen wir los.

Ich zerre das Messrad hinter mir her. Er trägt meinen Block, und ich zeichne ein, was er mir sagt. Dann beschriftet er die einzelnen Teile: »Niere«, »Rippen«, »vermutlich Arme«, »Fuß«, »Speiseröhre samt Luftröhre« und »Teile der Wirbelsäule«, kann ich lesen. Ich schlucke, und selbst mir mittlerweile recht abgebrühten Beamtin wird ein wenig schummerig.

Ich krame hastig in meinen Taschen, finde aber keinen weiteren Notfallschokoriegel. Als mein Chef mein verzweifeltes Gesicht sieht, reicht er mir einen halb geschmolzenen Kinderriegel. Ich lächele dankbar und gehe messend und Schokolade lutschend weiter, den Notarzt immer im Schlepptau. Es soll die wohl fieseste Skizze meiner bisherigen Laufbahn werden, und das will schon einiges heißen.

Der Leichenwagen ist angekommen. Mit einer Schaufel tragen die Bestatter die Leichenteile zusammen. An der Unfallstelle herrscht Stille, jeder arbeitet stumm vor sich hin. Die übliche Hektik fehlt, alle sind zu schockiert. So was hat noch keiner von uns gesehen. Brückenspringer ja, auch Überfahrene auf der Autobahn. Aber eine Leiche, die als solche nicht mehr zu erkennen ist und definitiv mehr nach Mettbrötchen als nach Mensch aussieht, so was hat man auch auf der Autobahn nicht alle Tage.

Für den Lkw-Fahrer ist ein Seelsorger eingetroffen, der ihn ins Krankenhaus bringt und auch bei uns Einsatzkräften nachfragt, ob alles in Ordnung sei. Alle nicken, aber ich sehe, wie Holger dankbar die Karte mit der Telefonnummer des Geistlichen entgegennimmt und fast heimlich in seine Tasche gleiten lässt.

Ich schaue den Kollegen aufmunternd an. Das größte Problem bei unseren harten Kerlen ist, dass sie sich oft erst eingestehen müssen, mit einer Situation alleine nicht klarzukommen und wirklich Hilfe zu brauchen. Denn ein Polizist, ein guter Polizist, der braucht so was wie Seelsorger und Psychologen nicht. Zumindest glauben das leider immer noch sehr viele meiner männlichen Kollegen und fressen all ihre Erlebnisse in sich hinein. Verdrängung ja, Verarbeitung eher nein, leider.

Hinter mir beginnt die Feuerwehr, die Reifen des Lkw sauber zu spritzen, und reinigt anschließend die Fahrbahn. Ein Rinnsal aus Wasser, Blut und Fleisch fließt in einen Gully, und wenige Minuten später sieht es aus, als wäre nichts passiert.

Mittlerweile wissen wir, wer da vor uns liegt. Die Kollegen haben auf der Brücke ein Auto gefunden. Zwei Beamte und ein weiterer Seelsorger sind unterwegs zur Lebensgefährtin des Toten. Langsam rücken die Streifenwagen und die inzwischen ebenfalls erschienene Kripo ab. Ein Abschleppdienst lädt den beschädigten Lkw auf. Wir verlassen die Stelle als Letztes.

Holger sitzt neben mir, immer noch schweigsam.

»Alles klar?«, stelle ich die dümmste Frage nach so einem Einsatz.

»Hm, geht schon. Ich hätte mir nur gewünscht, mein erster Toter wäre nicht so schlimm.«

»Seine Toten kann man sich nicht aussuchen«, antworte ich. Dann muss ich an den Lkw-Fahrer denken. Armer Kerl! Er kann nichts dafür und wird wohl nie vergessen, wie der Mensch gegen seine Scheibe geflogen ist. Das Krachen des Aufpralls und den Anblick danach – ob er wirklich zuerst dachte, er hätte ein Wildschwein überfahren?

Ein bisschen bin ich dem toten Menschen böse, dass er sich nicht eine andere Art ausgesucht hat, aus dem Leben zu gehen. Eine Art, bei der er keinem anderen Leid zufügt und die vielleicht nicht so rasch wirksam, aber dafür rücksichtsvoller gewesen wäre.

Auf der Wache bekomme ich mit, dass auch die Kollegen, die zuerst vor Ort waren, noch immer schockiert sind, weil sie statt des Wildschweins einen Menschen vorgefunden haben. Aber so ist das bei uns manchmal. Man bekommt das eine gemeldet und findet vor Ort etwas ganz anderes, mit dem man dann klarkommen muss.

AUS DER BAHN GEWORFEN
2005

Der Überraschungseffekt bei jedem Dienst und jedem Einsatz macht für mich einen großen Teil des Reizes am Polizistenberuf aus. Man weiß nie, wie der Tag werden wird. Hat man sich gerade auf einen beschaulichen Nachtdienst eingestellt, spielt die halbe Welt verrückt, man wirbelt von A nach B und möchte sich fast zerreißen, um jeden zufriedenzustellen. Weiß man vor lauter Stress kaum noch, wo einem der Kopf steht, kommt einem plötzlich ein Einsatz unter, bei dem man erst mal nur rumsteht und wartet und nichts Besonderes tun kann.

Trotz der unterschiedlichen Einsätze und wechselnden Belastungen heißt es für uns immer, sofort voll und ganz da zu sein und uns auf unsere Aufgabe zu konzentrieren, Hilfe zu leisten und zu tun, was von uns erwartet wird. In den vier Jahren, die ich nun schon auf der Autobahn arbeitete, war mir dies bislang auch immer gelungen – mit einer Ausnahme.

Es war ein eigentlich alltäglicher Einsatz, der mich komplett aus der Bahn warf – mich, die ich, wie einer meiner Vorgesetzten mal sagte, »eigentlich immer und in jeder Situation überraschend gut funktioniert«.

»Internistischer Notfall auf der A4 im Kreuz Kerpen! Wer von euch steht günstig? Feuerwehr rollt schon!«

Mechanisch drückt Nadine auf dem Beifahrersitz neben mir auf die Sprechtaste unseres Funkgeräts, wir stehen nicht so weit weg von der Örtlichkeit.

»Okay, Mädels, da steht ein Lkw. Dem Fahrer ist offenbar schlecht geworden, der liegt neben dem Fahrzeug im Gras ...«

Ich höre bereits nicht mehr richtig zu, schalte das Blaulicht ein und das Martinshorn ebenfalls, dann trete ich aufs Gaspedal. Der Streifenwagen schießt die Autobahn entlang, ich gebe auf dem Scheitelpunkt der Kurve wieder Gas, als der Funker der Leitstelle sich erneut zu Wort meldet: »... Kennzeichen des Lkw ist AC-FB 1 ...«

Ich blinzele zweimal. Mein Bauch fühlt sich urplötzlich an, als wären Würmer drin, und mir wird brennend heiß. Mit einem Griff schnappe ich mir das Funkgerät. »Wiederhol das Kennzeichen noch mal!«

»AC-FB 1, warum?«

AC für Aachen, FB für Fred Binder und die 1, weil mit diesem Lkw nur er fährt.

Ich schlucke und trete das Gaspedal fester durch, fühle, wie Nadine mich fragend anschaut.

Am Funk herrscht Stille. Mit einer Hand steuere ich den Streifenwagen mit zweihundert Sachen über die Überholspur, mit der anderen angele ich in meiner Hemdtasche herum. Ich fische mein Handy heraus und werfe es Nadine in den Schoß. »Unter P ist eine Nummer mit PAPA Handy abgespeichert, wähl sie!«

Sie sieht mich weiter schief an, tut aber, was ich sage. »Teilnehmer zurzeit nicht zu erreichen«, sagt sie Sekunden später.

»Scheiße!« Meine Hände krampfen sich ums Lenkrad, der Streifenwagen schießt noch schneller durch den Verkehr.

»Verrätst du mir mal, was los ist?« Nadine trommelt auf dem Armaturenbrett herum.

Ich schlucke und will gerade antworten, als der Funk dazwischenkräht. »Janine, ich hab einen Halter ausgemacht von dem Lkw ...« Pause ... »Brich dir nicht den Hals, ich schick euch einen zweiten Streifenwagen. Lieber wäre mir, ihr brecht ab, aber das ist wohl kein Vorschlag, den du akzeptierst ...«

»Was zum Geier ist los!?« Nadines Stimme ist jetzt schrill, und wir rasen immer noch über die Autobahn.

»Das ist der Lkw von meinem Vater. Papa hatte im letzten Jahr mehrere Schlaganfälle.« Ich rassele die Worte nur so runter und sehe mechanisch auf die Straße. Das Horn jodelt auf unserem Dach, Nadine schweigt.

Vor uns plötzlich Stau, wir kommen nicht weiter, in der Baustelle ist kein Durchkommen. Kurz entschlossen jage ich den Streifenwagen in die Ausfahrt und nehme die Nebenstrecke über die Landstraße.

Vor der roten Ampel bremse ich kurz ab und trete das Gaspedal sofort wieder durch. Nadine wählt mit meinem Handy immer wieder die Nummer meines Vaters.

»Scheiße, der hat das Handy nie aus. Nie!« Ich schimpfe vor mich hin und wünsche lautstark die langsamen Fahrzeuge vor uns nach Nowosibirsk oder gleich zur Hölle.

Ein Kreisverkehr, ich muss mich hinter einem langsam tuckernden Kleinwagen einordnen. »Scheiße, Tussi, bist du blind und taub, oder was?«, fluche ich und würde am liebsten ins Lenkrad beißen.

Am nächsten Kreisverkehr probiere ich Trick siebzehn und biege direkt links ab, statt den Kreisel auszufahren. Nadine krallt sich am Türgriff fest, und ich versuche, mich selbst zu bremsen. Geht aber nicht. Im Geiste sehe ich meinen Vater bewusstlos auf der Erde liegen. Kaum habe ich mich so weit unter Kontrolle, dass ich nicht mehr suizidalschnell fahre, treibt sein Gesicht vor meinem inneren Auge vorbei, und mein Gasfuß zuckt tiefer.

»Ankommen! Er hat nichts davon, wenn wir nicht ankommen ...«, murmele ich vor mich hin. Nadine wählt wieder die Nummer mit meinem Handy.

Der dritte Kreisverkehr besteht nur aus einer kleinen Betonerhebung in der Mitte. Ich schalte einen Gang runter und trete aufs Gas, wir segeln mittig durch den Kreisverkehr, und das

Heck bricht leicht aus. Rasch fange ich den Wagen wieder ab, ziehe leicht an der Handbremse, und wir schleudern in die Auffahrt am AK Kerpen.

Von Weitem sehe ich den Laster. Weißer Lkw, großes rotes Logo, wie ein Stoppschild. Kein Irrtum, es ist eindeutig der Lkw meines Vaters.

Ich muss heftig schlucken und spüre, wie meine Zunge nervös über meine Lippen flitzt.

Nadine lässt das Handy in Ruhe und sieht mich nur an.

»Scheiße, das ist der Grund, warum ich nicht da arbeite, wo ich wohne. NIE wollte ich so einen Einsatz haben. NIE! SCHEISSE!« Ich haue gegen das Lenkrad und trete gleichzeitig auf die Bremse.

Der Streifenwagen kommt fast sofort hinter dem Lkw zum Stehen. AC-FB 1. Davor sehe ich zum Glück bereits einen Rettungswagen. Die Sanitäter kauern im Böschungsbereich und verarzten jemanden, der dort liegt. Ich sehe nur Schuhe und Hosenbeine, die durchaus die meines Vaters sein könnten.

Als ich aussteigen will, sacken mir kurz die Beine weg. Meine Fingernägel bohren sich in meine Handflächen, der Schmerz hilft, mich wieder zu fassen. Hinter mir sehe ich den zweiten Streifenwagen eintreffen.

Ich renne vor, komme aber wegen der arbeitenden Rettungssanis nicht nah genug heran, um genau zu sehen, wen die Jungs da verarzten. Also reiße ich mich zusammen und sage mir, dass die Sanitäter wichtiger sind als mein Wunsch zu erfahren, wer dort liegt. Obwohl ich es am liebsten tun würde, schubse ich niemanden zur Seite, sondern stehe unbeteiligt daneben.

Nadine funkt nach einem Notarztwagen, das bekomme ich noch mit, der Rest ist wie in Watte gepackt. Ich bin nicht fähig, irgendwas zu tun, starre nur in den Lkw, in dem sich ziemlich viel Krempel von meinem Vater befindet. Hinter der Sonnenblende ein Bild von mir und meiner Schwester. In der Mittelkonsole liegen die leeren Hüllen seiner Zigarren, und ich sehe seine dumme CD, die er in die Sonnenblende geklebt hat, weil er mir schlicht nicht glaubt, dass das bei einer Radarkontrolle rein gar nichts nützt.

Mir passiert, was mir noch nie passiert ist und auch hoffentlich nie wieder passieren wird: Ich kann meine Arbeit nicht tun.

Während die Sanis arbeiten und meine Kollegen herumwuseln, stehe ich einfach nur da und sehe in den Lkw. Mir ist schwindelig. Ich würde mich gern setzen, will aber nicht, dass die Kollegen mitbekommen, wie sehr ich neben mir stehe. Vor meinem inneren Auge rattern die Bilder der letzten Jahre vorbei. Mein Vater im Krankenhausbett. Mein Vater blass und schmal im Gesicht, mit einem leicht gelähmten Mundwinkel. Mein Vater, wie er nach Hause darf, sich schonen soll, was er natürlich nicht tut.

Ich unterdrücke die Tränen, indem ich mir wieder feste in die Hände kneife.

Scheiße, ich habe mir extra eine Stelle gesucht, die weit genug weg ist von zu Hause, damit ich nie meine Klassenkameraden festnehmen muss, keine Leichen von Menschen sehe, die ich kenne, und nicht zu Unglücksfällen gerufen werde, bei denen ich selbst unglücklich bin! Warum also jetzt das?

Ich knete meine Finger, trete von einem Fuß auf den anderen und habe das Gefühl, ich müsste gleich tot umfallen, wenn ich nicht sofort herausfinde, ob das tatsächlich mein Vater ist.

Endlich steht einer der Sanis auf, ich erhasche einen Blick auf die Person am Boden, und mein Herz macht einen Hüpfer. Dort liegt nicht mein Vater!

Vor Erleichterung geben meine Knie nach, und ich lasse mich auf das Trittbrett des Lkw sinken. Nadine kommt zu mir. »Nicht mein Vater!«, murmele ich und sehe starr auf den Menschen, der mit der Trage in den Rettungswagen geschafft wird.

»Die Sanis sagen, es ist halb so schlimm. Nur ein Kreislaufzusammenbruch, wegen der Hitze.«

Ich nicke und versuche, mich nicht zu schämen, dass ich solche Freude verspürt habe, weil das nicht mein Vater ist.

Im Streifenwagen höre ich mein Handy klingeln und renne hin.

»Du hast angerufen?«

»PAPA!!«

»Ja, was ist denn los?«

»Wer ist mit deinem Lkw unterwegs?«

»Der Raimund ist für mich gefahren. Mir war nicht so gut heute Morgen.«

Ich schildere ihm kurz, was passiert ist, und kläre ab, was wir mit seinem Lkw und der Ladung anstellen sollen, denn auf der Autobahn kann er schlecht stehen bleiben. Mein Vater verspricht, jemanden zu schicken, der sich kümmert, und außerdem Raimunds Familie zu benachrichtigen.

Als er schon fast aufgelegt hat, flüstere ich in den Hörer: »Ich hab dich lieb, Papa!«

Ich kann seine Überraschung fast hören, so was sage ich sonst nicht. Wir sind nicht so gefühlsduselig bei Binders. Sehr herzlich, aber über Gefühle spricht man nicht, man zeigt sie.

»Ich dich auch!«, brummt er zurück. »Ich hoffe, du bist vorsichtig zu dem Einsatz gefahren?«

Ich kreuze die Finger. »Ja, klar, Papa! Nie schneller, als der Schutzengel fliegen kann!«

Nadine neben mir kichert leise. Als ich aufgelegt habe und wir zum Streifenwagen gehen, sagt sie: »Dein Schutzengel hat Düsenantrieb, oder?«

WIE STOPPT MAN EINEN GEISTERFAHRER?
2006

Mein Schutzengel scheint tatsächlich einen Düsenantrieb zu besitzen oder zumindest ein gutes Gefühl für das richtige Timing. Jedenfalls war er, abgesehen von meinem gebrochenen Nasenbein in der Ausbildung, bisher immer gerade noch rechtzeitig zur Stelle, und nie habe ich mehr abbekommen als ein paar Kratzer oder blaue Flecken, obwohl natürlich auch ich während des Dienstes so manchen gefährlichen Stunt hingelegt habe – manchmal nicht gerade zur Freude meiner Vorgesetzten.

Doch selbst mein Schutzengel muss ins Schwitzen gekommen sein, als er eines Dienstagabends Richtung A4 fliegen musste, auf der ein Geisterfahrer unterwegs war.

Zum Zeitpunkt dieses Einsatzes versehe ich meinen Dienst nicht mehr auf der Wache Frechen, sondern gehöre seit ein paar Monaten zum zivilen Einsatztrupp, einer speziellen Fahndungsgruppe der Autobahnpolizei. Tim ist mein fester Streifenpartner, ich trage keine Uniform mehr, besitze eine Kripomarke, fahre einen eigenen zivilen Einsatzwagen, und unsere Aufgabe besteht in der Regel darin, die Einfuhr von Betäubungsmitteln über die niederländische Grenze zu unterbinden. Hier und da übernehmen wir auch Observationen für die Kriminalkommissariate oder betätigen uns auf dem weiten Feld der illegalen Einwanderung, die es trotz EU, Schengenabkommen und offenen Grenzen überall immer noch gibt.

Der Dienst war fast schon langweilig gewesen. Wir hatten

wie üblich am Grenzübergang zu den Niederlanden herumgelungert und den einreisenden Verkehr beobachtet. Hier und da hatten wir ein paar Jugendlichen ihre frisch erworbenen paar Gramm Marihuana wieder abgenommen, aber es war nichts Großartiges oder gar Bemerkenswertes passiert.

Jetzt rollen wir relativ entspannt vom Aachener Autobahnkreuz wieder in Richtung unserer Wache in Eschweiler. Es ist kurz vor Feierabend. Ich sitze am Steuer unseres steinalten, aber heiß geliebten dunkelgrünen Opel Vectra, Tim lümmelt auf dem Beifahrersitz. Ich bin mit meinen Gedanken schon fast zu Hause in meinem gemütlichen Bett, als wir plötzlich wie elektrisiert hochschießen. Die Funkdurchsage wird gerade noch einmal wiederholt: »GEISTERFAHRER AUF DER A 4. Ist in Weisweiler aufgefahren und fährt in Richtung Aachener Kreuz dem Verkehr, der nach Köln fährt, entgegen.«

»Der kommt genau auf uns zu!«, kommt es ungläubig vom Beifahrersitz.

Ich nicke nur und fingere schon unter meinem Sitz nach dem Magnetblaulicht für unseren Zivilwagen, kurbele das Fenster runter und setze es aufs Dach, während Tim der Leitstelle unseren Standort durchgibt.

Niemand steht sonst in der Nähe, zwei weitere Streifenwagen wollen versuchen, über die Landstraße vom Rastplatz Aachener Land aus zu kommen und die Autobahn dort mit Stopp-Sticks, der modernen Version eines Nagelgurts, den man zum Stoppen von flüchtigen Fahrzeugen benutzt, zu sperren. Unsere Aufgabe ist es, den Verkehr hinter uns anzuhalten, damit niemand mehr dem Geisterfahrer entgegenfährt.

In den meisten Fällen entpuppen sich Geisterfahrermeldungen glücklicherweise als Enten. Häufig sind es Autos, die auf dem Seitenstreifen liegen geblieben sind, oder Fahrzeuge, die auf Feldwegen neben der Autobahn entlangfahren. Diesmal offenbar nicht: Gerade haben wir das Autobahnkreuz Aachen passiert, als sich die Leitstelle erneut meldet. »Es scheint zu stimmen, wir haben jetzt etwa fünfzehn Anrufer. Da kommt euch wirklich einer entgegen!«

Meine Hände werden feucht, und ich gehe im Geist unsere Handlungsmöglichkeiten durch. Die Streifenwagen, die über den Rastplatz kommen wollen, deuten bereits über Funk an, dass sie eventuell zu langsam sind, und in meinem Hirn arbeitet es fieberhaft, als wir an einem großen Streifenwagen der Aachener Hundertschaft vorbeifahren, den ich an dem in die Heckscheibe geklebten Zettel erkenne. Er hat offenbar einen anderen Funkkanal geschaltet und von dem Geisterfahrer nicht die geringste Ahnung.

Während ich unsere Fahrt verlangsame und neben dem Aachener Streifenwagen herrolle, kurbeln Tim und der Fahrer des anderen Wagens ihre Scheiben runter. Der Kollege wird ziemlich blass um die Nase, als wir hinüberbrüllen, dass uns jemand entgegenkommt. Er reagiert aber sofort, schaltet sein Blaulicht ein und beginnt, in langsamen Schlangenlinien über die Autobahn zu fahren. Die Fahrzeuge hinter uns verstehen das zum Glück, werden langsamer und schließen sich hinter uns an.

Der Kollege der Hundertschaft reckt einen Daumen in unsere Richtung, als erneut die beiden anderen Streifenwagen am Funk zu hören sind: »Mist, die Stopp-Sticks liegen noch nicht. Wir sehen ihn schon, das schaffen wir nicht mehr!«

Ein leises »Scheiße« kommt von irgendjemandem über Funk, und ich muss mich entscheiden, wie wir mit der Situation umgehen. Hinter uns hat sich eine Autoschlange gebildet, im Rückspiegel sehe ich trotz der Dämmerung einen Kleinbus voller Grundschüler und einen Familienvater am Steuer eines Kombis, im Fahrzeuginnenraum fuchteln Kinderhände herum. Die Kollegen der Hundertschaft haben mittlerweile angehalten, und der künstliche Stau hinter ihnen wird immer länger.

Mir wird heiß, während ich vor meinem inneren Auge sehe, wie der Geisterfahrer in den Kleinbus kracht, die Kinder schreien und alles in Flammen aufgeht. Was kann ich tun? Hier stehen bleiben, warten, bis der Irre ankommt, und zusehen, wie der Unfall passiert? Ihm entgegenfahren und hoffen, dass er bremst, wenn er das Blaulicht sieht? Hoffen, dass die Zeit reicht, um den Stopp-Stick aus dem total überfüllten Kofferraum zu kramen, aufzubauen und mich in Sicherheit zu bringen? Und dann auch noch das Glück zu haben, dass der Wagen auf der dreispurigen Autobahn genau über unseren einzelnen kleinen Stick fährt?

Im Bruchteil einer Sekunde habe ich mich entschieden, trete hart auf die Bremse, greife über Tim hinweg zur Beifahrertür, drücke mit der anderen Hand auf sein Gurtschloss und löse seinen Sicherheitsgurt. Dann öffne ich die Tür und schiebe ihn mit aller Kraft aus dem Streifenwagen. »Raus!«, schnauze ich ihn an.

Er wehrt sich heftig. »Bist du bescheuert? Ich lass dich doch nicht alleine!«

»Mach, dass du hier rauskommst! Du heiratest demnächst, mich vermissen, wenn es schiefgeht, nur meine Eltern. Also raus! Hast du den Bus mit den Kindern nicht gesehen? Der Arsch darf auf keinen Fall an uns vorbeikommen!«, fasse ich rasch zusammen, was ich mir gerade überlegt habe.

Tim starrt mich an, und im nächsten Moment habe ich ihm einen so harten Stoß gegen die Schulter versetzt, dass er aus dem Auto purzelt und auf dem Asphalt liegen bleibt. Ich ziehe schnell die Tür zu, bevor er sich aufgerappelt hat. Dann atme ich tief durch und trete aufs Gas.

Auf der Hügelkuppe vor mir tauchen zuerst Scheinwerfer auf und werden immer größer. Der Fahrer muss total verrückt sein. Im Rückspiegel sehe ich meinen immer noch verdutzten Kollegen rasch kleiner werden und hinter mir und unserem Auto herrennen. Vermutlich wünscht er mich gerade zur Hölle und belegt mich mit den schlimmsten Schimpfworten, die ihm einfallen.

Die Autobahn ist hier sehr breit. Wenn ich einfach nur das Auto quer stelle und aussteige, um mich in Sicherheit zu bringen, bleibt, genau wie mit unserem einzelnen Stopp-Stick, noch zu viel Platz. Der Mensch, der uns da entgegenkommt, könnte einfach vorbeifahren.

Die Scheinwerfer sind jetzt nur noch etwa zwei Kilometer entfernt. Ich stelle den Streifenwagen leicht schräg, fasse das Lenkrad fester und starre dem Auto, das da auf mich zukommt, entgegen, bereit, vor- oder zurückzufahren, um den Fahrer aufzuhalten. Das Gebrüll am Funk und meinen dort immer wieder ertönenden Funkrufnamen nehme ich gar nicht wahr. Vor meinem inneren Auge sehe ich immer wieder den Bus mit den Kindern, an dem wir eben vorbeigerollt sind, und das Auto, das in diesen Bus kracht.

Ich starre den beiden sich rasch nähernden Lichtpunkten entgegen. Bald ist der Wagen so nah, dass ich das Gesicht des Fahrers als hellen Fleck hinter dem Steuer ausmachen kann. Ein Mann mit Hut. Er sieht mich scheinbar genauso entsetzt an, wie ich wohl zurückschaue.

Als unsere Fahrzeuge nur noch wenige Meter voneinander entfernt sind und ich sicher sein kann, dass er nicht mehr ausweichen wird, senke ich den Kopf, schließe die Augen und denke: Besser du als die Kinder. Besser du als die Kinder! Besser du als die Kinder!

Doch der erwartete Zusammenstoß bleibt aus, und nach einer gefühlten halben Ewigkeit hebe ich langsam meinen Blick.

Vor mir steht ein silberner Mercedes-Kombi. Sein Kühlergrill berührt fast die Motorhaube meines Opels, und ein älterer Herr sitzt am Steuer und gestikuliert wild in meine Richtung. Noch während ich mich sammele, rennt Tim an unserem Auto vorbei. Vom Rastplatz rasen die beiden Streifenwagen ebenfalls entgegen der Fahrtrichtung auf die Autobahn und auf uns zu. Uniformierte Kollegen springen heraus, als die Streifenwagen mit flackernden Blaulichtern zum Stehen kommen. Von hinten sehe ich im Rückspiegel die Kollegen der Hundertschaft näher kommen, und zig Kollegen stürmen an mir vorbei auf den Mercedes zu.

Wie im Traum sehe ich, wie der Mann aus dem Auto gezerrt und auf die Motorhaube gedrückt wird. »Die Jugend von heute!«, brüllt er. »Jeder fährt, wie er will. So was ist mir ja noch nie passiert, alle auf meiner Spur unterwegs! Kaum zu glauben, wie gefährlich so was sein kann!«

Die Handfesseln meines Partners klicken in dem Moment, als ich langsam und mit zittrigen Knien aus dem Auto steige.

Ich betrachte fassungslos die Szene, als der Geisterfahrer in einen Streifenwagen gesetzt wird. Einer der Kollegen in Uniform bleibt bei mir stehen. »Geht's dir gut?«

Ich nicke. »Brauche nur 'nen Moment, um die Beine wieder unter Kontrolle zu kriegen!«

Er nickt und setzt sich ans Steuer des Mercedes, um ihn auf den Rastplatz zu fahren. Irgendjemand nimmt meine Hand und führt mich zur Leitplanke, wo ich mich hinsetze und zusehe, wie unsere Einsatzfahrzeuge beiseitegefahren werden und der Verkehr langsam wieder anrollt.

Der Bus mit den Kindern fährt an mir vorbei, und während mir viele kleine Hände zuwinken, hebe ich ebenfalls grüßend die Hand. Ein letztes Mal blitzt das Bild des brennenden Busses und der schreienden Kinder in meinen Gedanken auf. Der Familienvater mit seinem Kombi hält auf unserer Höhe kurz an, und seine Frau ruft uns ein »Danke« aus dem Fenster zu. Dann rollt der Wagen davon.

Mit zitternden Fingern ziehe ich meinen Notfallschokoriegel aus der Tasche. Die Schokolade auf meiner Zunge bringt mich wieder ins Hier und Jetzt zurück.

Gestärkt stehe ich auf, gehe zum Auto und lasse mich auf den Beifahrersitz fallen. Wenige Minuten später taucht Tim auf und setzt sich ans Steuer. »Du bist ganz schön wahnsinnig, weißt du das?«

Ich lutsche schweigend auf meinem Schokoriegel rum. Dann sage ich leise: »Ja, aber gestoppt hab ich ihn!«

»Ja, hast du. Und du hattest verdammtes Glück, dass es nur ein dementer Opa war und kein lebensmüdes Arschloch! Wirf mich NIE WIEDER aus dem Auto!«

Ich halte ihm meinen zweiten Schokoriegel hin. »Hier, iss den, dann quatschst du nicht so viel Bullshit!«

Er versucht, böse zu gucken, und nimmt mir dann doch die Schokolade aus der Hand. »Ich hatte eine Scheißangst um dich!«, motzt er weiter und legt seine Hand auf meinen Arm.

»Ich auch!«, gebe ich kleinlaut zu, als wir in Richtung Wache losfahren. »Aber was hätte ich denn machen sollen? Die Grünweißen waren zu weit weg, und hinter uns ... Hast du die ganzen Kinder in den Autos gesehen?«

Er nickt wieder. »Wir beide wissen, dass du alles richtig gemacht hast, dass wir keine andere Wahl hatten, außer zuzusehen, wie der Kerl irgendwo reinkracht. Und zeig mir den Polizisten, der das zulässt? Aber die hohen Herren werden sicherlich überlegen, was man alles Tolles und Kreatives sonst noch hätte tun können. Also mach dich auf was gefasst.«

Das tue ich, doch erst mal klopfen mir alle Kollegen und Kolleginnen, denen ich begegne, nur auf die Schulter. Vereinzelt bekomme ich zwar zu hören: »Du Wahnsinnige!« oder »Was hast du dir nur dabei gedacht?«, oder gar: »Ich wusste immer schon, du hast sie nicht mehr alle!« Aber im Grunde wissen alle, dass sie in meiner Situation genauso gehandelt hätten.

Erst zwei Tage später werde ich ins Chefbüro gerufen, bekomme von meinem wütenden Vorgesetzten die Standpauke meines Lebens gehalten und erklärt, dass nichts und niemand es wert sei, dass ich mein Leben auf so selten dämliche Weise gefährde. Ich muss hoch und heilig versprechen, so was nie wieder zu tun, was ich mit hinter dem Rücken gekreuzten Fingern erledige, denn ich weiß, ich würde es immer wieder genau so tun.

Dann beruhigt er sich und drückt mir augenzwinkernd zwei Seminareinladungen in die Hand. »Da, deine Strafe!«

In einem Seminar geht es darum, die richtige Anwendung unserer Stopp-Sticks zu erlernen. Aber das andere ist eines der heiß begehrten Seminare zum Fahrtraining bei Verfolgungsfahrten, das ich schon seit Jahren besuchen möchte, aber nie genehmigt bekommen habe.

Er grinst mich schief an und deutet auf die Tür: »Mach, dass du rauskommst!«

Kurz darauf stehe ich im Flur und betrachte hoch erfreut die Seminareinladungen.

Der ältere Herr hatte, wie sich später herausstellte, Auffahrt und Ausfahrt verwechselt und, selbst als ihm ständig Autos entgegenkamen, nicht verstanden, dass er es war, der sich auf der falschen Fahrbahn befand. Sein Führerschein wurde einbehalten, und als man ihn nach Hause fuhr und in seiner Wohnung das reinste Chaos vorfand – Müll und Unrat überall, Plastikeimer mit Kot und Urin in jedem Zimmer, verschimmeltes Essen im Kühlschrank, eine tote Katze im Schlafzimmer –, wurde dafür gesorgt, dass er eine Betreuung bekam.

Vor einem Einsatz »Geisterfahrer auf der Autobahn« hat jeder Polizist einen gewissen Respekt, denn es gibt leider keine gute und immer passende Lösung für dieses Problem. Fährt man dem Geisterfahrer entgegen, begibt man sich, so wie ich, selbst in eine nicht kalkulierbare Gefahr. Hinter dem Geisterfahrer herzufahren, ihn zu überholen und auszubremsen verbietet sich von selbst, da man so für den restlichen Verkehr ebenfalls zum tödlichen Risiko wird. Meist schafft man es sowieso nicht mehr rechtzeitig, an der Einsatzstelle anzukommen, und der Geisterfahrer hat im besten Fall bereits gewendet, die Autobahn verlassen oder auf dem Seitenstreifen angehalten. Im schlimmsten Fall kann man nur noch die meist tödlichen Reste eines Zusammenstoßes wegräumen.

Das Stoppen eines entgegen der Fahrtrichtung fahrenden

Wagens stellt also ein schier unlösbares Problem dar, das die Kollegen der Autobahnpolizei allerdings trotzdem immer wieder auf irgendeine Art und Weise lösen müssen.

Manchmal misslingt das, aber meistens klappt es überraschend gut.

Wir sitzen in einer Besprechung, und ich starre geistesabwesend aus dem Fenster, während ich versuche, mir die Örtlichkeit vorzustellen, an der unsere nächste Observation stattfinden soll. Meine rechte Hand spielt mit dem Schlüssel des nagelneuen BMW, den uns eine andere Dienststelle für die Observation heute geliehen hat und den ich für Tim und mich ergattert habe.

Wenige Minuten später weiß jeder, wo er sich aufzustellen hat, wie er sich zu verhalten hat und auf wen wir warten werden. Die Stühle werden zurückgeschoben, und jedes Team macht sich auf den Weg zu seinem Auto.

Tim lässt sich auf den Beifahrersitz fallen, und ich frage eigentlich nur der Form halber nach, ob er wirklich nicht fahren will. Ich weiß, dass Tim ungern fährt. Seit vielen Monaten verbringen wir acht Stunden täglich zusammen in einem Auto, und meist sitze ich am Steuer. Ungewöhnlich, da die meisten männlichen Kollegen total scharf aufs Fahren der Streifenwagen sind. Und trotz Emanzipation und vielen toughen Frauen im Dienst ist es leider immer noch so, dass die Männer meist die besseren Fahrer sind. Ja, das muss ausgerechnet ich als Frau zugeben. Aber manche Tatsachen lassen sich einfach nicht leugnen.

Bei Tim und mir ist es eben umgekehrt, und so steige ich auf der Fahrerseite in den BMW ein. Ich brauche ein paar Sekunden, bis ich den Sitz auf mein Zwergenmaß eingestellt habe, dann aber rolle ich hinter den anderen Zivilwagen vom Hof der Wache Eschweiler.

Langsam verteilen wir uns. Jeder nimmt seinen Platz an einer der Ausfahrten an der A 4 ein, und dann beginnt das Warten. Tim beobachtet den Verkehr, während ich, wie so häufig, ein Buch lese.

Stunden vergehen, aber der Drogenkurier, den man uns angekündigt hat, scheint eine andere Strecke oder ein anderes Auto genommen zu haben. Die Zeiger der Uhr bewegen sich nur langsam weiter. Mittlerweile spielen wir, während ein Auge immer weiter den Verkehr beobachtet, gelangweilt Karten, haben eine ganze Packung Kekse gegessen, wurden den uniformierten Kollegen als »verdächtiges Fahrzeug« gemeldet und werden vom Geräusch der vorbeifahrenden Autos und vom angestrengten Blick auf ihre Kennzeichen ganz rammdösig.

Endlich die Erlösung: »Gut, Kinder, wir brechen ab, der kommt heute nicht mehr. Morgen auf ein Neues!«

Seufzend will ich den Motor anlassen, als sich die Leitstelle meldet und sehr bestimmt nachfragt, wo wir uns befinden. Tim gibt unseren Standort durch und fragt vorsichtig: »Warum?« Eigentlich werden wir beim zivilen Einsatztrupp mit Einsätzen gänzlich verschont und brauchen uns um Unfälle, Verkehrsbehinderungen und Ähnliches auf der Autobahn nicht zu kümmern. Unsere Observationsaufgaben und die Kontrollen im Hinblick auf Betäubungsmittel, Diebesgut und illegale Einwanderer lasten uns genügend aus.

»In Frechen ist gerade ein Mercedes SLK entwendet worden, Brabus-Tuning, ziemlich teures Teil. Mein Bauchgefühl sagt mir, der fährt direkt über die A 4 Richtung Niederlande. Bleibt mal da, wo ihr seid.«

Der Funker gibt die Beschreibung durch, und wir alle haben gelernt, dass das Bauchgefühl eines Kollegen in den meisten Fällen viel wert ist. Also bleiben wir auf unserem Posten, genau wie vier andere Zivilfahrzeuge, die sich eigentlich gerade auf den Heimweg machen wollten.

Es dauert keine zehn Minuten, als die Meldung eines Streifenwagens kommt. »Der gestohlene SLK hat uns gerade passiert. Wir versuchen dranzubleiben, aber der ist verdammt schnell. Kommt in eure Richtung!«

Stille am Funk, dann der nächste Funkspruch: »Haben Sichtkontakt verloren! Fährt mit etwa 240 km/h.«

Mein Blick fällt auf den Tacho unseres BMW. Er geht bis 260. Dann rechne ich im Geiste, wie lange der gestohlene Wagen ungefähr braucht, bis er bei uns ist, und rolle, als ich mit dem Rechnen fertig bin, los. Und da kommt auch schon die Meldung des Zivilwagens an der Ausfahrt vor uns: »Fahrzeug gesichtet!« Ich trete aufs Gas und bin einerseits glücklich, dass ich heute ein Auto mit starkem Motor habe. Andererseits nervt es mich, dass ich das Auto kaum kenne und nicht weiß, wo es seine Grenzen und Schwachstellen hat.

Als der Mercedes in unserem Rückspiegel auftaucht und dann links an uns vorbeizieht, klatscht Tim freudig in die Hände: »Schnapp ihn dir, Janine!«

Ich trete das Gaspedal durch und beschleunige, während Tim die Titelmelodie von »Bad Boys« summt. Wir fliegen dem gestohlenen Fahrzeug hinterher, noch nicht als Polizisten erkennbar.

Im Rückspiegel erkenne ich die beiden Kollegen, die ihn zuerst gesehen haben. Am Rastplatz Aachener Land bemerke ich, dass zwei weitere Zivilfahrzeuge des Einsatztrupps kurz vor dem Mercedes auf die Autobahn rasen. In der nächsten Baustelle sollten wir ihn haben. Dort wird die Strecke zweispurig, und es ist ein Leichtes, die Autobahn kurz dichtzumachen, ihn aus dem Auto zu holen und dann weiterzufahren. Die beiden Fahrzeuge der Kollegen vorne werden auch schon langsamer. Hinter ihnen fährt der Mercedes, dahinter rasen Tim und ich und neben uns ein weiterer Wagen.

In der Baustelle stoppen die vorderen Zivilfahrzeuge wie vorgesehen urplötzlich. Die Kollegen springen aus den Autos, rennen auf den gestohlenen Wagen zu, doch der Fahrer des

Mercedes ist abgebrühter als erwartet. Nach einer Schrecksekunde hat er sich offenbar wieder gefangen und einen Ausweg aus der Situation gefunden. Mit durchdrehenden Reifen startet er nach rechts durch und brettert in die Baustellenabsperrung. Die Warnbaken fliegen zur Seite, Staub wird aufgewirbelt, und weg ist er.

Während die Kollegen zu ihren Autos zurückrennen, entscheide ich mich, ihm zu folgen, und rumpele ebenfalls durch die Schlaglöcher und die unebene Fahrbahn der Baustelle, um dann vor den anderen Polizeifahrzeugen, in die die Kollegen gerade wieder reinspringen, auf die Fahrbahn einzubiegen und dem Mercedes zu folgen.

Am Funk ist lautes Fluchen zu hören. Ich konzentriere mich auf die Straße, denn leider sind außer uns auch normale Verkehrsteilnehmer unterwegs. Muttis, die ihren Rückspiegel nur benutzen, um die Brut auf dem Rücksitz zu beobachten. Lkw, deren Fahrer gerade mit Fernsehen oder Kaffeekochen abgelenkt sind. Junge Frauen in Kleinwagen, die mal eben noch den Sitz der Frisur im Spiegelchen kontrollieren. Oder der altbekannte Mann mit Hut, der allein damit voll ausgelastet ist, sich am Lenkrad festzuhalten. Alle sind zu beschäftigt mit allem Möglichen, um den silbernen SLK und unseren roten BMW überhaupt wahrzunehmen, geschweige denn, uns Platz zu machen.

Der Mercedes ist zwar eindeutig besser motorisiert als wir, aber er muss sich immer erst mal eine Lücke im Verkehr suchen, während ich einfach hinter ihm herrasen kann. Tim bastelt, gegen den Fahrtwind ankämpfend, unser Magnetblaulicht aufs Dach, während wir mit mehr als 200 km/h in Richtung der niederländischen Grenze rasen, und gibt der Leitstelle unseren Standort durch.

Die gemächliche Nachfahrt hat sich in eine ausgewachsene Verfolgungsfahrt verwandelt. Der Mercedes schießt über den Seitenstreifen an Lastern vorbei, wechselt rasend schnell die Spur, täuscht an, als wollte er die nächste Abfahrt runter, um dann doch zu beschleunigen. Aber Tim und ich kleben an ihm wie die Kletten.

»Na, so super wie du fährt der aber nicht, wenn der uns mit der Karre noch immer nicht abgehängt hat!« Tim grinst schief zu mir rüber, und seine Fingerknöchel der rechten Hand, mit der er den Türgriff fest umklammert hält, werden weiß.

Ich trete fast das Bodenblech durch und suche mir eine Lücke zwischen zwei Kleintransportern auf den Fahrspuren vor mir. Dabei bricht das Heck leicht aus, doch unser Auto ist gutmütig und lässt sich durch erneutes Gasgeben wieder in die Spur ziehen.

Auf einmal tönt es blechern aus dem Funk: »Tim, wenn du den Wagen zu Schrott fährst, kannst du die nächsten Wochen damit zubringen, unsere Waffen zu reinigen, und ein Abo auf Fahrzeugpflege hast du dann auch.« Unser Chef ist offenbar nicht amüsiert, dass er uns nicht einholt und dass wir überdies alleine mit dem guten Auto an dem gestohlenen Fahrzeug dranhängen.

»Janine fährt!«, antwortet Tim knapp, und ich meine, ein »Gott steh uns bei!« von meinem Vorgesetzten über Funk gehört zu haben, aber da könnte ich mich auch getäuscht haben. Schließlich bin ich immer noch hochkonzentriert damit beschäftigt, den Abstand zwischen mir und dem gestohlenen Wagen zu verringern und dabei möglichst keinen der anderen Fahrer abzudrängen oder zu gefährden.

»Erreichen die Niederlande in fünf Kilometern!«, gibt Tim vorschriftsmäßig durch, und ich stelle mir vor, wie auf unserer Leitstelle die Leitungen glühen, während man den Niederländern unseren bewaffneten Grenzübertritt ankündigt.

Ich weiche einem Kleinwagen aus, der sich entschieden hat, mit ganzen hundert Stundenkilometern direkt vor mir auf den Überholstreifen zu wechseln. Unser Wagen gerät ins Schlingern, und Tim neben mir murmelt ein »Ogottogott!«. Dann habe ich die Karre wieder unter Kontrolle.

An der Grenze erwarten uns zwei niederländische Motorradstreifen. Sobald sie uns sehen, beschleunigen sie und versuchen, mit uns mitzuhalten. Bei gut 210 km/h, die wir inzwischen fahren, ist das allerdings nicht sehr Erfolg versprechend. Die Blaulichter der Niederländer verschwinden langsam in unserem Rückspiegel, und ich habe endlich den Eindruck, dass unser Abstand zu dem Fliehenden kleiner wird.

Tim gibt brav unseren Standort über Funk durch und schönt die gefahrene Geschwindigkeit ein wenig, damit die Leitstelle die Verfolgungsfahrt nicht wegen zu hohen Risikos sofort abbricht. Meine Hände umkrampfen das Lenkrad, und in meinem Gasfuß breitet sich langsam ein ungesundes Kribbeln aus. Aber wir geben nicht auf, wir wollen den Kerl haben!

Die Autobahn ist hier befahrener als in Deutschland, und so wird unser Abstand zu dem Mercedes immer kleiner. Endlich entscheidet er sich falsch und rast an zwei Lkw rechts vorbei, obwohl links genug Platz ist. Ich reiße das Steuer rum, und wir fliegen links an den Lastern vorbei.

Jetzt sind wir mit dem Dieb auf einer Höhe. Tim starrt in das Fahrzeug, und ich höre ihn empört keuchen. »So ein scheiß Milchbubi! Janine, da sitzt ein Kind am Steuer! Der ist höchstens sechzehn!«

Ich ziehe langsam nach rechts und dränge ihn in Richtung Seitenstreifen, immer die Drohung meines Chefs im Ohr: »Wenn ihr den Wagen schrottet, habt ihr Fahrzeugpflegedienst!« Aber mir fällt keine andere Möglichkeit ein, den Kerl zu stoppen, ganz davon abgesehen, dass ein Zusammenstoß mit über zweihundert Sachen jetzt auch nicht ganz ungefährlich wäre.

So rasen wir nebeneinander dahin, der Funk wird immer schlechter, die Blaulichter der niederländischen Kollegen in unserem Rückspiegel immer kleiner. Gerade als mich das Jagdfieber so gepackt hat, dass ich denke: Scheiß drauf, ich brems ihn jetzt einfach aus!, knackt es laut im Funkgerät.

»Verfolgung abbrechen!«, schallt es aus dem Lautsprecher,

genau in dem Moment, als es mir gelungen ist, mich komplett vor den anderen Wagen zu setzen.

Tim wirft mir einen Blick zu und flüstert fast: »Ramm ihn!« Aber ich sehe keine Möglichkeit, den SLK so zu treffen, dass er kein anderes Fahrzeug gefährdet oder gar wir selbst uns ins Nirwana abschießen.

Betont langsam spricht Tim ins Funkgerät: »Wir können Sie nicht aufnehmen, wiederholen Sie!«

»Abbrechen. Sofort abbrechen!«

»Haben Fahrzeug überholt. Flüchtiges Fahrzeug kann ausgebremst werden«, gibt Tim den Sachstand durch.

Meine Hände werden feucht, und ich sehe den Fahrer des Mercedes in unserem Rückspiegel, während wir im Zickzackkurs über die Autobahn dahinrasen. Versucht er, rechts an uns vorbeizuziehen, schneide ich ihm den Weg ab, versucht er es links, tue ich es ihm gleich.

»Abbrechen. Verfolgung sofort abbrechen!«

Als hätte er den Funkspruch mitbekommen, reckt er grinsend den Mittelfinger in unsere Richtung, und während sich unser Auto eindeutig am Geschwindigkeitslimit befindet, schert er urplötzlich erneut nach rechts aus, drückt noch mal aufs Gas und versucht an uns vorbeizukommen.

Aus unserem Funkgerät schallt wieder die Durchsage: »Abbrechen! Die Niederländer übernehmen! Ihr sollt sofort abbrechen! Habt ihr verstanden?« Die Stimme am Funk lässt keinen Widerspruch zu.

Wütend knallt Tim das Funkgerät gegen das Armaturenbrett, und ich nehme zögerlich den Fuß vom Gas. Der Mercedes zieht an uns vorbei und verschwindet rasch vor uns im Verkehr, die niederländischen Motorradpolizisten fliegen an uns vorbei und heben grüßend den Arm. Dann sind auch sie weg.

»Verstanden, haben abgebrochen«, gibt Tim seufzend an die Leitstelle durch. »Kommen zurück in die BRD.« Dann wartet er einen Moment, bevor er wütend erneut ins Funkgerät spricht:

»Und wenn die Niederländer den noch kriegen, dann geb ich 'ne Runde für jeden im Dienst befindlichen Kollegen aus! Verdammt, wisst ihr, wie nah wir an dem dran waren?«

Aus den Funklautsprechern kommt nur ein leises »Ja!«.

Tim verschränkt die Arme vor der Brust und schweigt den Rest der Fahrt, bis wir kleinlaut und immer noch wütend an der Wache ankommen. Die Kollegen stehen bereits im Hof, unser Vorgesetzter rennt erst mal drei Runden um den BMW, bis er sich überzeugt hat, dass das heilige Blech nichts abbekommen hat.

Dann sagt er halbherzig grinsend: »Man muss auch verlieren können. Irgendwann kriegen wir sie doch alle!«

»Aber nur, wenn man verlieren MUSS!! Fünf Minuten länger, und wir hätten ihn bremsen können! Aber so, das ist einfach nicht fair!«, schnappe ich zurück und kann mir so grade noch ein kindisches Aufstampfen mit dem Fuß verkneifen. Dann marschiere ich ins Wachgebäude, um mir einen Schokoriegel zu holen und mein Gemüt zu beruhigen.

Tim muss natürlich keine Runde ausgeben, denn der Täter hat sich tatsächlich aus dem Staub machen können. Ich träume noch ein paar Tage davon, wie ich mit Tim auf dem Beifahrersitz durch die ganzen Niederlande rase und den Autodieb schließlich doch noch mitten in Amsterdam an einer Gracht stelle. Das Gesicht des jungen Burschen am Steuer und sein gereckter Mittelfinger haben sich in mein Hirn eingebrannt. Nie werde ich ihn vergessen, und immer werde ich hoffen, ihn doch noch bei einer anderen Missetat zu erwischen. Doch die Wahrheit ist: Er und der gestohlene SLK sind bis heute nicht mehr aufgetaucht, leider.

So ist das nun mal: Hin und wieder geht uns einer durch die Lappen. Nachdem ich mein Adrenalin wieder unter Kontrolle hatte, war ich durchaus froh, dass ich ihn eben nicht gerammt oder ausgebremst hatte. Beides hätte bei der hohen Geschwindigkeit vermutlich einen schweren Unfall zur Folge gehabt. So habe ich zwar verloren, aber ich muss nicht damit leben, vielleicht einen jungen Autodieb bei einer Verfolgungsfahrt ins Jenseits befördert zu haben.

Genauso, wie dieser kleine Kriminelle uns entwischte, gehen uns allerdings hin und wieder auch rein zufällig die richtig großen Fische ins Netz.

GROSSE FISCHE
2006

Drogenfahndung. Das beschreibt ungefähr meinen Job beim Einsatztrupp der Autobahnpolizei. Es bedeutet Autos anzuhalten, Fahrer und Fahrzeuge zu filzen, Drogen zu finden, böse Buben zu observieren. Es bedeutet aber hier und da auch, eine lange, einsame Nacht auf einem Rastplatz auf einen angekündigten Drogenkurier zu warten, ganz erbärmlich zu frieren und dann meist festzustellen, dass Drogenkuriere leider einen Hang zur Unpünktlichkeit und Unzuverlässigkeit haben.

Umso schöner ist es dann, tagsüber unterwegs zu sein. So auch an jenem sonnigen Montag im Juni. Wir haben unseren Zivilwagen frisch gewaschen und aufgeräumt und stehen mit dem glänzenden Gefährt nun, wie so häufig, wenn wir keinen speziellen Auftrag haben, an der Grenze zu den Niederlanden und beobachten den Verkehr Richtung Deutschland. Zwei Kollegen in einem zweiten Zivilwagen tun das Gleiche. Als sich eine auffällige schwarze Mercedes-Limousine mit Breitreifen, getönten Scheiben und italienischem Kennzeichen nähert, setzen wir uns, ohne uns abgesprochen zu haben, in Bewegung. Heute sitzt ausnahmsweise Tim am Steuer. Unauffällig rollen wir nacheinander über den Rastplatz und fahren kurz hinter dem Mercedes auf die Autobahn auf.

Als wir neben dem Wagen sind, betätige ich unauffällig den Funkknopf. »Zwei männliche Personen, südländisches Äußeres, gepflegte Kleidung!«

»Anhalten!«

Ich nicke Tim zu, der setzt unseren Wagen vor den der Italiener und schaltet an der nächsten Ausfahrt das »Bitte folgen!«-Schild an. Im Rückspiegel beobachte ich, wie die beiden Herren hektisch miteinander sprechen, und rechne fast damit, dass der Fahrer Gas gibt. Doch nichts geschieht. Brav folgt das Fahrzeug unserem dunkelgrünen Opel die Abfahrt hinunter und hält vorbildlich auf dem Parkstreifen an. Sofort sind die zwei Kollegen aus dem anderen Wagen an den Fahrzeugtüren, ich halte mich im Hintergrund und beobachte die Szenerie.

Der Fahrer, ein kleiner, kugeliger Mensch mit öligem Zopf und protzigem Goldschmuck, spricht einigermaßen gut Deutsch und gibt wild gestikulierend und mit gewinnendem Lächeln an, dass er in Rotterdam gewesen sei und dort mit seinem Banker, dem Beifahrer, Diamanten gekauft habe. Die Steine würden ihm jedoch per Boten zugestellt.

Wir tauschen untereinander Blicke. Jedem von uns ist klar, dass etwas an der Geschichte nicht ganz koscher ist. Wir bekommen ja viele absurde Geschichten aufgetischt: Man habe in den Niederlanden Urlaub gemacht, obwohl wir gesehen haben, dass das Fahrzeug vor nur fünfzehn Minuten die Grenze passiert hat. Oder man sei zum Fischen an der See gewesen, Gepäck und Fische habe man dann irgendwie auf dem Zeltplatz vergessen. Grandios war auch der Herr, der uns erzählte, er sei mal eben von Oberammergau nach Amsterdam gefahren, weil er gehört habe, die niederländischen Prostituierten seien besser als die Damen in Bayern. Im Kofferraum seines Autos fanden wir mehrere Pakete mit Marihuana.

Doch die Geschichte unserer italienischen Freunde stinkt so zum Himmel, dass sogar ich, die ich zu der Zeit noch ein wenig leichtgläubig war, es deutlich riechen kann. Zum einen spricht der angebliche Banker nicht ein Wort Englisch, zum anderen sind nirgends Dokumente über Diamantenkäufe, größere Mengen Bargeld oder gar Schecks zu finden.

Während die Kollegen die beiden Herren filzen, stehe ich

mit schief gelegtem Kopf am Rand und beobachte die Vorgänge. Der angebliche Banker wird von Minute zu Minute nervöser, reibt sich die Hände, tritt unruhig von einem Fuß auf den anderen, und seine Pupillen verändern so rasch ihre Größe, dass ich das sogar aus mehreren Metern Entfernung erkennen kann und richtig deute. Rasch wische ich ihm mit einem kleinen Drogenteststäbchen durch den Mund und stecke es in den Auswertedeckel. Das Testfeld blinkt so schnell positiv bei Kokain auf, dass ich fast glaube, der Kerl hätte sich das weiße Pulver nicht nur durch die Nase gezogen, sondern gleich auch noch den Mund damit gespült.

Trotz der offenbar faulen Geschichte, des positiven Drogentests und der fehlenden Papiere für das Fahrzeug finden wir zunächst nichts weiter. Die beiden Kollegen passen auf die »Diamantenhändler« auf, während Tim und ich durch das Auto krabbeln. Wir stecken unsere Nasen in Lüftungsschlitze, bauen die Manschetten der Gangschaltung und der Handbremse ab, ich bastele die Hutablage aus dem Heck und schiebe meine Finger in jede Ritze des Fahrzeugs. Tim kriecht fast komplett in den Kofferraum, ich versenke meine Arme im Motorblock und tauche von oben bis unten mit schwarzen Ölstreifen verziert wieder auf. Wir schrauben den Luftfilter auf, brechen den Sicherungskasten auseinander, und obwohl mittlerweile jeder von uns sicher ist, dass wir hier einen ordentlichen Drogenkurier vor uns haben, finden wir rein gar nichts.

Schwitzend, staubig und mit öligen Fingern stehen wir vor dem Wagen, die Hände in die Hüften gestemmt, und legen nachdenklich die Köpfe schief. Die beiden Italiener finden unser Schauspiel sichtlich erheiternd und warten freundlich lächelnd neben dem Fahrzeug.

Plötzlich geht Tim neben der hinteren Beifahrertür in die Knie und zeigt auf etwas. Ich trete langsam näher, und dann sehe auch ich es. Breit grinsend mache ich einen Schritt zurück und den Jungs Platz, denn jetzt ist Kraft gefragt. Schneller, als ich gucken kann, haben sie die hintere Sitzbank ausgebaut. Samt der kleinen weißen Pulverspur, die Tim da am unteren Rand entdeckt hatte, steht sie jetzt neben mir auf dem Parkplatz.

Den beiden Herren ist das Lächeln mittlerweile zur Grimasse gefroren, sie haben die geballten Fäuste in den Hosentaschen vergraben. Knapp zehn Minuten später haben die Kollegen den Zugang zum Tank freigelegt, der sich unter der Rücksitzbank befindet. Auch hier findet sich wieder eine zarte weiße Pulverspur.

Beherzt greift Tim in die Öffnung, die sonst nur für Reparaturen am Tank vorgesehen ist, durch die man aber aufgrund ihrer Größe mit einer Taschenlampe einen hervorragenden Blick ins Innere hat. Er verzieht das Gesicht und fischt nach einer Weile eine Colaflasche aus dem Diesel. Wieder steckt er den Arm in den Tank und angelt sich die nächste Flasche.

Nach und nach stapelt er Fläschchen für Fläschchen neben sich, während der Geruch nach Diesel und das mittlerweile ziemlich wütende Geschimpfe der Italiener immer unerträglicher werden. Endlich schüttelt er den Kopf. »Nix mehr drin!«

Die Jungs schnappen sich die Herren Diamantenhändler, lassen die Handfesseln klicken, und ich trage fast vier Kilo reinstes Kokain in Colaflaschen zu unserem Auto.

Dann geht alles recht schnell: Die Flaschen werden beschlagnahmt, das Auto ebenfalls. Während wir auf der Wache unsere Anzeigen schreiben, sitzt mir der Fahrer gegenüber, der ja immerhin ein wenig Deutsch kann und nun meint, er könne mich irgendwie überzeugen, dass ich weder die Flaschen gesehen noch das Koks in meinen Händen gehalten hätte.

»Ich mache aus dir reiche Frau!«, raunt er mir zu, als wir gerade einen Moment alleine im Raum sind, und klimpert mit den Wimpern. »Wenn du mich bringst hier raus, du wirst mächtige Frau in Sicilia! Ich bezahle dir Auto, Kleider, neue Möpse, alles. Was du willst!« Er spitzt die Lippen und haucht Küsse in die Luft, während ich krampfhaft versuche, mir das

Lachen zu verkneifen. Ob ich wirklich neue Möpse brauche oder gar so aussehe, als würde ich mir welche wünschen? Dankend lehne ich ab.

Das passt ihm irgendwie so gar nicht in den Kram. Wütend springt er von seinem Stuhl auf und spuckt, da er mit den gefesselten Händen nicht gestikulieren kann, vor mir auf den Schreibtisch, bevor er brüllt: »So gehte keine mit mir umme! Ich bin eine mächtige Mann, und du, du bist tote kleine Nutte! Bist du!« Seine Stimme ist immer leiser geworden und hat jetzt einen gefährlichen Unterton. Als meine Kollegen, die inzwischen wieder reingekommen sind, ihn auf seinen Stuhl drücken und sein hasserfüllter Blick mich trifft, läuft mir tatsächlich ein Schauder über den Rücken.

Obwohl ich ihn sicher verwahrt weiß und er zu mehreren Jahren Gefängnis verurteilt wird, drehe ich mich noch Wochen nach seiner Verhaftung abends beim Aufschließen der Haustür dreimal um und vergewissere mich, dass niemand in der Nähe ist. Ich gewöhne es mir ab, im Dunkeln joggen zu gehen, und meide abgelegene Parkplätze und dunkle Parkhäuser. Was weiß ich kleine Polizistin denn schon? Vielleicht ist der Dicke mit den protzigen Ringen tatsächlich ein Mafiaoberboss. Und selbst wenn er nur ein kleines Licht ist, dürften seine Auftraggeber über unseren Zufallstreffer nicht erfreut gewesen sein. Schließlich hatte das von uns abgefischte Kokain einen Verkaufswert von mehreren Hunderttausend Euro. Außerdem habe ich den »Paten« gelesen, und mit einem blutigen Pferdekopf im Bett will ich nun wirklich nicht aufwachen.

Natürlich ist das nun schon eine Zeit her, und weder sind mir dubiose Gestalten in meiner Nähe aufgefallen, noch hat man Racheakte an mir verübt. Zwar drehe ich mich immer noch mehrmals um, wenn ich durch ein dunkles Parkhaus laufe, aber das ist eher meinem Konsum von zu vielen Horrorfilmen geschuldet als meiner Furcht vor der Rache des sizilianischen Paten.

FOTZE
2007

Sechseinhalb Jahre bin ich nun als Autobahnpolizistin geradeaus gefahren, bin höchstens rechts, aber niemals links abgebogen und habe hauptsächlich verkehrsrechtliche Probleme gelöst. Jetzt ist es an der Zeit, dass ich mich von der »Sonnenscheinwache« Autobahn verabschiede und mich neuen Herausforderungen stelle. Und die bekomme ich: Im sozialen Brennpunkt Köln-Chorweiler soll ich ein Jahr lang, bis zum Beginn meines Studiums Streife fahren, neue Erfahrungen und Eindrücke sammeln und vor allem Einblicke in die Arbeit der Polizei fernab der Autobahn bekommen.

Für Sicherheit sorgen soll ich. In Chorweiler, einer Hochhaussiedlung mit Graffiti an den Wänden, vollgepissten Hausfluren und Aufzügen und mit Wohnungen, die so verwahrlost sind, dass man kaum glauben kann, wie dort jemand wohnen kann.

»Fast der ganze Stadtteil besteht aus kleinkriminellen Typen, die sich leider nicht nur gegenseitig täglich in die Fresse hauen, sondern auch noch das Umland belästigen«, erklärt mir mein neuer Kollege Uwe, während wir durch die gut gefüllte Fußgängerzone marschieren, auf der Suche nach ein paar Jugendlichen, die zu dem gewöhnlichen Mist, den sie sonst so bauen, heute einen bewaffneten Kiosküberfall hingelegt haben. »Jetzt schon wieder so ein Einsatz, bei dem man genau weiß, was einen erwartet. Man sollte die alle auf eine einsame Insel verfrachten oder ganz Chorweiler einzäunen, da könnten sie sich dann wenigstens nur mit sich selbst beschäftigen.«

Ich kenne Uwes Tiraden schon und verstehe seine Frustration. Aber so ist es nun mal, wir beide werden die sozialen Probleme einer Hochhaussiedlung wie Chorweiler mit hohem Ausländeranteil und vielen sozial schwachen Einwohnern auch nicht im Handstreich lösen, selbst wenn wir uns das im Stillen manchmal wünschen, weil wir dann auf einen Schlag ungefähr siebzig Prozent weniger Arbeit hätten. Also schweigen wir und suchen stattdessen nach unseren Straftätern – mit einer Beschreibung an der Hand, die auf jeden Dritten hier passt:

- 170 cm groß
- schwarze Haare
- Irokesenfrisur
- Kapuzenjacke
- Jeans

Unheimlich hilfreich. Und dann wundern die Leute sich, dass wir die Typen nicht erwischen. Wenn wir ehrlich sind, erwischen wir wirklich immer nur die Dummen: diejenigen, die sich nicht gut genug verstecken, die sofort weglaufen, wenn sie uns sehen, oder die so markante Tattoos, Nasenpiercings oder Ohrringe tragen, dass ich schon bei der Beschreibung weiß, bei wem ich klingeln muss.

Heute sind es wieder die Dummen, die uns ins Netz gehen. Als wir um die nächste Ecke biegen, sehen wir gerade noch, wie zwei Jungs bei unserem Anblick die Beine in die Hand nehmen und losflitzen. Uwe und ich hinterher. Keuchend versuche ich, zu funken und gleichzeitig zu rennen, mit dem Effekt, dass beides nicht optimal gelingt.

»Täter ... gesehen ... Athener Ring weggelaufen ... hinterher!« So oder so ähnlich klingt das, was ich in das Funkgerät brülle, während ich versuche, an Uwe dranzubleiben, und dieser wiederum versucht, die Bengels einzuholen.

Zwei Seitenstraßen weiter geben wir schnaufend und keuchend auf. Die Jungs tragen Turnschuhe, wir grobe Wanderstiefel. Wir schleppen zusätzlich zu unserem Körpergewicht noch mehr als fünf Kilo Krempel mit uns herum, während die Kerle gerade mal dem Kindesalter entwachsen und topfit sind.

Schnaufend laufe ich aus, Uwe lehnt bereits an einer Wand. In einer Mischung aus Wut und Belustigung sieht er mich an: »Irgendwann kriegen wir sie alle. Aber heute nicht, ich kann nicht mehr!« Er wischt sich den Schweiß von der Stirn und spuckt in einen zugemüllten Vorgarten, als von der nächsten Kreuzung Geschrei zu uns herüberschallt.

»Fick dich, du Scheißfotze!«

Ohne ein weiteres Wort zu verlieren, rennen wir wieder los und biegen um die Ecke. Ein Streifenwagen steht quer auf dem Bürgersteig. Unsere Kollegin Johanna rollt mit einem der Jungs, die wir gerade verfolgt haben, in wildem Kampf über den Boden, ihr Partner Paul schleift einen weiteren am Kragen zum Streifenwagen.

»Fick dich, du Scheiß...«, will der, auf dem Johanna mittlerweile kniet, gerade wieder schreien, während sie versucht, seine Hände zu fassen zu kriegen, als ich ihr zur Hilfe komme und dem Jungen die Arme nach hinten biege.

»Ich dachte, die Scheißfotze wäre ich, Murat?« Auf den zweiten Blick habe ich erkannt, welche Schätzchen uns da heute ins Netz gegangen sind.

Murat und sein Kumpel Marcel. Keine sechzehn Jahre alt, frech wie Dreck und leider krimineller, als ihr Alter vermuten ließe.

»Alle beide seid ihr Drecksfotzen, Alter, ich fick euch!« Klein-Murat windet sich wie wild unter unseren Griffen und schiebt zuckend in wilden Bewegungen sein Becken vor und zurück. »Ich fick euch Huren alle!«

»Kindchen, dazu fehlt dir noch die notwendige Ausstattung!« Johanna kichert und lässt die Handfesseln einrasten.

»Zeig's den Schlampen, Murat!« Ah, sein Kumpel Marcel hat seine Stimme wiedergefunden und kräht jetzt aus dem Streifenwagen zu uns rüber. Murat zappelt immer noch am Boden und weigert sich aufzustehen.

Jetzt reicht es. Gemeinsam heben Johanna und ich das Fliegengewicht mit den gefesselten Armen hoch und setzen es neben seinen Kumpel auf den Rücksitz.

Während andere Jugendliche und ganz sicherlich auch Erwachsene in dieser Situation eindeutig einsehen würden, dass sie verloren haben, und den Rand halten, ist das bei Murat und Marcel leider nicht so.

»Ich fick deine Mutter, du Drecksau. Guck mal in den Spiegel. Du Sau. Fotze. Arschloch. Ihr könnt mir gar nichts. Du bist so hässlich, dich würde nicht mal ein Esel ficken! Deine Mutter ...« Murat, der den Ablauf hier bei uns schon bestens kennt, beginnt das Ganze unheimlich lustig zu finden und geht alle ihm bekannten Beleidigungen durch. Gewöhnlich wird er nach so einer Sache zur Wache transportiert, da muss er ein bisschen rumsitzen, während er sich die Zeit damit vertreibt, die Beamten einmal nacheinander ordentlich zu beleidigen. Dann erscheint irgendwann sein Vater, Murat verdrückt ein paar Tränchen, bekundet, wie leid ihm alles tut, und kann gehen. Offenbar bezahlt Papa auch seine Strafen immer brav, denn weitere Konsequenzen hatten seine Aktionen, soweit ich weiß, bisher nie.

Doch was Murat und Marcel noch nicht wissen, ist, dass wir diesmal ein Videoband von ihnen und ihrem Raub im Kiosk haben. Wie die Kollegen mir über Funk mitteilen, kann man beide klar erkennen. Noch wichtiger ist, dass man erkennt, wie sie die alte Dame hinterm Tresen mit der Gaspistole bedrohen und die Waffe dann auch abfeuern. Heute werden weder Murat noch Marcel nach Hause gehen dürfen, und wenn Papi noch so freundlich ist. Heute sind Festnahme und U-Haft angesagt, für beide.

»Ey, Fotze, mach mal die Fesseln lockerer. Die tun mir weh. Ich zeig dich an, dann zahlst du Schmerzensgeld, bis du blutest. Du dumme Sau.«

»Halt den Rand!« Auch Paul scheint jetzt mit der Geduld am Ende. Normalerweise ist er immer derjenige, der sich mit stoischer Geduld die wildesten Beschimpfungen anhört und alles von sich abprallen lässt, ohne die geringste Reaktion zu zeigen. Aber das heute ist eindeutig einen Tick zu viel.

Als wir die beiden Jungräuber endlich im Wagen verstaut haben, um sie zur Wache zu karren, erzählt mir Johanna, dass sie meinen gekeuchten Funkspruch gerade noch aufgeschnappt hatten, als ihnen die beiden schon quasi vor die Motorhaube liefen.

Uwe nickt und meint trocken: »Sag ich ja, irgendwann kriegen wir sie alle!«

Vom Rücksitz des Streifenwagens schallt es wieder: »Ich ficke deine Mutter, du Hurensohn! Du Eselficker! Du Scheißdrecksbulle!«

»Ja, ja, Murat, die Leier kennen wir jetzt schon. Leg mal 'ne neue Platte auf.« Ich winke genervt ab.

»Fotze, kannst du mich nicht direkt nach Hause fahren? Ich kann doch eh gleich wieder gehen. Alte Fotze, lutsch meinen Schwanz! Hühnerficker, Hühnerficker.«

Irgendwo in meinem Hirn legt sich ein Schalter um, und ich vergesse, dass ich hier im Grunde zwei Kinder vor mir habe. Zuckersüß lächelnd, drehe ich mich um: »Schätzchen, ich würde dich zu gerne nach Hause zu Papi fahren. Dummerweise geht das nicht. Heute habt ihr euch eine Straftat zu viel geleistet. Heute schlaft ihr bei uns, in der kuscheligen Zelle. Da darfst du dir dann überlegen, was du falsch gemacht hast. Und wenn du noch mal Fotze sagst und nicht langsam deinen Ton anpasst, dann bin ich mir sicher, dass wir einen netten Zellengenossen für dich finden.«

Während meiner kleinen Ansprache ist Klein-Murat ziemlich blass um die Nase geworden. »Ey, du machst Witze, Fotze, oda?«

Uwe schüttelt den Kopf: »Ich befürchte, sie meint das ernst, Murat.«

»Ey, hab ich mit disch geredet, du Hühnerficker?«

Auf Uwes Stirn erscheint eine pochende kleine Ader, die erst verschwindet, als wir die beiden Jungs mit zwei Streifenwagen ins Gewahrsam gebracht haben und beide beim Anblick der hohen Mauern und kahlen Flure sichtlich erbleichen.

»Ey fuck, ich will nach Hause!« Marcel versucht, sich aus meinem Griff zu winden. »Ey, lass mich los, du dumme Sau!!«

Er spuckt nach mir, aber ich weiche aus. Eine Sekunde später liegt der Kleine auf dem Boden, und zwei Beamte vom Gewahrsam ziehen Marcel einen Mundschutz über. »Gespuckt wird hier nicht!«

»Fick dich! Ich war das nicht!! Das war Murats Idee! Ich geh nicht in den Knast! Mamiiii!!«

»Alter, halt's Maul, oder mein Bruder kommt und sticht dich ab!«, tönt sein Kumpel. »Ich schwör, der sticht dich ab!«

Fast muss ich wegen ihres kleinen Dialogs lachen, wäre das Ganze nicht so dramatisch. Die alte Kioskbesitzerin liegt im Krankenhaus und hat von der Gaspistole Verbrennungen im Gesicht, außerdem hat sie durch die Aufregung einen leichten Schlaganfall erlitten. Und wir müssen uns hier mit zwei Kindern herumschlagen, die dummerweise nie ihre Grenzen aufgezeigt bekommen haben und jetzt zu alt sind, um sie noch kennenzulernen.

Zwei Schachteln Zigaretten und zwölf Euro haben sie bei ihrem Beutezug verdient. Schwerer Raub. Zwölf Euro und zwei Schachteln Zigaretten als Lohn für eine Straftat mit einem Mindeststrafmaß von fünf Jahren.

Wie oft hab ich die beiden jetzt schon bei irgendeiner Scheiße erwischt, wie oft hab ich hilflos zugesehen, wie sie nach einer Standpauke vom Jugendrichter, nach Sachbeschädigungen, Körperverletzungen, kleineren Einbrüchen und Diebstählen wieder gehen durften. Und wie sie sich regelmäßig direkt vor uns kaputtlachten ob ihrer vermeintlichen Pfiffigkeit.

Wer will mir verdenken, dass ich den Moment genieße, in

dem Murat und Marcel in zwei Zellen gesperrt werden und ich die Panik in ihren Augen sehe, als die schweren Türen zufallen und sie verstehen, dass dies kein schlechter Scherz, sondern bitterer Ernst ist? Wer will mir sagen, dass es falsch ist, mich zu freuen, dass die beiden endlich mal ein paar Monate zumindest von der Straße sind?

Gut, Murat und Marcel sind nur zwei von vielen. In ihrer kleinen Bandenhierarchie werden schnell andere nachwachsen und ihren Platz einnehmen, und in ein paar Wochen lassen wir uns dann nicht von Klein-Murat und Marcel Hühnerficker und Fotze nennen, sondern von Hans und Anatoli. Egal. Die Genugtuung bleibt, obwohl ich genau weiß, dass Murat und Marcel keine Lehre aus dem Knastaufenthalt ziehen werden, sondern lediglich die Zeit nutzen, um ihre Fähigkeiten als Autoknacker, Einbrecher und Schläger zu verfeinern.

»Du glaubst auch nicht, dass die beiden geläutert wieder in Chorweiler erscheinen, oder?«

Uwes Antwort auf meine Frage ist ein bitteres Lachen. »Das wäre illusorisch, und dann hätten wir hier in Chorweiler ja auch nichts zu tun, wenn die Läuterung im Knast funktionieren würde. Obwohl – da wären ja noch Kalk, Mülheim, Finkenberg, Höhenberg, Meschenich ...« Er zählt die Kölner Problembezirke an seinen Fingern ab. Bei zehn sieht er mich an: »Und hey, sonst wären wir ja unseren Job los!«

Aus dem Zellentrakt schallt ein letztes »Fotzääää!« hinter uns her, dann steigen wir in den Streifenwagen und rollen langsam vom Hof.

»Bleibt zu hoffen, dass sie ihnen im Knast ein paar bessere Schimpfwörter beibringen, das ewige Fotze ist schon irgendwie ermüdend, findest du nicht?«

Ich nicke, während wir zusehen, wie die Sonne hinter den Hochhäusern untergeht. Im Abendlicht sehen sie malerisch und fast ein bisschen friedlich und schön aus.

ICH HOFFE, ES GEHT DIR BESSER, DA, WO DU JETZT BIST.
2007

Genauso, wie wir die einen Bösewichter erwischen und die anderen nicht, wie wir die einen laufen lassen müssen und die anderen nicht, können wir manche Menschen retten und manche eben nicht.

Jon haben meine Kollegen und ich viele Male gerettet, bis der Tag kam, an dem wir es nicht mehr schafften. Für ihn aber bedeutete dieser Tag vielleicht doch so etwas wie eine Rettung.

Ich stehe mit meinem Notfallschokoriegel in der Hand am Fuß eines der Hochhäuser in Chorweiler. Über mir ist, nein, war ein gläsernes Vordach mit Stahlstützen angebracht. Das Sicherheitsglas ist gesplittert, und meine Schritte knirschen unangenehm auf den Tausenden kleinen und großen Scherben.

Meine Kollegen spannen rot-weißes Flatterband mit der Aufschrift »Polizei« von einer Stütze zur anderen. Ein Rettungswagen und ein Notarztwagen mit ausgeschaltetem Blaulicht parken neben den beiden Streifenwagen im Wendehammer vor dem Haus. Die Sanitäter sitzen auf der Treppe und füllen mit dem Notarzt den Totenschein aus.

Erneut beiße ich von meinem Schokoriegel ab und schaue nach oben. Siebenundzwanzig Stockwerke. Von welchem er wohl gesprungen ist?

Widerwillig richte ich den Blick auf den Boden vor mir. Ein Häufchen Kleider liegt dort, unter dem sich ein kleines Blutrinnsal den Weg über das Pflaster bahnt. Erstaunlich wenig

Blut dafür, dass er so tief gefallen und durch das Vordach gekracht ist.

Sein Kopf ist halb von seiner Jacke verdeckt. Die Jacke, an der die Kapuze abgerissen ist, weil er noch vor wenigen Wochen durch einen Passanten an ebendieser Kapuze zurückgerissen wurde, als er sich vor die einfahrende S-Bahn werfen wollte. Mit Händen und Füßen hatte er sich gewehrt, und die Schlägerei war noch im vollen Gang gewesen, als wir dazukamen und es mir und meinem Kollegen endlich gelang, ihn zu beruhigen.

Schon auf dem Weg zum heutigen Einsatzort war mein Bauchgefühl eindeutig. Als die Durchsage »Jugendlicher von Hochhaus gesprungen!« über Funk kam, wusste ich, dass ich Jon finden würde. Jon, der endlich geschafft hatte, wovon wir ihn seit Monaten abhielten.

Dabei waren seine Versuche durchaus nicht die üblichen Hilfeschreie jugendlicher Fast-Suizidenten gewesen. Keine unnützen Versuche, sich mit zwanzig Aspirin ins Jenseits zu beamen, oder hilflose, halbherzige Schnitte an den Handgelenken. Nein, Jon, der intelligente, zurückhaltende Junge mit herausragenden Schulnoten und einem Zimmer voller Bücher hatte es eigentlich immer direkt richtig gemacht.

Während ich seinen Körper betrachte, erinnere ich mich, wie ich verzweifelt in mein Funkgerät nach einem Rettungswagen brüllte, während mein Kollege Jons Unterarme zusammenhielt, die er sich mit einem zwanzig Zentimeter langen Küchenmesser von oben bis unten aufgeschlitzt hatte. Wir fanden ihn nur zufällig, weil der Kollege eine Rauchpause auf einem der abgelegenen und im Winter unbenutzten Parkplätze am Fühlinger See einlegen wollte.

Ich erinnere mich an Sandras Erzählung, wie sie Jon in einer der Toiletten des City-Centers mit einer Überdosis Heroin im Körper fanden, von der wir bis heute nicht wissen, woher er sie hatte.

Ich erinnere mich an den Nachmittag, den wir damit verbrachten, ihn von einer der Autobahnbrücken in unserem Bereich herunterzuquatschen, was letztlich nur funktionierte, weil Jon ein sehr rücksichtsvoller Junge war und herunterkletterte, als einer der Kollegen verzweifelt rief, dass er nicht damit leben könne, ihn fallen zu sehen.

Ich erinnere mich an die vielen Besuche bei seiner immer total breiten Mutter, die oft nicht mal ansatzweise erfasste, was mit ihrem Kind passiert war.

Ich denke an die Wohnung hier in der Hochhaussiedlung, die von Jon penibel sauber gehalten wurde, in der sich die Bücher stapelten, die er verschlang, als würden sie ihm bei seiner Flucht in ein besseres Leben helfen.

Ich denke an seinen verzweifelten Blick, als ich ihn einmal fragte, warum er nicht leben wolle: »Wollten Sie so leben?« Seine Handbewegung hatte alles umfasst – seine betrunkene Mutter, seine in der Nähe herumstehenden, gaffenden und lachenden Schulkameraden, die Wohnverhältnisse, alles.

Mir war keine pädagogisch wertvolle Antwort eingefallen, also hatte ich damals so etwas wie: »Besser so leben als gar nicht!« gestammelt, obwohl Jon und ich wussten, dass ich nur eine Floskel nutzte und mir gar nicht vorstellen konnte, so zu leben wie er.

Ich arbeitete nur hier, ich setzte mich jeden Tag nach dem Dienst in mein kleines rotes Auto, das mehr gekostet hatte, als hier eine fünfköpfige Familie jedes Jahr zum Leben hatte, und fuhr zurück in meine eigene heile Vorstadtwelt, wo meine Katze und mein Lieblingsmensch auf mich warteten, in eine Wohnung, die nicht nach Urin stank, in der alle Leitungen funktionierten und wo ich keine Angst haben musste, bereits im Hausflur beklaut zu werden.

Jetzt hatte Jon es also geschafft. Diesmal hatten wir keine Chance, rechtzeitig da zu sein.

Später gelang es uns, den Ablauf zu rekonstruieren: Jon war

morgens aufgestanden, zur Schule gegangen, war im Deutschunterricht für seine Klausur gelobt worden, hatte in der Pause, wie üblich, von einem Mitschüler Prügel bezogen, weil er die wöchentliche »Abgabe« für Bücher ausgegeben hatte, statt sie dem kleinen Schul-Mafioso auszuhändigen. Dann war er nach Hause gegangen, hatte seiner Mutter, die schon wieder total besoffen war, etwas zu essen gekocht, hatte sie vom Bett aufs Sofa verfrachtet und ihr die Flaschen mit süßem Likör in Reichweite gestellt, damit sie ihn gehen ließ. Anschließend hatte er sich eine ihrer Schnapsflaschen genommen und war die Treppen des Hochhauses hochgestiegen. Im 26. Stock fanden wir später an der Balustrade des Treppenhauses seine Turnschuhe und die leere Flasche, außerdem ein zerlesenes Exemplar von »Peter Pan«, in das er mit einem schwarzen Stift den Text von Westernhagens »Freiheit« geschmiert hatte.

Ein verlorener Junge ...

Dann war er gesprungen.

Ich beende die zwei Minuten Nachdenklichkeit, die ich mir genehmigt habe, und trete von der Leiche zurück. Einer der Kollegen reicht mir die Kamera, ich mache Bilder. Nach einem Ausweis suchen muss ich nicht. Wir alle kennen Jon so gut, dass jeder Kollege ihn hätte identifizieren können. Dann steigen wir schnaufend die Treppen hoch, den Aufzug benutzt hier niemand, höchstens als Toilette. Im 6. Stock kommen uns mehrere Jugendliche entgegen. Ich schnappe Wortfetzen ihrer Unterhaltung auf: »... der kleine Pisser aus der Siebzehn ist tatsächlich gesprungen!«

»... bei der Mutter hätte ich das schon lange getan ...«

Die Kollegen unten werden sie abfangen und ihre Personalien notieren, aber wirklich etwas über Jon erzählen können sie auch nicht. Jon hatte viele Freunde, auf jeder Seite seiner Bücher einen, aber in der Realität kam er mit Gleichaltrigen nicht zurecht. Am ehesten wusste wohl noch sein Sozialarbeiter Bescheid, der alle paar Wochen für ein Gespräch zur Verfügung stand und der immer wieder versuchte, Jon in Heimen und Pflegefamilien unterzubringen. Doch Jon war jedes Mal abgehauen, aus Jugendheimen, aus betreuten Wohngruppen. Immer war er zu seiner Mutter zurückgekehrt, fest davon überzeugt, dass er kein besseres Leben verdiene als das an ihrer Seite. Getrieben von einem diffusen Schuldgefühl, das er mir gegenüber mal mit den Worten erklärte: »Weil ich da bin, ist sie, was sie ist. Wäre ich nicht, wäre ihre Welt noch in Ordnung. Aber als Alleinerziehende ohne Job ...« Er hatte abgebrochen, und ich hatte ihn spontan trotz Uniform und Waffe in den Arm genommen und geflüstert, dass jeder für sein Glück im Leben selbst verantwortlich sei und ein Kind niemals Schuld am Unglück der Eltern haben könne.

Jon hatte bitter gelacht, und wir fuhren ihn mal wieder in eines der tristen Jugendheime. Zwei Tage später sah ich ihn erneut den Weg in die Wohnung seiner Mutter nehmen, beladen wie ein Packesel.

Klopfen und Klingeln, Klingeln und Klopfen. Mein Kollege Uwe und ich stehen vor der Tür des Appartements mit der Nummer 17.

Jons Mutter öffnet erst, nachdem ich ihr lautstark androhe, die Tür einzutreten, wenn sie ihren Arsch nicht langsam zu selbiger bewegt. Manchmal muss man sein sprachliches Niveau anpassen, damit die Menschen, mit denen wir täglich zu tun haben – im Polizeijargon das »polizeiliche Gegenüber« genannt –, das tun, was wir von ihnen wollen. Verschlafen steht sie in einem verwaschenen Bademantel vor uns und stiert verständnislos durch ihre Brillengläser.

Die beiden Kollegen der Kripo, die mit uns die Wohnung betreten, überbringen ihr die schreckliche Nachricht. Ich stehe im Türrahmen und betrachte ein schief an der Wand hängendes Foto hinter zerbrochenem Glas. Es zeigt Jon und seine

Mutter in glücklicheren Zeiten: Fünf oder sechs Jahre alt ist er und kuschelt sich an seine Mutter, eine schöne Blondine, die noch nicht gezeichnet ist vom Alkohol und gut gekleidet in die Kamera lächelt.

»Hat er es endlich geschafft. Hat er mich endlich allein gelassen ... der kleine Pisser? Erst versaut er mein Leben, und jetzt haut er einfach ab! Kleiner Pisser ...«, nuschelt sie nur.

Vor Wut balle ich die Hände zu Fäusten und schiebe sie tief in die Taschen meiner Lederjacke. Selten ist es mir so schwergefallen, jemandem nicht an den Kragen zu gehen.

Sie haben Ihren Sohn schon vor langer Zeit allein gelassen!, denke ich und unterdrücke den Drang, meine Gedanken laut auszusprechen. Dann wende ich mich ab. Sonst spende ich immer Trost und habe für alles und jeden Verständnis. Doch dieser Frau gegenüber bleiben mir die aufmunternden Worte im Hals stecken. Mein Mitgefühl hat sie nicht verdient, entscheide ich und gehe die Treppen wieder runter zu ihrem Sohn, den ich zwar nicht retten und dem ich trotz aller Bemühungen, aller psychologischen Hilfe, aller Unterstützung vom Jugendamt keine Freude am Leben schenken konnte, aber den ich wenigstens jetzt nicht allein lassen will.

Uwe folgt mir leise. Als ich ihn ansehe, wischt er sich eine Träne aus dem Augenwinkel.

»Die miese Schlampe!«, sagt er nur, als wir hinaus an die frische Luft treten, und auch ich blinzele zwei Tränen weg.

Dann gehe ich zwei Schritte auf Jon zu, der jetzt unter schwarzen Decken liegt. Gerade ist der Leichenwagen vorgefahren.

Ich ziehe die Decke ein Stückchen weg, schaue in sein fast unverletztes Gesicht, bücke mich, streiche ihm über die struppigen Haare und schließe seine Augen.

»Ich hoffe, es geht dir besser, da, wo du jetzt bist«, flüstere ich, dann breite ich die Decke wieder über ihn.

Schweigsam verläuft der Rest des Dienstes, ich habe kaum

Zeit, weiter über Jon nachzudenken. Wir werden auch anderswo gebraucht. Mein Kollege und ich sind trotzdem nicht ganz bei der Sache. Immer wieder kehren meine Gedanken zu Jon zurück. Jon, der uns damals sogar noch anlächelte, als wir ihn blutüberströmt auf dem Parkplatz fanden. »Lasst mich doch bitte gehen. Ich kann nicht mehr!«, hatte er damals gehaucht, bevor er die Augen schloss.

»Niemals!«, hatte mein Kollege ihn angeschrien und nur noch verzweifelter die Wunden zugehalten und versucht, die Blutung zu stoppen.

Jetzt ist offenbar Niemals. Jon ist gegangen, und die Welt dreht sich weiter. Wen interessiert schon der tote Sohn einer Alkoholikerin im sozialen Brennpunkt?

Meinen letzten Gedanken habe ich offenbar laut ausgesprochen, denn Uwe sagt: »Uns hat er interessiert, und wir werden ihn nicht vergessen!«

Dann schaltet er das Blaulicht ein, und wir brausen zum nächsten Einsatz, der nächsten Krise, dem nächsten Menschen, den wir vielleicht retten können. Vielleicht aber auch nicht.

JAHRESSIEGER
2006

Bevor es mich nach Chorweiler verschlug, machte ich noch zwei kleine Hospitationsausflüge zu anderen Dienststellen, um mir ein Bild machen zu können, wo ich beruflich später vielleicht mal hinwollte, und auch, um Neues zu lernen und für meinen täglichen Dienst mitzunehmen.

Meine erste Station war für einige Wochen die Kriminalwache in Köln-Kalk. Kriminalwache – das hört sich für Laien gefährlich an, ist aber einfach eine Art Bereitschaftsdienst der Kripo. Die Kollegen auf der K-Wache machen all die Dinge, für die die Kriminalkommissariate gerade keine Zeit haben, und was anfällt, wenn die Bürozeiten der Kolleginnen und Kollegen von der Kripo vorbei sind. Sie fahren zu Leichenfundorten, übernehmen die Spurensicherung an Tatorten, unterstützen auch mal bei der Vollstreckung eines Haftbefehls, kümmern sich um Vermisstenfälle und sind immer dann Ansprechpartner, wenn der Streifenbeamte auf der Straße einen etwas komplexeren Fall zu lösen hat, an den vielleicht auch Wohnungsdurchsuchungen, Festnahmen, andere rechtlich nicht immer ganz einfache Maßnahmen oder kriminalistische Ermittlungen gebunden sind.

Ich schlage also im Sommer 2006 dort als Hospitierende auf und stehe zunächst einmal vor der Schwierigkeit, dass es brüllend heiß ist und ich zivile Kleidung plus Waffe tragen soll. Hört sich nach keinem sonderlich großen Problem an. Wenn man allerdings so zierlich ist wie ich, dann fällt eine Waffe auch dann noch auf, wenn man sie unter einem weiten T-Shirt versteckt. Ein Schulterholster mit einer Weste darüber ergibt eine komische Beule unter der Achsel. Man kann die Waffe auch nicht locker im Handtäschchen spazieren führen, wie man das manchmal in Filmen sieht, das ist viel zu gefährlich: Wenn sich etwas im Abzug verkeilt, geht das Ding womöglich plötzlich los.

Im Einsatztrupp hatte ich das Problem eigentlich nie gehabt, dort versteckte ich die Waffe entweder unter einem um die Hüfte geknoteten Pullover, oder man sah sie sowieso nicht, da wir meist im Auto saßen.

Ich probiere also verschiedene Möglichkeiten aus, bekomme von den hilfreichen Kollegen so ziemlich jedes denkbare Holster geliehen, und trotzdem sehe ich aus, als hätte Rotkäppchen sich die Waffe des Terminators geliehen – also nicht sehr vertrauenerweckend.

Schließlich hat einer der Kollegen den rettenden Einfall: Eine spezielle Bauchtasche muss her. Sie ist schwarz und alles andere als kleidsam, aber immerhin praktisch. In einem dafür vorgesehenen Fach kann ich Waffe, Reservemagazine, Handfesseln und alles verstauen, was ich sonst noch benötige – auch meine Notfallschokoladenriegel, die ich statt Zigaretten immer noch für stressige Einsätze dabeihabe. Endlich kann ich, vernünftig ausgerüstet, seriös und kompetent wirkend, meinen Dienst versehen, auch wenn ich immer noch wesentlich jünger und unerfahrener bin als meine Kollegen dort. Aber ich bin ja zum Lernen da.

Es ist ein sehr ruhiger Sommer, den ich auf der K-Wache verbringe. Die Hitze ist selbst in den klimatisierten Räumen kaum zu ertragen, und ganz Köln scheint unter einer großen Dunstglocke friedlich zu schlafen. Wenn ich mir möglichst viele Einsätze erhofft habe, um ein breites Spektrum an Erfahrungen zu sammeln, werde ich enttäuscht: Die meiste Zeit verbringe ich damit, mir mit den Kollegen die Zeit zwischen den Einsätzen vor dem Fernseher, am Computer oder mit einem Buch zu vertreiben.

Hier und da werden wir zu einer Leiche gerufen, weil der Notarzt zunächst einen nicht natürlichen Tod bescheinigt hat. Manchmal stellt sich dann heraus, dass die Todesursache Kreislaufkollaps aufgrund der Hitze war oder dass eine andere Erkrankung zum Tod geführt hat.

In diesem Sommer komme ich auch in den fragwürdigen Genuss meiner ersten Leichenschau, der weitere folgen, und besuche die Gerichtsmedizin. Dort spähe ich in die Körperöffnungen von Toten, halte fahle Arme fest, während die Kollegen den Körper abtasten, dokumentiere das Brechen der Leichenstarre, das manchmal notwendig ist, um die steifen Glieder der Toten bewegen zu können, was natürlich genauestens dokumentiert werden muss, da die Verletzungen der Muskulatur sonst einen Gerichtsmediziner eventuell zu falschen Schlüssen verleiten könnten.

Dabei entdecke ich, dass mir der Leichengeruch, mit dem viele Kollegen zu kämpfen haben, nichts ausmacht. Jeder Polizist hat seine Schwachstelle: Viele Kollegen verdrehen angeekelt die Augen, wenn sie in eine Wohnung müssen, in der eine nicht ganz frische Leiche liegt. Einige haben Probleme, wenn sie mit Kot und Urin konfrontiert werden. Mein Schwachpunkt ist Kotze. Erbricht sich jemand in meiner Nähe, habe ich Mühe, nicht daneben zu reihern. Einer meiner Lieblingskollegen behauptet, das komme daher, dass sich mir einmal der Mageninhalt eines Suizidenten, der sich unter dem Dach seines Hauses erhängt hatte, auf die Schuhe ergoss, als wir den Körper vorsichtig abnahmen und dem Toten dabei versehentlich auf den Bauch drückten. Ich bin jedenfalls froh, dass mir Leichengestank nicht so sehr zu schaffen macht, denn damit haben wir doch recht häufig zu tun.

So eben auch in diesem Sommer. Durch die Hitze werden Leichen rasch zu großen Stinkern, die schlimmstenfalls schon seit Wochen und Monaten einsam in ihren Wohnungen vor sich hinmodern und bisher von niemandem gefunden wurden.

Die Überreste einsamer Existenzen, die von niemandem vermisst werden und deren Nachbarn auch die Fliegen am Fenster oder der unangenehme Geruch im Flur bisher nicht aufgefallen sind oder nicht auffallen wollten.

Zu so einem Stinker sind wir auch an diesem sonnigen Dienstagmittag im Zivilwagen unterwegs. Bereits am Funk konnte man hören, dass die Streifenbeamten vor Ort sich ordentlich ekelten.

Als wir vor dem Hochhaus halten, stehen zwei Kollegen vor dem Haus und wedeln sich Luft zu. Um die Nasen sind sie leicht grün angelaufen. Mein Partner Norbert, ein erfahrener Kripobeamter, zieht tadelnd eine Augenbraue hoch. »Warum seid ihr nicht oben in der Wohnung?«

Er erntet lediglich angeekelte Blicke. »Da kriegen mich keine zehn Pferde mehr rein!«, ächzt einer der beiden, den ich zufällig kenne und den ich bisher für recht hart im Nehmen gehalten habe. Ich bin also gewappnet. Dass mir jedoch bereits im Erdgeschoss der süßliche Verwesungsgeruch wie eine Wand entgegenschlagen würde, obwohl der Tote in der dritten Etage liegt, hätte ich nicht gedacht.

Auf dem Treppenabsatz zum Flur der dritten Etage bleiben die uniformierten Kollegen stehen und deuten auf eine Tür. »Da hinten ist es! Wir warten dann mal hier. Viel Spaß!«

Kaum haben wir uns umgedreht, sind sie die Treppe schon wieder runtergeflitzt, und ich höre, wie sie im Erdgeschoss nach Luft schnappen.

Es ist wirklich eklig. Die Luft ist irgendwie dick und dicht, der Leichengeruch liegt wie ein Nebel im Hausflur, man schmeckt ihn sogar, wenn man sich mit der Zunge über die Lippen fährt.

»Wie kann man so was so lange nicht bemerken?«, murmelt Norbert und steuert auf die Wohnungstür zu, während er sich Mentholpaste unter die Nase schmiert und mir dann das Döschen hinhält. »Da, nimm!«

Ich schüttle den Kopf. »Mir macht das irgendwie nichts!«

»Nimm, Mädchen! Bei mir brauchst du nicht die Harte zu spielen!«

Ich schüttle wieder den Kopf, er steckt sein Döschen ein. »Kotz mir bloß nicht irgendwo hin!«

Neugierig folge ich ihm in die Wohnung. Ich weiß, ich werde nicht kotzen. Trotzdem reiße ich kurz entsetzt die Augen auf, als er die Tür aufschiebt. Auf den Wänden und auf dem Boden wimmelt und krabbelt es. Fliegen, Maden, kleine Käfer und leere Insektenpuppen liegen herum, kaum ein Quadratzentimeter, auf dem sich nicht irgendwelches Getier tummelt.

»Macht dir das auch nichts?«, fragt mich der Kollege, öffnet seinen Koffer und reicht mir grinsend Einmalhandschuhe und Plastiküberzieher für meine Schuhe.

Mir kribbelt vor Ekel der ganze Körper, als wir uns unseren Weg durch die wimmelnde und wogende Masse auf dem Fußboden suchen. Es knackt und knirscht bei jedem Schritt.

»Wenn wir bei dem Toten sind, pass auf, dass du nicht mit dem Leichenwasser in Kontakt kommst. Es sammelt sich durch die Verwesung unter der Haut und ist hochinfektiös!«, warnt er mich.

Ich nicke stumm, folge Norberts Beispiel und lege mir einen Mundschutz an. Dann betreten wir das Wohnzimmer, wo der Tote liegt, und plötzlich regt sich auch in mir der dringende Wunsch, ein Fenster zu öffnen. Aber das oberste Gebot an Tatorten – und darum handelt es sich hier – lautet: Nichts verändern, bis alles fotografiert ist. Also harre ich aus und versuche, möglichst flach zu atmen und all die Tierchen, die vermutlich grad auch auf meiner Kleidung sitzen und herumkrabbeln, auszublenden.

Norbert fotografiert, und ich stöbere durch die anderen Zimmer, die offenbar schon vor dem Tod ihres Bewohners ein wahres Paradies für Insekten und Kleingetier gewesen waren. Im Bad liegt eine tote, angeknabberte Ratte, das Waschbecken hat so tiefbraune Krusten, dass ich mir nicht erklären kann, wie man sich hier hätte waschen sollen.

In der Küche stoße ich unter einem Stapel Geschirr auf die größte Made, die ich je gesehen habe. Fasziniert beuge ich mich vor und beobachte den dicken weißen Wurm. Er ist fast so groß wie mein kleiner Finger und frisst sich gemächlich durch die verschimmelten und verfaulten Essensreste.

»Wahnsinn!«, entfährt es mir. Fasziniert gehe ich noch näher dran und stoße das Riesenviech leicht mit meinem Kugelschreiber an.

»Kind, lass es, das ist ja ekelhaft!«, ertönt Norberts Stimme neben mir, und ich ernte einen tadelnden Blick.

Es fällt mir schwer, meine Begeisterung zu verbergen. »Hast du schon mal so eine Made gesehen?«

Er nickt und verzieht das Gesicht. »Schon. Aber so genau wie du hab ich sie mir nicht angesehen. Widerlich! Komm, ich brauch deine Hilfe.«

Zögernd reiße ich mich los und folge ihm zurück ins Wohnzimmer.

Neben einem Sessel bleibt er stehen und deutet auf eine schleimige, leicht grünliche, wachsartige Fläche auf dem Sessel. »Weißt du, was das ist?«

Ich runzle die Stirn und schaue mich um. Da fällt mein Blick auf den neben dem Sessel liegenden Leichnam eines Mannes. Er hat nur eine Unterhose an, liegt auf der Seite, wirkt unnatürlich aufgedunsen und hat durch die fortgeschrittene Verwesung eine gräulich grüne Farbe angenommen. Überall auf dem Körper krabbeln Fliegen und Käfer herum.

Mit meiner behandschuhten Hand wedle ich die Tiere weg und habe die Lösung.

»Kluges Kind!«, grunzt mein Mentor und beginnt vorsichtig, das Zeug abzulösen, das fest am Sessel klebt. Es ist die oberste Hautschicht, die sich ehemals am Rücken des Toten befand.

»Wie passiert so was?«, will ich wissen, während ich Norbert bei seiner unappetitlichen Arbeit helfe.

»Willst du die Kurzform oder den biologischen Teil?«

»Die Kurzform reicht mir!«

»Nun, der hier ist in seinem Sessel gestorben, entweder aufgrund einer Erkrankung« – er deutet auf die Stapel von Pillenpackungen auf dem Wohnzimmertisch –, »im Suff« – sein Zeigefinger wandert über die verschimmelten Bier- und Schnapsflaschen – »oder aus einem anderen Grund, der sich mir noch nicht erschließt. Dann saß er tot in seinem Sessel, und langsam setzte die Verwesung ein. Die Hautschicht hat sich vom Körper gelöst und ist am Sessel kleben geblieben, während er vom Sessel runtergerutscht und auf dem Boden gelandet ist. So eine glatte und großflächige Ablösung der Haut hab ich allerdings auch noch nie gesehen.« Er betrachtet eingehend die grünliche Masse. »Das Ganze ist ziemlich genau sechs Wochen her.«

»Woher willst du das wissen?«

»Guck dich um, und finde es selbst heraus.«

Ich wandere durch den Raum, schaue mich um. Auf dem Tisch liegt eine Fernsehzeitung vom Juni. Ich deute darauf, der Kollege nickt. »Weiter, was noch?«

Plötzlich wird mir bewusst, wie warm es in der Wohnung ist. Es ist ein heißer Tag, aber die Rollos sind überall heruntergelassen. So heiß dürfte es eigentlich nicht sein.

Entschlossen steuere ich auf den Heizkörper zu. Der Regler steht auf der höchsten Stufe. »Wäre er jetzt in der Hitzewelle gestorben, wäre wohl die Heizung nicht an. Im Juni hatten wir aber ein paar recht kühle Tage, stimmt's?«

Wieder ein Nicken: »Komm, denk nach, eins fehlt noch!«

Ratlos schaue ich mich weiter um. In der Küche, direkt neben meiner dicken Made, werde ich fündig: Dort steht ein kleiner Tischkalender, auf dem das Blatt für den Juni noch nicht abgerissen ist.

»Sehr gut, Frau Sherlock Holmes!« Norbert nickt anerkennend.

»Ich dachte immer, in der Hitze vertrocknen Leichen irgendwann. Der hier ist aber doch noch ziemlich ... ähm ... schwammig!« Vorsichtig stoße ich mit der Fußspitze gegen den Leichnam. Aus einer aufgerissenen Hautstelle rinnt ölig schillerndes Leichenwasser.

Norbert zuckt mit den Schultern. »Ist mal so, mal so. Hängt auch viel von den äußeren Umständen ab. Das Haus hier ist ziemlich feucht, außerdem die vielen Tierchen. Da kann so was schon mal vorkommen.«

Es klopft an der Wohnungstür. Norbert hält sich die Nase zu, da ein Luftzug den Geruch plötzlich noch mal verstärkt. Dann öffnet er. Zwei Bestatter betreten mit einer Zinkwanne die Wohnung.

»Herrgott noch mal, das ist ja ...« Mehr bekommt der Jüngere der beiden nicht raus, bevor er ins Bad rennt und sich ins Waschbecken übergibt. Als er wieder auftaucht, entschuldigt er sich. »Himmel, so einen hatten wir ja schon lange nicht mehr! Scheint, als wärt ihr Kandidaten für das Prädikat ›Ekligste Leiche des Sommers‹!« Er wischt sich noch mal über den Mund und klopft dann Norbert auf die Schulter.

»Ja, scheint so, als sei das der diesjährige Jahressieger!«, grunzt der nur.

Wir helfen, den Leichnam in die Zinkwanne zu hieven. Dabei stelle ich fest, dass er tatsächlich an manchen Stellen eher vertrocknet als aufgedunsen ist. Am Kopf, an den Füßen und an den Fingern ist die Haut so von Insekten zerfressen, dass man die Knochen sieht. Unter der Bauchdecke brodelt und wabbert es bedrohlich, als er endlich in dem unteren Teil des Zinksargs liegt.

»Scheiße, da sind überall Viecher drin!« Die Bestatter sind von ihrem Kunden offenbar wenig angetan.

Ich gehe zum Heizkörper und drehe ihn aus. Mein Kollege

öffnet die Fenster, und eine Wolke von Insekten schießt an uns vorbei ins Sonnenlicht. Dann machen wir alles wieder dicht und versiegeln die Wohnung, in der es für uns im Moment nichts mehr zu tun gibt. Der Leichnam muss obduziert werden, denn noch ist nicht sicher, ob der Mann nicht doch Opfer eines Verbrechens wurde. Die Leiche ist so stark verwest, dass wir das vor Ort nicht feststellen können. Wir würden bei einer Leichenschau mehr kaputt machen als entdecken. Später erfahre ich, dass er an einem Herzinfarkt verstorben ist.

Jetzt heißt es für uns, die Nachbarn zu befragen. Doch egal, wo wir läuten – nur wenige öffnen uns, obwohl wir hinter fast jeder Tür eine Bewegung wahrnehmen. Noch weniger sind bereit, uns Auskunft zu geben. Den Toten gekannt hat angeblich niemand. Der Geruch? Ja, den habe man wohl wahrgenommen, aber wer mischt sich hier schon in die Angelegenheiten der Nachbarn ein. »Der Geruch ist auch nicht schlimmer als der Gestank nach ausländischem Essen auf dem Flur«, meint eine ältere Dame schnippisch, bevor sie uns die Tür vor der Nase zuknallt.

Eine Etage unter der Wohnung des Toten finden wir endlich jemanden, der mehr zu berichten weiß. »Vor einigen Wochen hat sich an meiner Wohnzimmerdecke dieser feuchte Fleck gebildet«, meint der ältere Mann, dessen Kleidung eher so aussieht, als würde er jede Nacht unter einer Brücke schlafen, und dessen Bart gelb vom Nikotin verfärbt ist. »Fand ich erst noch ganz normal, alte Leitungen halt, da tropft es schon mal hier und da. Aber vor ein paar Tagen hat es dann angefangen, ständig aus dem Fleck zu tropfen!«

Er zieht uns in die Wohnung und deutet an die Decke im Wohnzimmer, an der ein großer brauner Fleck zu sehen ist – genau unter der Stelle, wo der Leichnam lag.

Mich schüttelt es, als ich mir vorstelle, wie die Körpersäfte des Toten in den Boden eingedrungen sind und in der Wohnung darunter auf den Wohnzimmertisch tropften.

Ob wir was gegen die undichte Wasserleitung getan hätten, will der Herr wissen. Keine Frage, ob beim Nachbarn oben alles in Ordnung sei, keine Frage, woher der eklige Geruch komme, der auch in seiner Wohnung deutlich wahrzunehmen ist. Nichts. Ich will ihm gerade eröffnen, dass das kein Wasser war, das da auf seine Sitzgruppe getropft ist, als Norbert mir die Hand auf den Arm legt. »Lass gut sein.«

Bedrückt schweigend, verlassen wir das Haus. Die uniformierten Kollegen stehen immer noch draußen vor der Treppe und schauen uns entgegen. Die Bestatter laden gerade den Zinksarg ein, um ihn in die Gerichtsmedizin zu fahren.

Einer der Kollegen in Uniform fischt mir zwei Käfer aus den Haaren. »Sag bloß, du hast in den Viechern rumgewühlt? Ist ja widerlich! Warum machst du so was?«

»Weil sie es kann, ohne zu kotzen«, antwortet Norbert an meiner Stelle. Ich grinse, weil er tatsächlich leicht beeindruckt klingt.

Es dauert ganze zwei Tage, bis wir uns den Geruch endlich aus Haaren und Händen gewaschen haben. In diesen zwei Tagen habe ich mir gefühlte zwanzig Mal die Haare eingeseift und meine Klamotten mit dem schärfsten Waschmittel behandelt, das ich kriegen konnte. Nichts hat gewirkt. Norbert und ich stanken vor uns hin, als hätten unsere Poren den Geruch absorbiert und wollten ihn nur unter Protest wieder preisgeben.

Am ersten Tag, an dem niemand mehr die Nase rümpft, wenn wir einen Raum betreten, sitze ich mit Norbert im Zivilwagen. Wir haben gerade einen total besoffenen jugendlichen Ausreißer in einer Kneipe in der Innenstadt eingesammelt und sollen ihn zu seinen Eltern zurückbringen.

Während der Autofahrt wird der Bursche immer grüner im Gesicht. Ich hocke neben ihm auf dem Rücksitz, peinlichst darauf bedacht, ihn beim kleinsten Anzeichen in die andere Richtung zu drücken, damit ich bloß nichts von seiner Alkoholkotze abbekomme. Was soll ich sagen – es gelingt mir nicht. Als wir am Zielort ankommen, ist alles voll mit Erbrochenem. Meine Jeans, mein Pullover, meine Hände und der Rücksitz.

Ich schubse den Burschen recht unsanft aus dem Auto, betrachte kurz die Sauerei, habe mich noch genau zwei Sekunden im Griff und entsorge dann die Pizza, die ich mittags gegessen habe, in einen Mülleimer am Straßenrand. Norbert liefert währenddessen den kleinen Alkoholsünder bei seinen Eltern ab und steht dann mit verschränkten Armen und grinsend neben mir, während ich mich ordentlich auskotze.

»Aha, Schwachstelle gefunden! Wäre mir auch unheimlich gewesen, wenn du dich vor nix ekelst«, lacht er, als ich endlich so weit bin, dass ich wieder ins Auto steigen kann.

»Gib mir 'ne richtig fiese, matschige Leiche, und ich veranstalte damit, was du willst. Aber Kotze ist wirklich das Widerlichste, was es gibt auf der Welt!« Ich wische mir den Schweiß von der Stirn, trinke einen Schluck Wasser und betrachte mit Grausen die klebrige Masse auf dem Rücksitz und auf meiner Kleidung. Der einzige Vorteil ist, dass der Geruch nach dem Duschen komplett weg ist und auch die Kleidung nach einer Wäsche wieder normal riecht, anders als beim süßlichen Leichengeruch, der sich regelrecht in allem festfrisst, was mit ihm in Berührung kommt.

In diesem Sommer auf der Kriminalwache bekomme ich einen Einblick in die Dinge, die ein Streifenpolizist normalerweise nicht mehr mitbekommt, weil es die Arbeit der Kripo ist. Nach einem Bankraub helfe ich bei der Spurensicherung, ich lerne, wie man Fingerabdrücke abnimmt und wie man mit den Bakterietten – langstieligen Wattestäbchen mit einer durchsichtigen, versiegelbaren Plastikhülle – DNA-Spuren sichert. Ich helfe bei Wohnungsdurchsuchungen und fahre mit Vergewaltigungsopfern zum Arzt, um dort die nötigen Untersuchungen durchführen zu lassen.

Kurz: Ich lerne viel, erfahre Neues und lote wieder mal meine Grenzen aus. Und ich weiß genau, dass diese Dienststelle für mich einmal eine interessante Alternative zum Streifendienst sein könnte.

POLIZEINOTRUF, WIE KANN ICH IHNEN HELFEN?
2004–2011

Meine zweite Hospitation verbringe ich im Jahr 2004 auf der Leitstelle der Autobahnpolizei, die heute ebenfalls zum Polizeipräsidium Köln gehört. Ein paar Wochen lang soll ich dort meine Kenntnisse im Bereich der Einsatzbearbeitung erweitern und den Kollegen hilfreich unter die Arme greifen. Meine Aufgabe ist es, die eingehenden Funksprüche und Notrufe entgegenzunehmen, Streifenwagen ihre Einsätze zuzuteilen und diese weiterzubearbeiten.

Zunächst muss ich mich daran gewöhnen, den ganzen Tag still an einem Schreibtisch mit drei Monitoren zu sitzen, nicht ständig Auto zu fahren und nicht herumlaufen zu können. Für mich eine Herausforderung. Ich nutze jede Funkpause, um mir ein wenig die Beine zu vertreten, flitze schnell um mein Funktischchen herum oder mache Dehnübungen auf meinem Schreibtischstuhl. Heute finde ich es ganz angenehm, wenn ich mal einen Tag auf der Wache am Funktisch sitze, doch damals hat es mich fast wahnsinnig gemacht, am Funk mitzuverfolgen, wie die Kollegen spannende Einsätze bewältigten, und nicht helfen oder gar dabei sein zu können.

Trotzdem gibt es auch auf der Leitstelle immer wieder erinnernswerte Situationen und Telefonate. Ein paar besonders interessante möchte ich Ihnen hier nicht vorenthalten.

»Polizeinotruf!«

»Hallo?« Eine Frauenstimme.

»Ja, hier ist der Polizeinotruf, wie kann ich Ihnen helfen?«

»Ich brauch Sprit!«

»Ähm, hier ist der Polizeinotruf!«

»Ja ja, mein Tank ist leer!«

»Ähm ... und wieso kann die Polizei Ihnen da helfen?«

»Ja, also passen Sie mal auf. Meine Tankanzeige blinkt, und ich weiß jetzt nicht, was ich tun soll!«

Meine Augenbrauen heben sich, doch da gerade nicht viel zu tun ist, lasse ich mich auf das Gespräch ein.

»Ihre Tankanzeige blinkt. Nun, da wäre es ja eine logische Handlung, tanken zu gehen!«

»Genau!«, kommt es erfreut zurück.

»Dann tun Sie das doch!«

»Ja, aber hier ist keine Tankstelle!«

»Wo ist denn hier?« Ich habe bereits meine Gebietskarte aufgerufen, mit dem festen Willen, der Dame in einer sagenhaften Serviceleistung die nächste Tankstelle zu nennen und ihr zur Not auch eine Wegbeschreibung zu liefern.

»Wie? Wo ist hier? Na, hier bei mir!«

»Ich wollte wissen, wo Sie sind!«

»Weiß ich doch nicht, auf der Autobahn halt!« Jetzt klingt die Stimme genervt ob meiner Begriffsstutzigkeit.

»Auf welcher Autobahn sind Sie?«

»Na, auf der mit den blauen Schildern!«

Ich unterdrücke ein Stöhnen.

»Von wo nach wo wollen Sie denn fahren?«

»Das geht Sie ja mal überhaupt nichts an!«

»Gute Frau, um Ihr Tankproblem zu lösen, wäre es für mich hilfreich zu wissen, wo Sie ...«

»Grad durch das Autobahnkreuz Jackerath bin ich durchgefahren, 61 Koblenz, stand da auf dem Schild!«, unterbricht sie mich hektisch.

»Wunderbar. Da kommt gleich eine Ausfahrt, die fahren Sie runter, und dann ...« Wieder komme ich nicht dazu, meinen Satz zu beenden.

»Aber da will ich doch gar nicht hin!« Empörung schallt mir aus dem Hörer entgegen.

»Aber Sie müssen doch tanken!«

»Schon, aber dafür fahr ich doch nicht wo hin, wo ich gar nicht hinwill!«

Ich halte das Mikro zu und stöhne laut. Mittlerweile haben sich drei Kollegen um meinen Schreibtisch versammelt und hören grinsend mit.

»Gut. Fahren Sie weiter auf der A 61, dann kommt der Rastplatz Bedburger Land. Da ist auch eine Tankstelle.«

Kurze Stille, dann wieder die Stimme: »Bedburger Land, sagen Sie?«

»Ja! Da ist eine Tankstelle!« In der Annahme, ihr damit geholfen zu haben, will ich gerade das Gespräch beenden, als sie verschämt ins Telefon flüstert: »Ähm ... Ich glaub, da bin ich grad dran vorbeigefahren!«

»Warum haben Sie denn nicht angehalten?«

»Weil ich so auf das Gespräch mit Ihnen fixiert war! Sie können Fragen stellen. Ich kann ja schlecht auf die Autobahn achten und mit Ihnen reden!«

Sprachlos gucke ich die Kollegen an, die mittlerweile vor Lachen kaum noch aufrecht stehen können.

»Ohohoho ...«, kommt es da aus dem Hörer.

»Was ist?«, frage ich nun auch leicht genervt.

»Jetzt ist Fritzchen stehen geblieben!«

»Ähm, wer ist Fritzchen?«

»Na, mein Auto!«

»Okay. Wo stehen Sie jetzt genau?«

»Das hab ich Ihnen doch schon gesagt – auf der Autobahn! Und nicht ich stehe, sondern Fritzchen.«

»Rechts oder links?«, frage ich entnervt und bekomme zur Antwort: »Ähm, irgendwie ziemlich in der Mitte. Soll ich mal aussteigen?«

»NEIN!!«, brüllen wir im Chor in den Hörer. »Wir schicken

Ihnen einen Streifenwagen, bleiben Sie genau, wo Sie sind! Warnblinkanlage an und auf keinen Fall aussteigen!!«

Ich warte ihre Antwort nicht ab und lege auf.

Fünf Minuten später hat ein Streifenwagen sie gefunden. Tatsächlich stand die Gute mit ihrem Fritzchen und einem leeren Tank mitten auf der Autobahn, selbstredend ohne Warnblinkanlage und gerade mal dreihundert Meter hinter dem für sie rettenden Rastplatz mit Tankstelle.

»Polizeinotr…«, beginne ich freundlich und werde barsch von einem Mann unterbrochen, der mit unterdrückter Nummer anruft.

»HALT DIE FRESSE, DU FOTZE! SCHICK MIR STREIFENWAGEN, ABER SCHNELL!«

Bevor ich fragen kann, wohin der Streifenwagen soll, wird das Gespräch unterbrochen.

Zwei Minuten später melde ich mich erneut: »Polizeinot…«

»ICH HAB GESAGT, DU SOLLST FRESSE HALTEN! WO BLEIBT STREIFENWAGEN?« Die Stimme ist so laut, dass mir fast das Trommelfell platzt.

»Wo sind Sie denn, und worum geht es überhaupt?« Ich habe bereits gelernt, Beleidigungen und Unflätigkeiten einfach auszublenden.

»Sag ich disch doch nicht!« Immerhin brüllt er diesmal nicht ganz so laut.

»Okay. Aber wenn Sie mir nicht sagen, wo Sie sind, kann ich Ihnen keinen Streifenwagen schicken.«

»Ey, Pussy, laber nich rum, ich hab keine Zeit. Streifenwagen oder aufs MAUL!«

Leicht grinsend versuche ich erneut, ihm zu erklären, dass der Streifenwagen ja ein Ziel braucht, zu dem er fahren soll. Da brüllt er ins Telefon: »VERDAMMTE SCHEISSE! BIST DU DOOF? KENNSU MICH ETWA NICHT? ICH BIN'S, DER ANTONIO! Ihr verfickten Bullen hört mich mein Telefon doch eh ab.

Ihr wisst doch, wo ich bin. ALSO STREIFENWAGEN ODER AUFS MAUL, JETZT MACH GAS!« Wieder legt er auf, während ich ziemlich verdattert mein Mikrofon anstarre.

»Was genau mach ich denn jetzt?«, frage ich den Kollegen links von mir.

»Nix!«, sagt der grinsend. »Den Typen kennen wir schon. Der ruft immer mal wieder an, vermutlich weil er grad nichts zu tun hat. Gefunden haben wir ihn noch nie. Keine Ahnung, was der genau will.«

Meine Leitung klingelt erneut: »Polizeinotru...«

»BITCH! WO BLEIBT STREIFENWAGEN! WART ICH SCHON STUNDENLANG! Könnt ich schon lange tot sein, und schuld bis du, Bitch! Bullenbitch!« Zack, hat er schon wieder aufgelegt.

»Wie lange wird das jetzt noch so gehen?« Etwas ratlos schaue ich die Kollegen an.

»Das sollte der letzte Anruf gewesen sein.«

Und tatsächlich, er hat recht: Der Typ meldet sich nicht noch einmal. Trotzdem würde ich zu gerne wissen, was er denn nun eigentlich gewollt hat.

»Polizeinotruf, wie kann ich Ihnen helfen?«

»Ich werde hier festgehalten! GEGEN MEINEN WILLEN!« Die Männerstimme flüstert leicht panisch, und sofort schießt mir das Adrenalin in die Adern.

»Wissen Sie, wo Sie sind?«

»Nein, hier ist es dunkel!«

»Okay, wie heißen Sie?«

»Schröder, Stefan!«

»Gut, Herr Schröder. Wie sind Sie dort hingekommen, wo Sie jetzt sind?«

»Die haben mich geschlagen und gefesselt und dann ans Bett gebunden.« Im Hintergrund höre ich hektische Stimmen.

»Die kommen, die kommen, die wollen mich holen! Helfen Sie mir, bitte helfen Sie mir!«

Meine Hände werden feucht, und ich stoße den Kollegen neben mir an, der sich sofort in die Leitung hängt und mithört.

»Die sind fast da ...«

»Herr Schröder, können Sie mir beschreiben, wo Sie sind? Was sehen Sie?« Ich versuche ruhig zu bleiben, aber meine Stimme wird trotzdem hektisch.

Mein Kollege tippt mir auf den Arm, aber ich bin zu konzentriert auf das Gespräch, um zu reagieren. In Gedanken gehe ich die Möglichkeiten durch, wie ich herausfinde, wo Herr Schröder ist, als er plötzlich in den Hörer schreit: »Nein ... NEIN!«

Er kreischt, dann herrscht Stille. Ich höre ein Krachen, Schritte, offenbar ist ihm der Hörer aus der Hand gefallen oder geschlagen worden. Das Gespräch wird unterbrochen.

»Scheiße!«, entfährt es mir. Erst jetzt bemerke ich, dass mein Kollege sich auf seinem Stuhl windet und vor unterdrücktem Lachen kaum sprechen kann.

Endlich gelingt es ihm, auf meinen Bildschirm zu deuten, auf dem auch ich jetzt ein kleines grünes Kästchen erkenne.

»Alexianer-Krankenhaus, Psychiatrische Fachklinik, Akutaufnahmestation«, steht dort, wo mir sonst die Telefonnummer des Anrufers angezeigt wird.

Bei meinem Rückruf unter der Nummer habe ich eine gestresste Schwester des Alex, wie das Krankenhaus auch genannt wird, am Apparat.

»Ja, der Herr Schröder ist uns ausgebüxt und dummerweise ans Telefon gekommen. Nein, hier ist alles wieder ruhig. Er ist jetzt in der Fixierung und liegt auf seinem Bett. Ja, den richterlichen Beschluss kann ich Ihnen faxen.«

Erst als ich diesen in Händen halte, kann auch ich grinsen, und ganz sicher werde ich nie wieder vergessen, erst zu schauen, woher der Anruf kommt, bevor sich in meinem Kopf wilde Entführungsdramen abspielen, die in Wirklichkeit nur die Wahnvorstellungen eines Psychiatriepatienten sind.

»Polizeinotruf!«

»Tach, hier brennt et!«

»Wo?«

»Porz, Josefstraße ...«

»Die Hausnummer bitte?«

»Brauchste nicht aufschreiben, Mädchen, ich hab dat hier schon alles jelöscht!«

»Okay, Sie brauchen also keine Feuerwehr mehr?«

»Nö! Ich ruf nur wegen dem Bundesverdienstkreuz an. Ich mein, ich hab hier die Gartenlaube von meinem Nachbarn gelöscht, da war der Hund drin, den hamma gerettet, und jetzt würd ich da gern aufgeschrieben werden.«

»Ähm ...«

»Notieren Se mal. Peter Plüschkes ist mein Name, und gerettet hab ich den Hasso. Wann werd ich dann benachrichtigt und bekomm das Geld?«

»Öhm ...«

Doch er redet einfach weiter. »Meine Telefonnummer ham Se ja jetzt, können Se ja weitergeben. Ich wart hier dann, bis die Bundeskanzlerin sich meldet wegen 'nem Termin!«

»Was für einen Termin?« Endlich bringe ich so etwas wie einen ganzen Satz zustande.

»Na, zur Verleihung von dem Bundesverdienstkreuz!«

»Paul Panzer?«, frage ich probehalber ins Mikrofon, fest davon überzeugt, dass ich gerade von einem der Lokalradiosender auf den Arm genommen werde.

»Nä, Peter Plüschkes heiß ich. Haha, das wär ja noch schöner, wenn meinen Orden dann ein anderer bekommt, der wo den Hasso gar nicht gerettet hat!«

»Ja, das wäre schlecht. Aber brennen tut's nicht mehr?«

»Nä, sag ich doch, war nur die Hütte, die is aus!«

»Sind Sie verletzt worden?«

Kurz scheint er nachzudenken. »Erhöht das die Chancen auf eine Verleihung von dem Orden?«

»Nein, ich glaube nicht.«

»Nä, dann bin ich auch nicht verletzt. Ham Se das alles notiert?«

Ich betrachte meinen Notizblock, auf dem sein Name steht.

»Ja, hab ich.«

»Jut, dann wart ich mal.«

»Tun Sie das. Schönen Tag noch, Herr Plüschkes!«

»Inge, siehste doch, dat ich da Chancen auf dat Bundesverdienstkreuz hab. Die Dame da am Telefon hat mich aufgeschrieben! Ich, Peter Plüschkes, ich krieg dat Bundesverdienstkreuz, weil ich den Köter vom Hansemann aus der Scheißhütte gezogen hab. Du wirst noch sehen, ich werd berühmt«, höre ich es noch aus dem Hörer schallen, bis die Leitung tot und wieder für echte Notrufe frei ist.

»Polizeinotruf!«

»Bei mir wurde eingebrochen!«

Die offenbar ältere Dame gibt ihre Adresse an und schildert, was vorgefallen ist. Ich notiere das Notwendige und stelle die wichtigsten Fragen. Als ich mich verabschieden will, fragt sie:

»Kommen Sie dann persönlich?«

»Nein, aber ich schicke Ihnen zwei nette Kollegen vorbei!«

»Lieber wären mir ja zwei Damen!«

»Das tut mir leid, aber die beiden Kollegen sind schon unterwegs, die sind sehr kompetent und freundlich, und Angst brauchen Sie vor denen auch keine zu haben.«

»Ach, Angst, papperlapapp. Angst hab ich nicht, mir geht's um meinen Sohn.«

»Was ist denn mit Ihrem Sohn?«, frage ich neugierig.

»Der wohnt hier jetzt seit vierzig Jahren. So langsam kann der mal ausziehen!«, erwidert die Dame.

»Ähm, und was hat das mit dem Geschlecht der Kollegen zu tun?«

»Na, ich fänd das schön, wenn ich eine Polizistin zur Schwiegertochter bekäme. Da fänd ich das praktischer, wenn zwei Damen vorbeikommen, ginge das wirklich nicht? Also, ich will ihn ja loswerden, auf jeden Fall an eine Beamtin mit gesichertem Einkommen ...«

Ich lasse sie reden und grinse vor mich hin.

»Obwohl ... Vielleicht isser ja doch schwul. Nee, schicken Sie mir mal die beiden Herren vorbei. Das ist vielleicht doch besser! Ist mir ja auch egal, ob er nun zu einer Frau oder einem Mann zieht, Hauptsache, bei mir ist er raus.« Ich kann ihr zufriedenes Grinsen durch die Leitung hören.

»Aber eingebrochen wurde auch bei Ihnen? Wir sind hier nämlich nicht bei der Partnervermittlung, wissen Sie?« Meine Stimme klingt streng durch die Telefonleitung.

»Nein, nein, hier ist wirklich wer eingebrochen. Aber es gibt Chancen, die muss man ja nutzen! Ihre Telefonnummer dürfen Sie mir vermutlich nicht geben, junge Frau, oder? Also falls er doch auf Frauen steht, mein Sohn, mein ich jetzt.«

»Nein, tut mir leid, das ist gegen die Vorschriften. Aber viel Erfolg!«, wünsche ich ihr, als sie auflegt, und schmunzele vor mich hin.

Nach dem Einsatz erkundige ich mich bei den Kollegen, ob ihre Verkupplungsversuche erfolgreich waren, und erhalte zur Antwort, dass der Sohnemann augenscheinlich doch eher auf Frauen steht. Die beiden Herren wurden allerdings aufgefordert, unter den Kolleginnen zu verbreiten, dass er auf Brautschau sei und dass vor allem die freundliche Dame vom Notruf sich doch mal melden solle.

Generell ist es so, dass die Notrufe von der jeweiligen Leitstelle des Präsidiums bearbeitet werden. Dort sitzen mehrere speziell geschulte Beamte und nehmen die Anrufe entgegen. Sie treffen die notwendigen Maßnahmen und verteilen die Einsätze an die Streifenwagen, bestellen Abschleppdienste, Rettungswagen und die Feuerwehr oder auch mal einen

Schlüsseldienst, wenn die Kollegen auf der Straße das verlangen.

Viele Menschen haben jedoch aus irgendeinem Grund die direkte Telefonnummer ihrer Polizeiwache und benutzen diese dann in Situationen, in denen ein Notruf wirklich angemessener wäre. Auf der Polizeiwache kann es schon mal vorkommen, dass das Telefon länger klingelt, bis jemand drangeht, weil alle beschäftigt sind. Häufig ist einfach auch die Leitung belegt. Auch die Möglichkeiten, auf einen Notruf zu reagieren, sind in der Leitstelle viel besser als auf einer Wache. Dort hat man sofort mehrere Kollegen zur Verfügung, die sich um die Bearbeitung eines anspruchsvollen Einsatzes kümmern können, während der Funker auf der Polizeiwache meist alleine ist und erst einmal einen Kollegen zu Hilfe rufen muss. Sonst könnte ein Notruf ähnlich ablaufen wie der, der mich eines Tages erreichte, als ich Funkdienst auf der Wache hatte:

»Polizeiwache ...« Ich komme gar nicht dazu, meinen Standard-Begrüßungssatz fertig zu sprechen.

»Ist da die Polizei?«, kommt eine Männerstimme vom anderen Ende.

»Ja, hier ist die Polizei. Wie kann ich Ihnen helfen?«

»Ah gut! Also, mir ist da ein Ding passiert!«

»Was genau ist Ihnen denn passiert?«

»Also, ich steh hier so und mach meinen Job ...«

»Ja?«

»Also wie gesagt, ich steh hier so und denk an nix Böses. War ja auch ein guter Tag bisher und so. Auf jeden Fall kommen da zwei Männer rein. Ich denk noch, die sehen aber komisch aus. Na ja, jetzt sind sie ja wieder weg, aber die sahen halt wirklich komisch aus.«

»Wo sind Sie denn jetzt genau, und mit wem spreche ich überhaupt?«, versuche ich das Gespräch auf die wichtigen Dinge zu lenken, bevor er fortfahren kann.

»Ja, hier in der Spielothek, und mein Name ist Melchert, Micha Melchert!«

»Okay, Herr Melchert. Welche Spielothek?«

»Na hier in Köln die, gegenüber vom Aldi!«

Ich seufze innerlich. In Köln gibt es bestimmt zwanzig Spielotheken, die irgendwie gegenüber von einem Aldi liegen.

»Haben Sie eine Adresse für mich?«

Er nennt mir die Anschrift und spricht dann in genauso ruhigem Ton weiter: »Ja, also wie gesagt, die sahen so ein wenig komisch aus. Na ja, und dann ist mir halt dieses Ding passiert!«

»Welches Ding?« Allmählich klingt meine Stimme genervt, ich kann nichts dagegen machen.

»Na also, die kamen rein, dann sind sie wieder raus. Na ja, und jetzt ist die Kasse weg!«

Mein Puls beschleunigt sich. »Sie wurden bestohlen?«

»Ja, sag ich doch. Die Kasse ist weg, und das Messer haben die auch hiergelassen.«

»Welches Messer?« Bei mir schrillen alle Alarmglocken.

»Also wie gesagt, die kamen rein, und der eine hat mir halt das Messer so an den Hals gehalten, und dann sollte ich die Kasse aufmachen. Na ja, und jetzt sind sie halt weg. Dabei war das heut so ein schöner Tag.«

Ich winke hektisch meinen Kollegen aus dem Wachraum herbei. »Ein Raub in einer Spielhalle! Schick mal schnell ein paar Autos raus!«, zische ich ihm zu, da ich nicht gleichzeitig funken kann, während der Anrufer sich am Telefon weiter darüber auslässt, dass der Tag heute doch so gut gewesen sei und dass ihm jetzt so was passiert.

Mein Kollege guckt mich zweifelnd an, lässt sich dann aber auf den Stuhl neben mir fallen und beginnt zu funken. Er schickt alle drei verfügbaren Streifenwagen los, während ich immer noch den Anrufer in der Leitung habe und gleichzeitig dessen Angaben in unser Programm zur Einsatzbearbeitung in den PC tippe.

»Können Sie die Täter beschreiben? In welche Richtung sind sie weggelaufen?«

Er antwortet mir ausführlich, mein Kollege gibt die Beschreibung direkt an die Streifenwagen weiter.

Einer Eingebung folgend, frage ich: »Sind Sie verletzt?«

»Na ja, also verletzt, das ist jetzt ja ein weiter Begriff ...«

»BRAUCHEN SIE EINEN RETTUNGSWAGEN?« Geduld gehört leider wirklich nicht zu meinen Stärken.

»Ja, doch, das wäre vielleicht ganz gut. Wegen dem Messer und dem Blut und so.«

Mir tritt der Schweiß auf die Stirn. »Welches Messer?«

»Ja, also, ich wollt ja erst nicht so richtig, mit der Kasse und so ...«

Bevor er weitersprechen kann, höre ich im Hintergrund Martinshörner und die Stimmen der gerade eingetroffenen Kollegen.

»Ah, gut, dass Sie da sind«, begrüßt Herr Melchert sie, »also, mir ist da grad ein Ding passiert!« Es folgt ein ohrenbetäubendes Krachen.

»Scheiße, so ein Mist«, ist das Nächste, was ich höre. Dann habe ich den Kollegen am Apparat.

»Janine?«

»Ja!«

»Der Kerl ist umgekippt. Ist der Rettungswagen unterwegs?«

»Ja, da muss irgendwo auch ein Messer sein.« Ich hoffe immer noch, dass das nur ein blöder Witz von Herrn Melchert war.

»Bingo!«, meint mein Kollege nach ein paar Sekunden. »Dem Typ steckt ein Küchenmesser im Oberschenkel, und zwar bis zum Heft. Braucht ihr noch was? Sonst leg ich auf.«

»Nee, Rest über Funk«, beende ich das Gespräch und starre fassungslos den Hörer an.

Kaum zu glauben, dem Kerl steckte tatsächlich ein Küchenmesser im Oberschenkel, und er plaudert erst mal munter mit mir, bevor ihm einfällt, dass er ja ausgeraubt wurde!

Sachen gibt's ...

So ganz einfach ist der Job am anderen Ende einer Notrufleitung also nicht. Zum einen muss man dem Anrufer die Informationen entlocken, die man braucht, um helfen zu können. Zum anderen muss man nebenbei auch noch zusehen, dass man diese Angaben richtig bewertet und die richtigen Maßnahmen einleitet. Deshalb möchte ich potenziellen Anrufern die folgenden Verhaltensregeln ans Herz legen:

Wenn Sie – was nicht geschehen möge – irgendwann mal eine Notrufnummer wählen müssen, versuchen Sie bitte, deutlich und langsam zu sprechen. Ich weiß, wie schwer das in hektischen Situationen ist, aber Hilfe ist schneller da, wenn man sofort versteht, wo sich der Anrufer befindet und warum er Hilfe braucht.

Wenn Sie nicht genau wissen, wo Sie sind, schauen Sie sich nach Straßenschildern um, oder fragen Sie jemanden, der sich in der Gegend auskennt. Auch Straßenbahn- oder Bushaltestellen haben oft eine Namensangabe, die uns helfen kann, Sie zu finden.

Beenden Sie das Gespräch erst dann, wenn Sie dazu aufgefordert werden. Es kann durchaus sein, dass Sie glauben, alles Wichtige sei gesagt. Rettungsdienste und Polizei haben aber oft noch weitere, sehr wichtige Fragen.

Wählen Sie unbedingt gleich die richtige Notrufnummer: Die Polizei hat 110, Feuerwehr und Rettungsdienst erreichen Sie unter 112.

Und noch etwas Wichtiges: »Einfach so ausprobieren« oder anderweitig missbrauchen sollte man die Nummern auf keinen Fall, denn darauf steht eine saftige Geldstrafe, in besonders schweren Fällen sogar eine Freiheitsstrafe. Glück für Leute wie

Antonio oder Herrn Plüschkes, wenn sie nicht erwischt werden oder einen gutmütigen Beamten am Telefon haben, der alle Augen zudrückt und den Notrufmissbrauch als nicht vorsätzlich wertet.

WARUM ICH NICHT MOTORRAD FAHRE
2008

Schwungvoll setze ich das letzte Häkchen auf den Fragebogen. Dann stehe ich auf, lege dem Prüfer die Blätter mit dem Test auf den Schreibtisch und setze mich wieder an meinen Platz.

Keine fünf Minuten später halte ich die Bescheinigung in der Hand, dass ich die theoretische Führerscheinprüfung für das Motorrad bestanden habe. Null Fehler. Na gut, alles andere wäre als Polizistin auch irgendwie peinlich gewesen, denke ich, während ich mich ans Steuer meines kleinen roten Autos setze und zum Dienst fahre.

Als ich vor der Wache in Chorweiler einparke, braust einer der Kradfahrer mit Blaulicht vom Hof, und ich gucke ihm verträumt nach. Dann schüttle ich vehement den Kopf, um den Unfug daraus zu vertreiben. Kradfahrerin möchte ich eigentlich nicht werden. Ganz davon abgesehen, dass es die grünweiße Lederkombi wohl kaum in meiner Kindergröße geben würde, sähe ich auf der schweren BMW, die in Nordrhein-Westfalen im Polizeidienst eingesetzt wird, auch reichlich lächerlich aus. Vor meinem inneren Auge sehe ich eine Maschine vorbeirasen, an deren Lenker Polizeibeamtin Janine Binder wie ein Fähnchen im Wind baumelt.

Grinsend gehe ich in die Umkleide, um mich umzuziehen. Eine BMW wird es also nicht werden, aber vielleicht eine dieser schicken kleinen Maschinen von Triumph oder gar eine Ducati. Hach ja.

Seufzend ziehe ich meine Uniform an und stehe wenige

Minuten später gerade mit meinem Kollegen Micha im Wachraum, um unsere Einsatztasche zu sortieren. Da ruft die Funkerin uns zu: »Verkehrsunfall mit Personenschaden. Kradfahrer beteiligt, Rettungswagen läuft!«

Ich schmeiße unseren Krempel einfach unsortiert in die Tasche und renne raus, gefolgt von Micha. Meine gute Laune ist sofort verflogen. Der Unfall ist auf einer der Landstraßen passiert, die die Kölner Rheindörfer verbinden und auf denen es sich für einen Kradfahrer anbietet, die Geschwindigkeitsbeschränkung eher als Empfehlung denn als Vorschrift zu betrachten.

Schweigend hocke ich auf dem Beifahrersitz, während der Kollege mit heulendem Martinshorn und Blaulicht durch die Hochhausschluchten in Richtung Köln-Fühlingen rast.

So war es immer, denke ich. Jedes Mal, wenn ich versuchte, den Führerschein fürs Motorrad zu machen, wurde ich durch einen richtig ekligen Unfall, in den ein Motorrad verwickelt war, doch wieder zur Vernunft gebracht.

Das erste Mal habe ich die theoretische Prüfung abgelegt, als ich noch in Frechen auf der Autobahn rumturnte. Zwei Wochen vor der praktischen Prüfung zerlegte es den Fahrer einer Suzuki in seine Einzelteile, ohne dass ein Grund für seinen Sturz ersichtlich gewesen wäre. Wie es der Teufel will, war ich mal wieder eine der Ersten vor Ort. Von dem Bild, das sich mir am Unfallort bot, war ich so schockiert, dass ich den Termin der praktischen Prüfung einfach verstreichen ließ.

Einige Jahre später wagte ich einen erneuten Anlauf. Wieder lernte ich für die Theorieprüfung, saß gerade mit meinem Kollegen im Streifenwagen und ging die Bögen der Fahrschule durch, als wir zur Unterstützung an einen Unfallort gerufen wurden. Den Fahrer einer Ducati hatte es aus der Kurve der Ausfahrt herausgetragen, er war unter der Leitplanke durchgerutscht, und einer der Pfosten hatte ihm sauber den rechten Fuß abgetrennt, den wir nun im nahen Gebüsch suchen sollten. Als wir ihn gefunden hatten, transportierten wir den Fuß zur Uniklinik, wo er dem Fahrer wieder angenäht werden sollte.

Still und leise verschwanden meine Fahrschulbögen daraufhin ein weiteres Jahr in der Schublade.

Jetzt also wieder.

Ich verschränke die Arme vor der Brust und stiere muffig vor mich hin. Wir erreichen die Unfallstelle, die einem Schlachtfeld ähnelt. Ein grüner VW Polo steht mit zerquetschter Fahrerseite quer mitten auf der Fahrbahn. Das Motorrad ist nur noch ein Knäuel aus Schrott, Plastik und Metall, der Fahrer wird auf einem Feld neben der Straße bereits von Rettungssanitätern behandelt.

Wütend stampfe ich mit dem Fuß auf, schicke Flüche gen Himmel und gehe schlecht gelaunt meiner Arbeit nach. Irgendjemand da oben will mir offenbar die Lust am Motorradfahren gründlich vermiesen.

Mein Kollege und ich nehmen den Unfall auf, machen Fotos, eine Skizze, hören uns die Zeugenaussagen an und notieren Personalien. Als die Unfallstelle wieder halbwegs freigeräumt ist, machen wir uns auf den Weg ins Krankenhaus.

Trotzig denke ich während der Fahrt nach. Millionen von Menschen fahren Motorrad, ohne dass ihnen etwas passiert. Warum also nicht auch ich? Nur weil ich dienstlich immer wieder mit den Pechvögeln konfrontiert werde, die durch ihr Hobby zu Schaden kommen, sollte ich es doch nicht gleich ganz sein lassen. Will mir jemand ein Zeichen geben, dass es besser wäre, wenn ich mich von den Mopeds fernhielte? Motorradführerschein – ja oder nein? Ich komme zu keinem Ergebnis.

Schließlich gehe ich mit mir selbst einen makaberen Pakt ein: Ich werde die Entscheidung dem Zufall überlassen. Der Kradfahrer ist bei seinem Sturz nicht nur gegen den Pkw geknallt, sondern auch noch mit dem Schädel voran gegen einen der am Straßenrand stehenden Bäume. Wenn er trotz seiner schwersten Verletzungen überleben sollte, würde ich mich nicht abschrecken lassen und meinen Führerschein trotzdem machen. Sollte er sterben, wäre auch mein Motorradführerschein ein für alle Mal Geschichte.

Gemeinsam gehen Micha und ich durch die Notaufnahme, auf der Suche nach einem Arzt, der uns Informationen über den Zustand des Unfallfahrers geben könnte. Schließlich werden wir fündig.

Vor dem Behandlungsraum liegt eine große blaue Mülltüte mit der zerfetzten Lederkombi des Motorradfahrers und mit dem Helm. Er ist in zwei Hälften gespalten wie eine Melone und bietet einen grausigen Anblick. Hatten mich der Unfallort und das Blut dort bisher kaltgelassen, so versetzt mir der Anblick dieser Überreste einen Schock. Erschüttert bleibe ich vor dem Müllsack stehen. Die Kleidungsstücke sind blutverschmiert, die Protektoren sind lächerlich klein, und der zerbrochene Helm führt mir vor Augen, wie armselig die Illusion ist, dass irgendetwas imstande wäre, den Menschen vor den Kräften zu schützen, die bei einem Zusammenstoß zur Entfaltung kommen.

Schnell mache ich ein paar Fotos für die Unfallanzeige. Dann betreten wir den Behandlungsraum. Der Motorradfahrer liegt auf einer Liege und lächelt uns entgegen. Ein paar Kratzer hat er im Gesicht, und seine Wirbelsäule ist durch eine Art Transportkorsett stabilisiert. »Die Ärzte sagen, ich hab verdammtes Glück gehabt!«

Die Krankenschwester löst das Korsett und bedeutet dem jungen Mann aufzustehen. Vorsichtig geht er ein paar Schritte, dann grinst er uns erneut an. »Nicht mal was gebrochen hab ich!« Verblüfft betrachtet er seine Hände und bewegt die Finger.

Der Arzt betritt den Raum und schaut in die Runde. »Tja, da haben wir wohl alle nicht mit gerechnet. Abgesehen von den

Schürfwunden und der Schnittverletzung am Oberschenkel, wegen der die ganze Sache so blutig wirkte, haben wir keine weiteren gravierenden Verletzungen festgestellt. Ich würde Sie gern trotzdem noch zur Beobachtung eine Nacht hierbehalten.«

Micha hat die Personalien fertig aufgenommen, und wir verabschieden uns. Auf dem Gang streift mein Blick noch einmal den Inhalt des Müllsacks, dann fahren wir zur Wache.

Nach dem Dienst komme ich nach Hause, greife mir, ohne weiter nachzudenken, meinen Helm und die Motorradjacke, steige auf die Leiter und verstaue beides unter den skeptischen Blicken meiner Katze ganz hinten oben auf dem Kleiderschrank. Anschließend streiche ich auf meinem Wandkalender die Termine für die Fahrstunden durch und murmele vor mich hin: »Pakt hin, Pakt her. Man muss sein Glück ja nicht überstrapazieren.«

Damit ist das Thema Motorradführerschein für mich endgültig abgeschlossen und erledigt, und ich rolle weiterhin in meiner roten Knutschkugel durch die Landschaft. Da ruiniert mir dann wenigstens kein lästiger Helm die Frisur, und den Wind schnuppern kann ich auch, wenn ich das Schiebedach aufmache. Hin und wieder werfe ich einer Gruppe Motorradfahrer, die an mir vorbeibraust, sehnsüchtige Blicke zu, aber im nächsten Moment denke ich wieder an den gespaltenen Helm, und meine Sehnsucht nach Geschwindigkeit und Freiheit verschwindet sofort.

WER SCHEISSE BAUT, WIRD WEGGESPERRT!
2008

Überhaupt ist Freiheit ja ein großes Thema in meinem Job. Als Polizisten beschränken wir die Freiheit von Menschen, oder wir nehmen sie ihnen ganz, zumindest für eine gewisse Zeit. »Wer Scheiße baut, wird weggesperrt!«, beschrieb ein Kollege mal sehr treffend unsere Tätigkeit.

Es ist ja nicht so, dass wir jeden Tag Straftäter erwischen und unsere Gewahrsamszellen von den ganz üblen Bösewichten überquellen. Der Gewahrsam ist keineswegs mit dem Gefängnis gleichzusetzen, in dem verurteilte Straftäter oder Untersuchungshäftlinge untergebracht werden. Die Gewahrsamszellen sind eine Art Übergangslösung. Dort werden beispielsweise Betrunkene zur Ausnüchterung untergebracht oder Menschen kurzfristig eingesperrt, die ihre Identität nicht preisgeben wollen, sodass weitere Überprüfungen stattfinden müssen. Wer im Polizeigewahrsam landet, wird in der Regel schon nach wenigen Stunden wieder entlassen, weil er entweder ausgenüchtert, seine Identität festgestellt, der Platzverweis durchgesetzt oder die Begehung weiterer Straftaten nicht mehr allzu wahrscheinlich ist. Der Hauptgrund, warum bei uns die Handschellen klicken und sich die Tür der Gewahrsamszelle hinter einem Menschen schließt, sind also nicht vorläufige Festnahmen nach großen Straftaten, sondern viel banalere Dinge.

»Verpisisch, du Pissnelke. Das gehtisch janischts anhier!«

Kaum stehen kann der etwa neunzigjährige Herr vor mir, deshalb lehnt er an der Wand seines Wohnungsflurs.

»Isch hör Blasmusik, wannisch will!« Zack – will er mir die Tür vor der Nase zuknallen, aber mein Fuß ist schneller, und schon stehe ich in der Wohnung. Mein Kollege Martin direkt hinter mir.

»Herr Bach, natürlich können Sie Blasmusik hören, wann Sie wollen, aber eben nicht so laut, vor allem nicht nachts!«

»Das is meine Wohnung hier. Raus, du Göre! RAUS, habbisch gesagt!«

Ich schüttele den Kopf. »Herr Bach, wir sind sofort weg hier, wenn Sie die Musik aus oder leiser machen!«

»Machisch nischt!« Er verschränkt bockig die Arme und blitzt mich böse an.

»Herr Bach, seien Sie doch vernünftig!« Die Stimme meines Kollegen Martin übertönt das laute Rumtata, das aus dem Wohnzimmer hinter Herrn Bach schallt.

»Verpissteusch, ihr Nazis! Wie bei die Nazis. Da durftisch auch nie Blasmusik hören!«

Seufzend schiebe ich Herrn Bach zur Seite und betrete das Wohnzimmer, während er laut zu kreischen anfängt. »ISCH KENNE MEINE RESCHTE! SIE BRAUCHEN EINEN DURCH-SUCHUNGSBEFEHL!«

Wie oft habe ich diesen Spruch schon in allen möglichen Situationen gehört? Hunderte Male und vor allem immer genau dann, wenn total unstrittig ist, dass die Polizei genau diese Wohnung jetzt und sofort und vor allem ganz ohne Durchsuchungsbeschluss betreten darf. Tatsächlich brauchen wir für eine Wohnungsdurchsuchung einen richterlichen Durchsuchungsbeschluss, allerdings nicht, wenn in der Wohnung eine für uns »erkennbare Gefahr« droht. Das können »Immissionen« sein, wie es jetzt bei Herrn Bach durch seine laute Blasmusik der Fall ist, es kann aber auch ein Straftäter sein, der sich in die Räumlichkeiten geflüchtet hat, oder es können Hinweise darauf sein, dass in der Wohnung gerade eine Straftat verübt wird oder wurde.

»Nein, Herr Bach! Das nennt man Gefahr in Verzug, und in solchen Fällen dürfen wir überall rein, wenn wir es für sinnvoll erachten. Auch jetzt in Ihre Wohnung.«

»Gefahr im Vollzuuuuch?«, nuschelt der alte Mann und schubst mich leicht, während ich mich im Wohnzimmer umsehe, auf der Suche nach der Musikanlage. »RAUS AUS MEINER WOHNUNG, sonst ...«

»Ja, Herr Bach, wir sind sofort weg, wenn Sie die Musik ausmachen!«

Während ich schon erkannt habe, dass wir hier mit Reden nicht weiterkommen, und Herr Bach auch viel zu voll ist, um überhaupt noch ein vernünftiges Gespräch zu führen, ist Martin offenbar geduldiger. Zum dritten Mal erklärt er, dass der gesamte Häuserblock nicht schlafen kann, weil Herr Bach nun schon seit gestern Abend um 18 Uhr bei offenem Fenster in Festzeltlautstärke seine Blasmusik hört. Und jetzt ist es drei Uhr morgens.

Vor uns waren schon mal Kollegen hier, da war Herr Bach noch ein wenig nüchterner und gelobte, das Fenster zu schließen und die Musik leiser zu stellen.

Der Frieden hielt genau eine Stunde, dann hatte er das Fenster wieder geöffnet und die Musik erneut auf volle Lautstärke gedreht.

Ich beuge mich über die Anlage und schalte sie aus. »Herr Bach, da Sie ja keine Ruhe halten können, nehme ich Ihre Boxen mit. Die können Sie dann morgen bei uns abholen, wenn Sie wieder nüchtern sind!«

»MIESES WEIBSBILD!«, schnaubt der alte Mann und spielt mit der Zunge an seinem Gebiss, während ich die Kabel löse und mir die Boxen unter die Arme klemme.

»Herr Bach, hätten Sie die Musik leiser gemacht, wäre das nicht nötig, aber so ...« Martin zuckt mit den Schultern.

Ich drücke Herrn Bach eine rasch ausgefüllte Quittung für seine Boxen in die Hand und ermahne ihn noch mal, jetzt ruhig zu sein und an die Nachbarn zu denken.

»Nachbarn, allesch Asoschiale, kein Musikgeschmack, die Banausen! Diebe, miese kleine Diebe, nehmen mir meine Boxen weg!«, meckert er hinter uns her, als wir die Wohnung verlassen.

Zwanzig Minuten später stehen wir wieder bei Herrn Bach vor der Tür. Diesmal schallt keine Blasmusik mehr aus der Wohnung, sondern er hängt im Fenster und singt abwechselnd kölsche Karnevals- und Seemannslieder.

»Leb wohl, leb wohl.

Der Langbein, der war der Erste,

Der soff von dem faulen Nass.

Die Pest, sie gab ihm das Letzte

Und wir ihm ein Seemannsgrab.

Ahoi! Kameraden. Ahoi, ahoi.

Leb wohl, kleines Mädel,

Leb wohl, leb wohl.

Und endlich nach 30 Tagen,

Da kam ein Schiff in Sicht ...

SCHNAUZE, ISCH MACH DIE TÜR NISCH AUF. IHR NEHMT MIR NUR WIEDER SACHEN WEG. MEINE SACHEN!«

Laut und deutlich im ganzen Hausflur ist er verständlich.

Ich trommele gegen die Wohnungstür. »Herr Bach, machen Sie die Tür auf! Ihre Nachbarn wollen Ruhe. Das müssen Sie doch verstehen!«

»Nö!« Seine Stimme ist jetzt dicht hinter der Wohnungstür. Schließlich macht er dann doch einen Spalt weit auf und sieht uns an. »Wenn die Nazis misch die Boxen wegnehmen tun, dann singisch! ISCH SING DIE GANZE NACHT! DIE GANZE NACHT!!«

»Herr Bach, wenn Sie jetzt nicht Ruhe geben, dann müssen wir Sie mitnehmen. Dann schlafen Sie in einer unserer Zellen, bis Sie nüchtern sind und sich wieder so verhalten, dass Sie niemanden stören! Das wollen wir nicht, und das wollen Sie nicht!«

»Misch nimmt keiner mit, un Sie ham ja au gar keine Mütze an. Da ham Sie ja janisch zu sagen!« Seine Hände krallen sich um das im Flur stehende Regal.

Eigentlich sollte mich Herrn Bachs Logik nicht überraschen, denn das Märchen von der Mütze begegnet mir im täglichen Dienst häufig. Viele Menschen meinen, ohne diesen hässlichen und unbequemen Helm auf dem Schädel dürfte ich keine Weisungen erteilen. Spaßeshalber habe ich tatsächlich mal alte Polizeigesetze gewälzt, aber Fehlanzeige: Eine gesetzliche Vorschrift, dass ein Polizist zwingend eine Mütze zu tragen habe, existiert nirgends.

Ich persönlich trage meine Mütze nur, wenn ich es sinnvoll finde: bei Regen zum Beispiel, um Schulkinder zu erfreuen oder wenn ich irgendwo den Verkehr regeln muss. Sie tut weh, obwohl innen groß »stirndruckfrei« steht, und sie ist ständig im Weg. Bückt man sich, fällt sie runter, rennt man, fällt sie runter, ist es windig, wird sie einem vom Kopf geweht, und betritt man eine Kneipe oder trägt sie gar im Kölner Karneval, kann man ebenfalls erst mal hinter allen möglichen Menschen herflitzen, die einem das Ding vom Kopf schlagen.

Auch Herrn Bach scheint irgendwie klar zu sein, dass ich seinen Hinweis auf die fehlende Mütze nicht wirklich ernst nehmen werde, vor allem weil uns beiden bewusst ist, dass er die Blasmusik auch dann nicht abstellen würde, wenn ich tatsächlich mit meiner weißen Mütze bei ihm im Wohnungsflur aufgetaucht wäre.

»Misch haben die Russen damals schon nich mitgenommen. Eusch Kindern zeigisch auch noch, was der Bach alles kann. WIR HATTEN DIE PEST AN BORD …«, unterbricht er meine Gedankengänge und schmettert wieder los, wobei er mir vor lauter Inbrunst fast sein Gebiss vor die Füße spuckt.

Ich tausche einen Blick mit meinem Kollegen, der wieder nur mit den Achseln zuckt. »Wenn er es so haben will!«

Ich nicke und wünsche mir doch, dass wir eine andere Möglichkeit hätten, um hier die Nachtruhe der Anwohner wieder herzustellen. Aber Herr Bach hat diese kleinen Ausfälle alle paar Wochen. Eigentlich ist er ein ganz normaler, braver Rentner, doch wenn er getrunken hat, wird er anstrengend und ein Fall für die Polizei.

»Isch hau eusch alle kaputt, wennisch nisch meine Musik hörn darf!« Um seine Aussage zu unterstreichen, holt er aus und schlägt mir mit all seiner Kraft vor die Brust. Sein Angriff lässt mich nicht mal wanken, geschweige denn, dass er wehtut. Ich fange Herrn Bachs Hand ab und biege sie ihm ohne große Schwierigkeiten auf den Rücken. Mein Kollege ist sofort zur Stelle und fasst seine andere Hand. Beide haben wir eher Probleme, dem hageren alten Männlein nicht aus Versehen wehzutun, als ihn wirklich zu kontrollieren. Innerhalb weniger Minuten haben wir ihm einen Mantel über seinen giftgrünen Schlafanzug gezogen, ihn aus der Wohnung und in den Streifenwagen bugsiert und die Wohnung verschlossen.

Anscheinend hat er entschieden, nicht mehr mit uns zu sprechen. Seine Taktik ist stattdessen – Folter! Reine Gesangsfolter! Auf dem ganzen Weg von Chorweiler nach Kalk, wo sich unser Zellentrakt befindet, grölt er mir, die ich neben ihm auf dem Rücksitz hocke, ununterbrochen kölsche Karnevalslieder in die Ohren. Zwanzig Minuten lang.

»DIE KARAWANE ZIEHT WEITER, DER SULTAN HÄTT DURSCHT!«, brüllt Herr Bach gerade mit feuchter Aussprache den Hit der Höhner, als wir vor dem Präsidium stoppen. Mein Kollege öffnet ihm die Tür, und ich helfe beim Aussteigen.

»Hück es Polterovend en d'r Elsassstross, denn d'r Pitter hierot morje et Marie«, begrüßt er singend die Beamten des Gewahrsamdienstes, die Herrn Bach schon kennen und ihn freundlich willkommen heißen.

»'n Abend, Herr Bach, wieder zu laut Musik gehört?«

»Die Nazis haben keinen Humor!« Traurig schüttelt er den Kopf und deutet auf Martin und mich. »Und Musikgeschmack schon gar nicht! ECHTE FRÜNDE STON ZESAMMEN, STON ZESAMME SU WIE ENE JOTT UN POTT, ECHTE FRÜN…«

Laut singend, geht er vor den Kollegen her zu seiner Zelle. An der Tür winkt er uns noch mal grinsend zu, dann fällt die Stahltür hinter ihm ins Schloss. Wir bleiben auf dem Gang stehen und warten. Denn jetzt müsste kommen, was immer kommt, wenn Herr Bach es mal wieder übertrieben hat. Aber nichts passiert.

Gerade will ich mich umdrehen und gehen, als es aus der Zelle schallt:

»DU BES KÖLLE

DU BES SUPER TOLERANT …

ARSCHLÖCHER ALLE, ISCH HAB NUR MUSIK JEHÖRT! SUUUUPER TOLERANT, datischnischlach! NAZIS! ALLEMITEINANDER NAZIS! UNMUSIKALISCHE NAZIS!«

Grinsend drehen wir uns um, sicher, dass er an diesem alle paar Wochen wiederkehrenden Spiel im Stillen seine Freude hat, und gehen zu unserem Streifenwagen.

Als wir losfahren, räuspert mein Kollege sich kurz. Greift zum Außenlautsprecher und singt:

»Du bes Kölle,

Du bes super tolerant,

Nimps jeden op d'r Ärm

Un an de Hand!

Tschüs, Herr Bach!«

Zu gerne wüsste ich, ob Herr Bach das noch gehört hat.

Am nächsten Morgen wird Herr Bach stocknüchtern auf der Wache aufschlagen, mit vor Scham geröteten Wangen seine Musikanlage entgegennehmen und in seinem giftgrünen Schlafanzug nach Hause schlurfen. In ein paar Wochen wird er den Vorfall schon wieder vergessen haben, und sein Bedürfnis nach Blasmusik oder Gesellschaft wird so groß sein, dass er wieder Radau veranstaltet und prompt Besuch von mir oder meinen Kollegen bekommt. Aber wenn ich ehrlich bin, mag ich die irgendwie auch lustigen Einsätze bei Herrn Bach doch tausendmal lieber als Einsätze bei Menschen, denen wirkliches Leid widerfahren ist.

Dass wir jemanden direkt aus der Wohnung abholen und in Gewahrsam nehmen wie im Fall von Herrn Bach, ist allerdings selten. Meistens handelt es sich um Randalierer vor Kneipen, auf der Straße oder nach Feten oder um Betrunkene in Bahnen oder Bussen, die dann meist aufgrund ihres Alkoholkonsums nicht mehr in der Lage sind zu erkennen, wo genau der Spaß aufhört. Dann wird es eben doch nötig, dass wir der freundlichen Aufforderung, den Platz zu verlassen, Taten folgen lassen. Hier und da bekommen wir im Streifenwagen dann ein sehr überraschtes »He, das dürfen Sie nicht!« oder »Mein Papa ist aber Anwalt!« zu hören. Scheinbar gehen manche Menschen tatsächlich davon aus, dass wir keine rechtliche Handhabe besitzen und einen Randalierer lieber weiter randalieren lassen sollten.

Interessant ist auch zu beobachten, dass die mutigen Rädelsführer, die vorher noch die großen Reden geschwungen haben, im Streifenwagen häufig ganz leise werden, wenn sie realisieren, dass es jetzt erst mal für eine Nacht in die keineswegs wohnliche und vor allem olfaktorisch recht interessante Ausnüchterungszelle geht.

Wenn die Stahltür dann ins Schloss fällt und die Riegel laut einrasten, setzt bei denen, die noch nicht so voll sind, dass ihr Verstand komplett ausgeschaltet ist, immerhin ein Prozess des Nachdenkens ein. Dummerweise hält dieses Nachdenken immer nur bis zum nächsten Saufgelage an, und so kennen wir und der Gewahrsamsdienst unsere Pappenheimer, so wie Herrn Bach, meist schon mit Vor- und Nachnamen, da es immer wieder die Gleichen sind, die extrem über die Stränge schlagen und dann in unserer wohnlich weiß gekachelten Zelle landen.

DAS MUSS LIEBE SEIN
2008

Ein weiterer wichtiger Grund, warum der eine oder andere mal bei uns nächtigt, ist die Durchsetzung der Maßnahmen nach dem Gewaltschutzgesetz infolge häuslicher Gewalt. Darunter fallen all die Gewalttaten, die in einer häuslichen Gemeinschaft stattfinden. Das kann eine Partnerschaft, eine Ehe, eine Familie, aber auch eine Wohngemeinschaft sein.

Vor einigen Jahren hat der Gesetzgeber die Probleme dieser Straftaten endlich als solche erkannt und uns Polizeibeamten mehr Möglichkeiten zum Schutz der Opfer an die Hand gegeben. Seitdem dürfen wir in Fällen von häuslicher Gewalt nicht nur für Ruhe sorgen und den Aggressor aus der Wohnung verbannen, sondern gleichzeitig bekommt der- oder diejenige – ja, es gibt auch Frauen, die ihre Partner, Partnerinnen oder auch Kinder schlagen – ein Rückkehrverbot für zehn Tage. Von jetzt auf gleich für zehn Tage aus der eigenen Wohnung gejagt zu werden ist sicherlich ein nicht ganz unerheblicher Eingriff in die eigenen Rechte. Umso mehr kann ich verstehen, dass viele dieses Rückkehrverbot einfach nicht verstehen wollen und wir dann erneut gerufen werden, um die Ordnung wiederherzustellen.

Ich knie mit beiden Beinen auf den Schultern von Herrn Blumfeld und versuche mit aller Kraft, ihn auf dem Boden zu halten. Gar nicht so leicht, denn Herr Blumfeld wiegt ungefähr das Doppelte von mir und ist außerdem leider schrecklich gut trainiert. Ein Kollege liegt quer über seinen Beinen, damit sie nicht mehr unkontrolliert herumzappeln können, und zwei weitere Kollegen versuchen, ihm Handfesseln anzulegen, was nach etlichen Versuchen dann endlich gelingt.

Dabei hatte alles ganz harmlos angefangen. Wir waren, wie so häufig in den letzten Monaten, zu Blumfelds gefahren, hatten wie immer eine aufgelöste Frau Blumfeld mit diversen kleineren Verletzungen vorgefunden, während Herr Blumfeld stumpf vor dem Fernseher im Wohnzimmer hockte. Da wir von Herrn Blumfelds Sportlichkeit mittlerweile wissen, sind wir direkt zu viert aufgeschlagen. Das wirkt zwar nicht unbedingt deeskalierend, ist aber einfach besser, wenn er doch mal wieder ausrasten sollte.

In der Küche habe ich mir Frau Blumfelds Geschichte angehört, während sie den Arm um ihren achtjährigen Sohn Justin gelegt hat, der immer wieder kräht: »Die Mama hat's verdient, die hat den Papa profiziert!«

Man hatte sich gestritten, über eine Nichtigkeit, dann war Herr Blumfeld aggressiv geworden, hatte seiner Frau eine geschallert und ihre Hände auf die heißen Herdplatten gedrückt. Wegen ihres Geschreis hatten die Nachbarn die Polizei verständigt, und da sind wir nun. Haben festgestellt, dass Herr Blumfeld eigentlich gar nicht in der Wohnung sein dürfte, da sein Rückkehrverbot seit der letzten häuslichen Streitigkeit noch nicht verstrichen ist.

Darauf angesprochen, rastet er komplett aus.

Er baut sich vor mir auf und brüllt mich an. Ich möchte wirklich mal gerne wissen, warum alle immer mich anbrüllen. Vielleicht, weil ich so klein und dadurch scheinbar das schwächste Glied bin? Keine Ahnung, auf jeden Fall steht er brüllend vor mir. Wir hätten ihm gar nichts zu verbieten, das hier sei seine Bude, seine Frau, und er könnten hier tun, was sie wollten! Da würden auch wir Bullen nichts dran ändern.

Tapfer bleibe ich während seiner Tiraden stehen und warte, bis die Kollegen sich in Position gebracht haben. Zwei Sekunden später finden wir uns in jener eingangs beschriebenen Position auf dem Boden wieder.

Während ich immer noch auf Herrn Blumfeld knie und ihn am Aufstehen hindere, versuche ich gleichzeitig, seine Frau im Auge zu behalten, die dummerweise zu Sympathiebekundungen neigt, wie wir aus Erfahrung wissen. Sobald wir nämlich Hand an ihren Mann legen, ist er plötzlich der Unschuldsengel, und wir sind die bösen Bullen.

Diesmal hält sie sich jedoch ausnahmsweise im Hintergrund und betrachtet lediglich ungläubig ihre mit dicken Brandblasen übersäten Finger und Handteller und hält sogar den Sohnemann zurück, der immer wieder kreischt: »Der Papa hat nichts gemacht!«

Während die Kollegen schließlich mit Herrn Blumfeld, der leider auch im gefesselten Zustand noch recht sperrig zu transportieren ist, die Treppen runterstolpern, bleibe ich in der Wohnung und versuche zu klären, warum er eigentlich schon wieder hier war. Doch eine weitere Erklärung als »Wir lieben uns halt!« ist aus Frau Blumfeld nicht herauszubekommen.

»Seltsame Liebe«, murmele ich wohl etwas zu laut. Denn sie springt von ihrem Stuhl auf.

»Was wollen Sie schon wissen!«, schnauzt sie mich an. »Sie glauben wohl, nur weil er mich ab und an prügelt, hätten Sie hier den Durchblick! Aber Sie wissen gar nichts!«

Ich nicke geduldig, ignoriere ihren Einwurf und leiere mein Sprüchlein runter: »Frau Blumfeld, Ihr Mann schläft heute Nacht bei uns, bis er sich wieder beruhigt hat. Das Rückkehrverbot gilt noch drei Tage, daran muss er sich halten. Der erste Verstoß kostet ein Zwangsgeld von fünfhundert Euro, der nächste tausend Euro, und sollten wir ihn dann noch mal hier erwischen, kommen weitere fünfhundert Euro obendrauf, ob Sie ihn nun bei sich haben wollen oder nicht. Er darf nicht in diese Wohnung!«

»Wer hier in die Wohnung darf, entscheide ja wohl ich!« Sie

stemmt die Hände in die Hüften und zuckt im selben Moment zusammen, weil die Verbrennungen so schmerzen.

Wieder ignoriere ich ihren Einwand und leiere weiter meinen Text herunter: »Gehen Sie zum Amtsgericht, holen Sie sich eine einstweilige Verfügung, dass er nicht in Ihre Nähe darf. Ich gebe Ihre Daten an eine Beratungsstelle weiter, das kennen Sie ja schon.«

»Beratungsstelle. Pah!« Frau Blumfeld schnaubt verächtlich. »Lauter verknöcherte alte Weiber, die nicht mal den Ansatz einer Ahnung von wahrer Liebe haben. Und die wollen mir sagen, was ich tun soll! Vertrocknete Fotzen sind das!«

Ich seufze. »Frau Blumfeld, so geht das doch nicht weiter. Diesmal sind es Ihre Hände, letztes Mal hat er Ihnen mit einer Glasscherbe das Gesicht zerschnitten!« Ich deute auf die noch gut sichtbare Narbe auf ihrer Wange. »Was kommt denn als Nächstes?«

Sie blickt mich an. »Sie haben gut reden. Gucken Sie sich doch mal an. Sie können sich aussuchen, wer Sie liebt. Aber ich? Ich hab keine Kohle, ich bin nicht schön, ich hab das unerträgliche Balg am Hals. Ich muss nehmen, was kommt, und mein Mann liebt mich. Sonst würde er ja gar nicht so ausrasten.«

Ich versuche gar nicht erst, ihre verdrehte Logik zu verstehen, zucke mit den Achseln und beschließe zu gehen. Entscheide mich dann aber doch anders und lege ihr noch einmal die Hand auf die Schulter. »Frau Blumfeld, niemand hat es verdient, dass er geschlagen oder verletzt wird. Aber wir können Ihnen nicht helfen, wenn Sie ihn immer wieder in die Wohnung lassen!«

Trotzig starrt sie mich an: »Ich will Ihre Hilfe auch gar nicht!«

Zum x-ten Mal drücke ich ihr den Flyer für Gewaltopfer mit den Telefonnummern von Beratungsstellen in die Hand und verabschiede mich dann. »Frau Blumfeld, denken Sie darüber nach. Ich will hier nicht herkommen, und irgendwann hat er es mal zu weit getrieben!«

Sie nickt stumm und knallt dann die Tür hinter mir zu.

Zwei Wochen später sitze ich auf der Wache und höre am Funk, wie die Leitstelle einen Streifenwagen zu Blumfelds schickt. »Der Blumfeld hat schon wieder seine Frau verdroschen, die Nachbarn hören Gebrüll im Hausflur.«

Der Funker dreht sich zu mir und meiner heißen Pizza um: »Und ich dachte schon, der letzte Vorfall hätte Eindruck auf die Frau gemacht! Fahrt Ihr eben mit, falls der wieder so austickt?«

Ich klappe den Deckel der Pizzaverpackung zu und gehe mit meinem Kollegen Torsten zum Streifenwagen.

»Was ist? Du guckst so komisch«, fragt er mich, als wir losfahren.

»Ist es herzlos, dass ich mir jetzt grade mehr Gedanken darüber mache, dass meine Pizza kalt wird, während wir uns schon wieder mit dem Kerl prügeln dürfen, als darum, wie es Frau Blumfeld geht?«

Er lächelt mich an: »Glaub mir, irgendwann wird auch sie verstehen, dass das mit Liebe nichts zu tun hat!«

»Hoffentlich noch rechtzeitig! Bevor …« Ich beende den Satz nicht, greife in den Fußraum und wühle in dem Pizzakarton herum, den ich dort deponiert habe.

»Was machst du da?«

»Na, glaubst du, ich lasse für jemanden, der sich eh nicht helfen lassen will, meine Pizza kalt werden?« Ich fische eines der Stücke heraus und beiße genüsslich ab, während Torsten mich mit Blaulicht und Martinshorn durch die Straßen zu Familie Blumfeld chauffiert.

Kurz nach dem ersten Streifenwagen erreichen wir die Wohnung. Frau Blumfeld hält sich den Arm und hat diesmal den Abdruck des heißen Bügeleisens mitten auf dem Dekolleté. Kleinlaut sieht sie mich an. »Ich glaube, Sie hatten recht.«

Ich nicke und schlucke den letzten Bissen Pizza herunter. »Ich habe leider häufig recht! Und was machen wir jetzt?«

Sie schweigt, aus dem Wohnzimmer höre ich die Kollegen, die Herrn Blumfeld diesmal davon überzeugen wollen, freiwillig die Wohnung zu verlassen.

»Vielleicht sollte ich diesmal gehen?«, haucht sie leise und kraftlos.

Meine Augenbrauen wandern hoch Richtung Haaransatz. Ich bin mir nicht sicher, ob ich richtig gehört habe. »Warum? Ist ja nicht so, dass Sie ihn geschlagen haben!«

Sie nickt, und dann sagt sie endlich zwei Sätze, die mir zeigen, dass meine Ansprache offenbar doch etwas bewirkt hat: »Ich komm so nicht von ihm los. Ich muss hier raus!« Ich nicke stumm und warte, dass sie weiterspricht. »Ich hab ja sonst niemanden. Aber ich war bei dieser Beratungsstelle. Wie Sie gesagt haben.« Erst jetzt sehe ich den zerrissenen Flyer auf dem Flurboden liegen. Sie lächelt zögerlich: »Ich hab Ihnen da ausnahmsweise mal zugehört! Die haben gesagt, ich könnte in ein Frauenhaus, und Justin kann auch mit.«

»ICH WILL ABER BEIM PAPA BLEIBEN!«, kreischt Klein-Justin los. Ich würde ihm am liebsten eine kleben und stelle mir lieber nicht vor, wie er später mit den Frauen in seinem Leben umgehen wird.

Ohne ein weiteres Wort helfe ich Frau Blumfeld beim Packen, während ihr Mann brüllend im Wohnzimmer steht und die »verfluchte Polizistenfotze« – ich vermute, damit meint er mich – und seine Hure von Ehefrau ins Fegefeuer wünscht.

Zehn Minuten später sitzt diesmal statt ihrem Mann Frau Blumfeld bei uns im Streifenwagen, neben ihr der heulende Justin, der immer wieder beteuert, dass seine Mutter es verdient hätte. Unsicher, aber hoffnungsvoll schaut Frau Blumfeld an uns vorbei nach vorne in den Sonnenuntergang, als wir losfahren, an den geheimen Ort, an dem sich unser Frauenhaus befindet.

»Warum riecht es hier so nach Pizza?«, fragt sie, und ich biete ihr grinsend das letzte noch lauwarme Stück aus meiner Schachtel an, weil ich mit jemandem, dem ich helfen kann, weil er mich lässt, sogar meine Pizza teile.

Leider gibt es so viele Blumfelds, so viele Frauen und Männer, die meinen, die Gewalttätigkeiten ihrer Partner, Eltern oder Mitbewohner seien normal, oder sie hätten sie gar durch ihr eigenes Verhalten verdient. So viele Familien, in die wir regelmäßig wegen häuslicher Gewalt gerufen werden und an deren Situation sich trotz all unserer Maßnahmen nichts ändert. Wir können nur Hilfestellung bieten. Aus der Situation befreien muss sich jedes Opfer selbst. Frau Blumfeld hat die Kurve gerade noch so bekommen, so viele andere schaffen es leider nie.

MÄDELS AUF HÜHNERSTREIFE
1998-2011

Gerade bei Einsätzen wegen häuslicher Gewalt, ist es angenehm, dass wir immer mehr Frauen bei der Polizei sind. In Großstädten wie Köln sind wir Mädels mittlerweile stark vertreten. Während das für mich ganz normal ist, scheint mein Umfeld damit noch gewisse Probleme zu haben, und häufiger, als mir lieb ist, muss ich Unterhaltungen wie die folgende führen.

»Das ist für dich doch bestimmt schwer?«, fragt mich beispielsweise ein wohlmeinender Onkel.

»Ähm, was genau jetzt?«

»Na, als junge Frau in so einem harten Job ...«

»Es ist für mich nicht schwerer als für einen Mann auch!«

»Ja, aber so rein körperlich ...«

»Wie – rein körperlich?«

»Das ist doch viel anstrengender als für einen Mann!«

Ich frage mich, was genau an meinem Job in Onkel Harrys Vorstellung so schrecklich anstrengend ist. Das stundenlange Sitzen im Streifenwagen kann es ja nicht sein. Außerdem verstehe ich nicht, warum es für mich anstrengender sein soll als für einen Mann.

Dummerweise kann ich meine Gedanken und Gefühle nur ganz schlecht hinter einem Pokerface verstecken. Daher sieht mein jeweiliges Gegenüber bei solch einem Gesprächsverlauf mir meistens an, dass ich jetzt wesentlich lieber Glassplitter essen würde, als die Unterhaltung fortzusetzen. Trotzdem landen wir nach einigen Umwegen meistens sofort wieder beim gleichen Thema – Frauen bei der Polizei.

»Aber hast du es denn nicht schwer, ernst genommen zu werden, so als Frau?«

Daraufhin schüttele ich meist etwas genervt den Kopf und versuche meinem Gegenüber geduldig die Welt zu erklären: »Du nimmst mich doch gerade auch ernst, oder? Also – warum sollten meine Kollegen oder die Bösewichter da draußen das nicht tun?«

»Na, weil du nicht so groß und Furcht einflößend bist wie ein Mann!«

Aha! Allmählich kommen wir zum Kern der Sache.

»So, so, bin ich nicht. Muss eine Polizistin denn groß und Furcht einflößend sein? Sind wir nicht eher Freund und Helfer? Sollten wir nicht Vertrauen einflößen statt Angst? Welche Rolle spielt da die Größe?«

Auf diese Frage folgt dann in der Regel eine Zeit längeren Nachdenkens, dann ein zögerliches Nicken, aber prompt kommt dann meist schon die nächste Frage: »Ja, aber kannst du dich da überhaupt durchsetzen?«

Hier werde ich dann häufig ein wenig grantig. »Bisher hatte ich noch nie Probleme, und wenn doch, hab ich genauso wie die männlichen Kollegen meine Hände, das Pfefferspray, den Schlagstock und im Notfall die Waffe, um mich durchzusetzen und zu verteidigen.«

»Schon, aber zum Beispiel die Waffe ... Hast du als Frau kein Problem damit, die zu tragen?«

Im Ernst, solche Fragen kommen immer wieder! Da muss man als Frau gaaaanz geduldig sein.

»Welchen Unterschied macht es, ob ich als Frau die Waffe trage oder ein Mann?«

»Weil das doch eigentlich nicht deine Aufgabe ist!«

»Warum denn nicht? Schließlich bin ich genauso Polizistin wie die Männer auch!«

»Aber würdest du denn nicht lieber irgendwo am Schreibtisch arbeiten, wo es sicher ist?«

Spätestens wenn das Gespräch an diesem Punkt angelangt ist, antworte ich dann meist mit einem ziemlich endgültigen: »NEIN, ich liebe meinen Job! Ich mache ihn gerne!«

Dummerweise scheint es mir in solchen Diskussionen an Deutlichkeit zu fehlen, denn solche Gespräche können sich sehr lang hinziehen. Da wird dann thematisiert, wie hart es doch für Frauen sein muss, sich in einer Männerwelt zurechtzufinden. Dass man ja von der Beamtin gehört habe, die sich vor ein paar Jahren erschossen hat, weil die Kollegen alle so scheiße waren, und ob ich wegen meiner Größe denn nicht gemobbt würde. Sexuelle Belästigung sei ja sicherlich ein häufiges Thema, auch bei der Polizei.

Meist werde ich dann immer schweigsamer, lächele nett und freundlich und schalte mein Gehirn ab. Denn meine Meinung und Einschätzung wollen die meisten ja doch nicht hören. Trotzdem äußere ich sie an dieser Stelle in der Hoffnung, dass das Thema Frauen bei der Polizei dann ein wenig anders gesehen wird.

Tatsächlich ist es so, dass ich hier und da auf Probleme mit männlichen Kollegen oder eingefahrenen festen Strukturen gestoßen bin. Das gibt es bei der Polizei genauso wie in jeder anderen großen Behörde oder in jedem großen Unternehmen.

Der eine unterstellte mir Bulimie, weil ich immer so schrecklich viel esse und trotzdem so mager bin. Der Nächste machte sich Gedanken, weil ich bei einem Einsatz gar nichts gegessen hatte (nur zur Erklärung: Es gab aus der Versorgungsküche Gummihühnchen und Schnitzel in einer undefinierbaren Soße, und ich habe nun mal einen gewissen ästhetischen Anspruch an die Dinge, die ich meinem Körper als Nahrung zuführe). Der Nächste dichtete mir eine Liebschaft mit einem Vorgesetzten an, und wieder ein anderer war der Meinung, dass ich meinem Job ja gar nicht gerecht werden könne, weil ich viel zu jung sei und Frauen eh an den Herd gehörten!

Getratscht und palavert wird überall, Deppen unter den Kollegen hat man auch in jedem anderen Beruf. Es kommt darauf an, wie man damit umgeht. Haut man frühzeitig auf den Tisch und sagt: »So nicht!«, dann wird sich ganz bestimmt eine Lösung finden lassen. Und wenn man, wie es sicherlich in einigen Fällen auch schon vorgekommen ist, feststellen muss, dass man trotz aller Bemühungen mit einer Kollegin oder einem Kollegen einfach nicht arbeiten kann, dann ist ein Dienststellenwechsel, wie er innerhalb der Polizei glücklicherweise leicht möglich ist, unter Umständen immer noch die angenehmere Lösung, als jeden Tag mit Bauchschmerzen und Übelkeit zum Dienst zu erscheinen, nur weil man dort Mr oder Mrs Vollidiot ertragen muss.

Sicherlich habe ich den Vorteil, in Köln zu arbeiten, einer sehr großen Behörde mit einem mittlerweile recht hohen Frauenanteil – zwar noch nicht in den höheren Altersstufen und in der oberen Führungsriege, aber auch da tauchen meine Geschlechtsgenossinnen immer häufiger auf. Teilweise sind hier so viele Frauen im Streifendienst, dass es nicht möglich ist, wie eigentlich üblich, auf allen Fahrzeugen gemischte Teams zu platzieren. So werden bei uns auch reine Frauenteams auf die Straße geschickt, die »Hühnerstreifen« heißen. Zugegeben, das ist eine etwas verniedlichende Bezeichnung, aber ich mag den Begriff sogar, denn ich sehe es als großen Fortschritt an, dass es diese Hühnerstreifen mittlerweile immer häufiger gibt. Sicherlich macht bei solchen Bezeichnungen der Ton die Musik, aber grundsätzlich mag ich Spitznamen wie »Mädels« oder »Hühner« für uns Polizistinnen. Die Frage ist doch nur, wie es ausgesprochen wird und von wem. Da fällt mir auf: Warum gibt es eigentlich für Männerteams keine niedlich-witzige Bezeichnung à la »Gockelteam« oder so?

Klar fühle ich mich besonders sicher, wenn ich mit einem zwei Meter großen und fast so breiten Kollegen an meiner Seite an einem Einsatzort auftauche, aber es gibt nicht eine Kollegin, mit der ich mich im Streifenwagen unsicher gefühlt hätte, nur weil sie eine Frau ist. Wir bewältigen als »Hühnchenwagen« unsere Einsätze genauso erfolgreich wie die reinen Männerstreifen.

Natürlich gibt es immer wieder Situationen, bei denen es von Vorteil sein kann, dass ein männlicher Kollege dabei ist – sei es zur Durchsuchung einer männlichen Person oder einfach für Aktionen, bei denen es auf körperliche Kraft ankommt (das Hochheben von toten Wildschweinen oder Gullydeckeln beispielsweise). Ist kein Mann zur Stelle, bedeutet das für uns Frauen Erfindungsreichtum oder eben eine schweißtreibende Arbeit. Alles in allem haben wir »Hühner« aber noch alle an uns gestellten Anforderungen erfüllen können, und im Zweifel fordern wir eben Verstärkung an, genauso, wie die Jungs das machen, wenn sie an ihre Grenzen stoßen. Da gibt es nämlich auch bei der Polizei ein paar Herren, die nicht ganz so muskelbepackt und durchtrainiert sind.

Aber auch die männlichen Kollegen wünschen sich hin und wieder eine Kollegin, sei es, um eine weibliche Delinquentin zu durchsuchen, das Opfer eines Sexualdelikts einfühlsam zu betreuen oder einfach nur da zu sein, damit die gewitzte Straftäterin sich nicht nachträglich überlegt, dass die beiden Herren, die sie zur Zelle geleitet haben, sie auf unsittliche Art berührt haben könnten.

Mangels eigener Erfahrung kann ich nicht sagen, ob die Arbeit in einer ländlichen Polizeibehörde, in der man vielleicht als eine von wenigen Frauen einer großen Mannschaft von Männern gegenübersteht, sich stark von der in einer städtischen Polizeiwache unterscheidet. Das eine Jahr, in dem ich als eine von drei Frauen meinen Dienst auf der Autobahnpolizeiwache Eschweiler versah, inmitten einer Schar von deutlich älteren männlichen Kollegen, habe ich jedoch in bester Erinnerung. Mit »meinen Jungs« dort hatte ich eine unheimlich lehrreiche und gute Zeit und fühlte mich bei den diensterfahrenen Herren immer gut aufgehoben und verstanden.

Natürlich muss man sich als Polizistin, wenn man auf eine neue Dienststelle kommt, erst einmal bewähren und beweisen, bevor die Kollegen einem das uneingeschränkte Vertrauen entgegenbringen, das man für den täglichen Dienst braucht. Man muss zeigen, dass man zupacken kann und vor nichts fies ist, und das Prinzesschen sollte man besser nicht heraushängen lassen. Aber sich beweisen müssen auch junge männliche Kollegen, wenn sie sich in einer Dienstgruppe neu einfinden.

Klar, auch Männer lästern gerne, auch bei Männern gibt es so etwas wie Zickenalarm, und auch bei ihnen herrscht nicht immer eitel Sonnenschein. Hier und da muss ich als Frau auch schon mal ein paar deutliche Worte sagen, um die Fronten zu klären und den Jungs klarzumachen, dass sie es keineswegs mit einem dummen kleinen Blondchen zu tun haben, auch wenn ich vielleicht so aussehen mag. Aber gerade dazu sollte ich als Polizistin in der Lage sein. Schließlich bekomme ich es tagtäglich mit Menschen zu tun, denen gegenüber ich Souveränität und Respekt ausstrahlen muss. Und wenn mir das den Kollegen gegenüber schon nicht gelingt, wie will ich das dann dem Ganoven Ede gegenüber hinbekommen? Ich würde deshalb jeder jungen Frau, die mit dem Gedanken spielt, Polizistin zu werden, immer raten, es zu versuchen, sich keine Zweifel von anderen einreden zu lassen und einfach ein bisschen Vertrauen in sich selbst zu haben. Grundsätzlich hab ich mich bisher trotz meiner Körpergröße, meiner Zierlichkeit und vielleicht auch gerade wegen meiner frechen Schnauze noch überall durchsetzen können. Hier und da habe ich mir mit meiner häufig etwas direkten Art nicht unbedingt Freunde gemacht, aber wer will schon Everybody's Darling sein?

Wenn ich mich heute an die Worte des Einstellungsberaters erinnere, der meinte: »Das schafft das Mädchen sowieso nicht!«, dann kann ich nur sagen: Das Mädchen hat es sehr wohl geschafft, und es schafft es immer noch – lächelnd und mit Freude, jeden Tag!

Aus meiner heutigen Sicht auf dreizehn Jahre Polizeiarbeit kann ich sagen: Die Polizei ist gefühlsbetonter geworden, ein bisschen weicher, zugänglicher. Vielleicht auch gerade deshalb, weil mehr Frauen dabei sind. Die männlichen Kollegen trauen sich heute eher, sich Schwächen einzugestehen, zuzugeben, dass gewisse Einsätze sie belasten und dass man unter dem Eindruck besonders schlimmer Anblicke auch einfach mal nur traurig ist. Uns Frauen gegenüber muss kein männlicher Kollege den Schein des harten Kerls wahren, wenn ihm eigentlich nur zum Heulen zumute ist.

Etwas Schlechtes kann ich daran beim besten Willen nicht finden.

VERRECK, DU ALTER SACK!
2011

Eines Morgens sind meine Kollegin Sonia und ich gemeinsam auf Hühnerstreife – ein Tag, an dem ich feststellen werde, dass es auch in einer scheinbar heilen Vorortgesellschaft Abgründe gibt, die so tief sind, dass einem vom Blick hinein ganz schwindelig wird.

Mittlerweile habe ich mein Studium erfolgreich hinter mich gebracht, dürfte, wenn ich wollte, den Titel einer diplomierten Verwaltungswirtin führen und trage einen silbern glänzenden Stern auf jeder Schulterklappe. Auf meinen Wunsch hin werde ich wieder nach Köln versetzt, meine Heimatdienststelle ist nun die Wache Porz im Kölner Südosten.

Porz hat ein wenig den Charme einer Vorstadt, birgt jedoch Abwechslung durch die Nähe zum Flughafen und durch die ländlichen Stadtteile wie Langel und Libur und die Hochhaussiedlungen wie Finkenberg.

An diesem schönen Morgen im Dezember rollen Sonia und ich also im Streifenwagen durch die Straßen von Porz. Ich lümmele auf dem Beifahrersitz und genieße die Strahlen der Wintersonne, während die Kollegin mich durch Straßen und Gässchen chauffiert. Plötzlich erwacht knatternd unser Funkgerät zum Leben:

»...straße, Streitigkeiten zwischen Nachbarn. Die Herrschaften scheinen jetzt handgreiflich zu werden. Fahrt mal ruhig was schneller!«

Leichter gesagt als getan, wir sind ja neu hier. Ratlos schauen wir uns an. Der Straßennamen sagt uns gar nichts. Während

Sonia schon mal in die grobe Richtung losbraust, in der wir den Einsatzort vermuten, tippe ich mit fliegenden Fingern auf meinem privaten Navigationsgerät herum, das ich zumindest jetzt, in der Anfangszeit im neuen Wachbereich, für Notfälle immer dabeihabe.

Während wir blau blinkend und ordentlich laut durch die Straßen rasen, bastele ich das Gerät an die Windschutzscheibe. Wir haben Glück: Unsere Vermutung war richtig, die Richtung stimmt.

Dummerweise ist so ein Navi auf normale Geschwindigkeiten eingestellt, sodass die Ansagen, wenn man mit Blaulicht und Martinshorn durch die Ortschaft rast, meist ein wenig verspätet kommen. Also übernehme ich die Ansagen: »Rechts, nächste links ... 200 Meter geradeaus«, mime ich den Navigator, und wir halten ohne Zeitverzögerung bei der angegebenen Adresse.

Zwei riesige weiße Villen stehen sich gegenüber. Bereits auf dem Weg dorthin waren mir die teuren Autos vor den großen Häusern aufgefallen, die gepflegten Vorgärten und die ordentlich geweißten Gartenmauern. Mir ist rasch klar, dass wir uns hier definitiv nicht an einem sozialen Brennpunkt befinden.

»Ich dachte immer, in solchen Vierteln wäre die Welt noch in Ordnung«, murmele ich beim Aussteigen und werfe die Tür des Streifenwagens kräftig ins Schloss, um die beiden Streitparteien, die sich über eine mit schmiedeeisernen Zaunelementen geschmückte Mauer hinweg lautstark anbrüllen, auf uns aufmerksam zu machen.

Leider erzielt das nicht den gewünschten Effekt. Auf der rechten Seite des Zauns steht ein älterer Herr, dessen Gesicht und Glatze schon eine ungesunde rote Farbe angenommen haben. Auf der anderen Seite sehen wir zwei etwa neunzehnjährige Burschen, die zwar lässiger wirken, an Lautstärke dem Herrn jedoch in nichts nachstehen. Auf der Terrasse des rechten Hauses hat sich offenbar die Gattin des rotköpfigen Schreihalses postiert und brüllt ebenfalls aus vollem Leib Beschimpfungen, deren Unflätigkeit nicht wirklich zu der schicken weißen Villa passt.

»Polizei! Beruhigen Sie sich doch erst mal!«, mischt sich Sonia ein und tritt durch das Gartentürchen auf das Grundstück des älteren Herrn.

»Wo liegt denn das Problem?« Freundlich lächelnd geht sie auf die Streithähne zu, während ich mich zögerlich nähere und keine der vier Personen aus den Augen lasse. Mein Bauchgefühl meldet sich ganz rapide und heftig, und eigentlich hat das noch nie falschgelegen: Hier passiert gleich was.

Mein ganzer Körper ist angespannt, während ich Sonia zuhöre, die zu klären versucht, worum es überhaupt geht. Nervös fliegt mein Blick von rechts nach links und wieder nach rechts. Gerade will ich mich entspannen, weil ich außer den erhitzten Gemütern keine offensichtliche Gefahr erkenne, als die Diskussion wieder hochkocht.

»Der alte Knacker hat uns Nägel unter die Reifen gelegt!«, brüllt einer der beiden jungen Kerle.

»Vollkommen zu Recht!«, schreit der alte Herr zurück. »Immer rasen diese Drecksneureichen mit ihren Scheißautos wie die Asozialen durch die Straße. Da muss man doch Maßnahmen ergreifen! Wir sind hier ein anständiges ...«

In dem Moment passiert, was mein Bauchgefühl angekündigt hat: Der Mann greift sich noch im Sprechen an die Brust, sein Gesicht verfärbt sich schlagartig von rot zu weiß, und er sackt in die Knie. Augenblicklich mache ich einen Satz nach vorn und erwische ihn gerade noch am Arm, sodass ich seinen Fall ein wenig abbremsen kann, bevor er vor mir unsanft auf der gepflasterten Auffahrt hinschlägt.

Seine Augen sind starr in den Himmel gerichtet, die Haut ist eiskalt, und auf der Stirn bilden sich kleine Schweißperlen.

»Scheiße!«, entfährt es mir, während ich schon dabei bin, ihn in die stabile Seitenlage zu bringen und seine Atmung und den Puls zu überwachen. Beides ist noch vorhanden, zwar schwach, aber eindeutig da. »Kommen Sie schon, stellen Sie sich nicht so an!«, rede ich hektisch leise auf ihn ein, während ich mir die Lederjacke vom Körper zerre, um mir Bewegungsfreiheit zu verschaffen.

Sonia steht vor mir und sieht mich entsetzt an.

»Rettungswagen!«, gebe ich ihr den Anstoß, den sie braucht, damit sie wieder funktioniert. Sie greift sofort zum Funkgerät und fordert Hilfe an.

Ich fingere das Gebiss aus dem Mund des Mannes, ignoriere das eklige, saugende Geräusch, als es sich vom Gaumen löst, und werfe es achtlos neben mir ins Gras. Die Frau auf der Terrasse ist in der Zwischenzeit von Beschimpfungen zu hysterischen, unartikulierten Schreien übergegangen, aber für sie habe ich jetzt keine Zeit. Jetzt geht es um ihren Mann.

Als sich unter ihm eine Pfütze bildet und ich merke, dass ich in seinem Urin knie, wird mir bewusst, wie ernst die Situation ist.

Den beiden Jungs hinterm Zaun ist das wohl noch nicht so klar, denn sie haben einen kleinen Sprechgesang begonnen: »Verreck doch, du alter Sack!«, tönt es mir entgegen, als ich keinen Puls mehr fühle und der Mann röchelnd auch die Atmung einstellt.

Ich zögere einen Moment, wühle in meinen Hosentaschen nach meinem Hygieneset, finde es nicht, brülle ein ziemlich lautes »SCHNAUZE HALTEN!« in Richtung der beiden Kerle, was zwar nicht wirklich niveauvoll ist, aber in der Situation das Einzige, was mir auf die Schnelle einfällt. Dann schlucke ich den Kloß in meinem Hals runter, rolle den schlaffen, schweren Körper vor mir aus der stabilen Seitenlage auf den Rücken und beginne mit der Herzmassage. Kurz zögere ich, betrachte die faltigen, schlaffen Lippen des Mannes und die unreine Haut an der Nase. Dann beginne ich, ohne groß weiter nachzudenken, mit der Beatmung.

Sein Brustkorb hebt sich. »Ich hab so was noch nie gemacht! Ich hab so was noch nie gemacht!«, stammelt Sonia neben mir kaum hörbar vor sich hin.

Mir sind Wiederbelebungsmaßnahmen aus meiner Zeit auf der Autobahn hingegen keineswegs fremd. »Keine Sorge, ich schon. Das kriegen wir hin. Alles gut. Ist der Rettungswagen unterwegs?«, frage ich sie keuchend. Bemüht, ihr die ruhige und erfahrene Beamtin vorzuspielen, lächele ich sie zuversichtlich an, während ich mit beiden Armen den Brustkorb des Mannes bearbeite und merke, wie eine seiner Rippen unter meinen Bemühungen knackend nachgibt.

»Ja. Notarzt ist auch unterwegs!«

»Gut!«, ächze ich und beuge mich wieder vor.

»IHR HABT MEINEN MANN GETÖTET!«, kreischt die alte Frau auf der Terrasse. Aus dem Augenwinkel sehe ich sie toben und schreien.

»VERRECK, DU ALTER SACK!«, ertönt es wieder hinter dem Zaun.

Ich wische mir, während Sonia die Herzmassage übernimmt, den Schweiß von der Stirn. »RUHE, SONST SETZT ES WAS!«, brülle ich in Richtung der beiden Halbstarken, die zwar ihren Sprechgesang nicht einstellen, aber jetzt immerhin die Lautstärke ein wenig herunterfahren.

Mittlerweile öffnen sich die Fenster der Häuser gegenüber. Während Sonia und ich abwechselnd um das Leben des alten Mannes kämpfen, erscheinen die Köpfe der Nachbarn in den Fenstern und sehen uns interessiert zu. Niemand kommt zu uns, niemand hilft, niemand sorgt für Ruhe. All die feinen Leute in ihren weiß getünchten Häusern gaffen, während uns langsam, aber sicher die Kräfte ausgehen. Pumpen, atmen, pumpen, atmen. Nie hätte ich gedacht, dass Wiederbelebungsmaßnahmen so schnell so anstrengend sein können.

Als ich die Pumperei wieder übernehme, steht Sonia unvermittelt auf und rennt auf die Jungs hinterm Zaun zu. »Wenn ihr nicht sofort die Klappe haltet, dann sorg ich eigenhändig dafür, dass ihr gleich neben dem Kerl liegt. Hier stirbt ein Mensch, ihr herzlose Brut!« Sie schüttelt ihre Faust in die Richtung des Zauns, und plötzlich ist es still. Dann rennt sie zu der Dame auf der Terrasse, und ich höre ihre Stimme erneut, diesmal deutlich sanfter: »RUHE! Sie setzen sich jetzt da hin, und dann will ich kein Wort mehr hören. Wir helfen Ihrem Mann ja, helfen Sie uns, indem Sie uns nicht ablenken!«

Augenblicklich herrscht auch dort Ruhe, nur noch ein leises Schniefen ist zu hören. »Hat Ihr Mann Medikamente fürs Herz oder ein Spray oder so was?«, höre ich Sonia.

Kluge Frage, schießt es mir durch den Kopf, während ich wieder meinen Atem in die Lunge des Mannes puste und mit einem Finger überprüfe, ob sein Puls zurückgekehrt ist.

»Nein«, höre ich die leise Antwort der Dame. Dann ist Sonia wieder bei mir, übernimmt wortlos die Herzmassage, während ich Atem hole, ihm anschließend wieder Luft in die Nase blase und seinen Mund dabei kräftig zudrücke.

»Wir schaffen das, Sie sterben uns nicht weg! Kommen Sie schon, wir sind bei Ihnen!«, spreche ich zwischen den Atemzügen mit ihm und bin so auf meine Arbeit konzentriert, dass ich die Sanitäter und den Notarzt erst wahrnehme, als sie mich zur Seite schieben und die Reanimation übernehmen.

»Wie lange schon?«, fragt der Notarzt knapp. Ich sehe auf die Uhr und bin mir sicher, dass wir mindestens eine halbe Stunde an ihm gearbeitet haben. »Dreizehn Minuten!«, antworte ich schließlich verwundert.

»Vorerkrankungen?«

»Keine Ahnung, er ist während eines Streits einfach zusammengebrochen!« Erschöpft wische ich mir die Haare aus dem Gesicht.

Der Notarzt nickt, leuchtet ihm in die Augen, gibt die Anweisung weiterzumachen und scheucht uns weg.

Sonia und ich gehen zu der alten Dame, die jetzt wimmernd auf ihrem Terrassenstuhl sitzt.

»MÖRDER!«, zischt sie in Richtung der Gartenmauer, und ihr Blick ist so hasserfüllt, dass ich meine Schritte automatisch verlangsame.

»Frau Schraiber« – ich habe das Namensschild an der Türklingel entziffert –, »was genau ist hier überhaupt vorgefallen? Sollen wir nicht reingehen? Ich bin mir sicher, der Notarzt kümmert sich gut um Ihren Mann!«

Ich würde sie gern weglotsen, damit sie nicht weiter mit ansehen muss, wie an ihrem Mann gearbeitet wird. Wieder trifft mich ihr hasserfüllter Blick. »Das sind MÖRDER!« Dann werden ihre Augen trüb, und sie schaut traurig in die Ferne. »Mein Werner war ein guter Mann! Das mit den Nägeln auf der Straße war doch nur, weil die Jungens hier immer so rasen, und unser Kater ist doch vor ein paar Wochen von den Rowdys überfahren worden!« Sie bricht in Tränen aus.

»Ich mach das schon«, sagt Sonia, »kümmere du dich um die Brut nebenan. Die nagele ich sonst aus Versehen an die Wand!«

Meine Kollegin drückt sich an mir vorbei, kniet neben der Dame nieder und streichelt ihre Hand. »Haben Sie jemanden, den wir anrufen können, damit er zu Ihnen kommt?«

»Meinen Sohn!« Ihre Stimme ist jetzt leise und kraftlos. Nichts erinnert mehr an die keifende Furie, die eben noch auf der Terrasse herumtobte.

Ich drehe mich um und springe mit Schwung über den Zaun in den Nachbargarten. Dabei berühren meine Knie den feuchten Stoff an meiner Uniformhose. Kurz steigt Ekel in mir auf, dann schiebe ich den Gedanken weg. Umziehen kann ich mich später auf der Wache. Jetzt sind erst mal die Jungs dran.

Lachend stehen sie auf der weiß gekiesten Auffahrt des Hauses. »Na, ist er endlich verreckt?« Sie stoßen sich an und kichern.

Meine Hände zucken und ballen sich zu Fäusten. Noch nie

war meine Lust, jemandem so richtig ins Gesicht zu schlagen, so groß wie in diesem Moment. Ich muss alle Willensstärke aufbieten, die Fäuste in den Taschen meiner braunen Dienstjeans zu versenken und mich zusammenzunehmen.

»Jetzt reißt euch mal am Riemen, und erinnert euch an eure Kinderstube. Wie führt ihr euch eigentlich hier auf? So was Erbärmliches wie euch hab ich ja selbst im asozialsten Chorweiler noch nicht erlebt! Da drüben stirbt ein Mensch, und ihr habt nichts Besseres zu tun, als alberne Gesänge von euch zu geben. Ihr widert mich an!«

Endlich scheint ihnen aufgegangen zu sein, welches Bild sie abgeben. Betreten schauen sie zu Boden, und ich will gerade, zufrieden mit der Wirkung meiner Ansprache, nach ihren Personalien fragen, als einer den Kopf hebt und in Richtung des Notarztes schreit: »LASS IHN VERRECKEN, DIE SAU HAT'S VERDIENT!«

Mein Arm schießt vor und drückt den Burschen gegen den Zaun. Er ist zu perplex, um sich zu wehren, und schaut mich nur verblüfft an.

»RUHE JETZT!«, zische ich laut und vernehmlich. »Noch ein Wort, und wir klären eure Rolle bei diesem Vorfall auf dem Präsidium und nicht hier!« Meine Stimme zittert vor unterdrückter Wut, während ich ihn betont langsam loslasse und meinen Notizblock zücke. »Ausweise raus, und zwar zackig!«

»Das wird Ihnen noch leidtun. Mein Vater ist Anwalt!«, meint einer der beiden. Ich sehe ihn angeekelt an.

»Glaub mir, dem Gespräch mit deinem Papa sehe ich mit Freuden entgegen. Ausweis raus!«

Zögerlich wühlen beide in ihren Taschen und geben mir ihre Personalausweise. In diesem Moment öffnet sich das automatische Gartentor, ein großer silberner Geländewagen fährt vor und hält direkt neben uns.

»Was geht hier vor?«, fragt der gut aussehende braun gebrannte Mann mittleren Alters, dessen Kleidung bereits ausdrückt, dass er vermutlich in einem Monat mehr an Steuern zahlt, als ich verdiene.

Kurz und knapp schildere ich dem Herrn Papa die Vorfälle, erkläre, dass ich einen Bericht dazu schreiben werde, notiere die Personalien der Jugendlichen und will mich gerade abwenden, um ihm bei seiner Standpauke nicht im Weg zu sein.

Doch statt mit seinen beiden Söhnen spricht er mit mir: »Sind wir den Nörgelkopp also endlich los. Da wird die ganze Straße sich aber freuen, dass der alte Sack endlich das Zeitliche segnet. Sie glauben ja gar nicht, wie der uns alle tyrannisiert hat. Wegen der Nägel auf der Einfahrt würde ich übrigens gerne noch Anzeige gegen ihn und seine minderbemittelte Frau erstatten. Und jetzt verlassen SIE bitte mein Grundstück, Frau WACHTMEISTERIN!«

Jetzt entgleisen mir doch die Gesichtszüge. »Kommissarin«, korrigiere ich ihn automatisch. »Ihre Anzeige habe ich so zur Kenntnis genommen und werde die nötigen Dinge veranlassen. Da drüben haben meine Kollegin und ich und jetzt der Notarzt um das Leben eines Menschen gekämpft. Ihre Einstellung ekelt mich an, und mit Freude verlasse ich Ihr Grundstück. Sehr ärgerlich, dass man sich gute Manieren mit Geld nicht kaufen kann!«

»Ihre Dienstnummer hätte ich dann bitte auch gerne noch!«, ruft er mir hinterher, und ich spare mir jede Erklärung, dass es so etwas wie Dienstnummern bei der Polizei nicht gibt und dass ich auch nicht weiß, was er unter einer Dienstnummer versteht.

»Ich bin ein Mensch, ich habe keine Nummer, sondern einen Namen!« Mit den Worten werfe ich ihm meine Visitenkarte vor die Füße und drehe mich fassungslos auf dem Absatz um. Diesmal nehme ich den Weg durchs Gartentor und komme beim Notarzt und den Sanitätern an, als diese gerade ihre Arbeit einstellen.

Der Arzt schüttelt den Kopf. »Nichts zu machen!«

Die Sanis breiten ein Tuch über den Leichnam, und ich greife zum Handy und verständige die Kripo.

»Braucht ihr einen Notfallseelsorger für die Zeugen?«, fragt mich die Beamtin am anderen Ende.

Erst schüttele ich den Kopf, dann wird mir bewusst, dass sie mich ja nicht sehen kann. »Nein, ich bezweifele, dass hier auch nur ein Anwesender im Besitz einer Seele ist!«

»Was? Ich hab dich nicht verstanden!«, kommt es aus dem Handy.

Mein Blick fällt auf die alte Frau, die wie ein Häufchen Elend auf der Terrasse sitzt. »Ja, doch, schick uns mal einen Seelsorger mit, zur Not unterhalte ich mich ein paar Minuten mit ihm.«

»Alles in Ordnung mit dir?«

»Ja, ja. Mich kotzt die Menschheit nur grad kolossal an.«

»Den Punkt erreichen wir alle irgendwann. Kopf hoch, die Kollegen sind gleich bei euch!«

Ich beende das Gespräch und betrachte den Körper unter dem Laken. Der Notarzt steht neben mir und füllt den Totenschein aus.

»Mach dir keine Vorwürfe, wir hätten ihn auch nicht retten können, wenn wir sofort da gewesen wären. Eure Reanimation war gut, aber der war tot, noch bevor er richtig am Boden angekommen ist.«

»Ich hab ihm Rippen gebrochen, oder?«

»Das gehört dazu! Wer keine Rippe bricht, hat nicht richtig reanimiert.« Er gibt mir einen Klaps auf die Schulter und lächelt mich aufmunternd an. »Sollen wir auf die Kripo warten?«

Ich nicke und gehe dann zu Sonia, die immer noch neben der alten Dame kniet und sanft auf sie einredet.

»Ihr Sohn ist unterwegs«, flüstert sie mir zu.

»Die Kripo auch«, gebe ich genauso leise zurück.

Vor dem Gartenzaun drängen sich mittlerweile die Nachbarn. Neugierig spähen sie auf das Grundstück, niemand tritt näher, niemand kommt, um sein Beileid auszudrücken, alles gafft nur über den Zaun, auf die Leiche unter dem Laken, die Sanitäter, auf uns und auf den Anwalt nebenan, der tatsächlich mit seinen halbstarken Söhnen auf der Einfahrt Basketball spielt, während ich mich frage, was schlimmer ist: die Hochhausschluchten von Chorweiler, in denen man immerhin wie Pech und Schwefel zusammenhält, wenn die Bullen auftauchen, oder dieser eiskalte Umgang mit dem Tod eines Menschen.

Zu einem Ergebnis komme ich nicht und werde durch das Eintreffen der Kripo und des Sohnes des Toten aus meinen Gedanken gerissen. Rasch spule ich die Ereignisse runter, der Kollege der Kriminalwache guckt mich, als ich bei den Sprechgesängen der Jungs ankomme, kurz schockiert an, dann schüttelt er den Kopf. »Sachen gibt's!«

Als ich ende, schickt er uns in fürsorglichem Tonfall weg. »Ihr Mädchen fahrt zur Wache und schreibt einen Bericht für mich. Den Rest machen wir jetzt hier. Vielleicht könnt ihr ja auch Feierabend machen, ich würde das zumindest nach so einem Einsatz tun.«

Stille herrscht in unserem Streifenwagen, als wir zur Wache fahren. Dort angekommen, ziehe ich mir als Erstes eine neue Hose an und stopfe die alte mit den Urinflecken an den Knien kurzerhand in die Mülltonne. Dann schrubbe ich mir die Hände, als könnte ich auf diese Weise den Ekel vor diesen menschlichen Abgründen abwaschen.

Sonia blickt mir über die Schulter, während ich den Bericht und die Anzeige wegen der Nägel schreibe. Tatsächlich hatten wir auf dem Weg zum Streifenwagen einige Nägel auf der Kieseinfahrt des Nachbarhauses gefunden und als Beweismittel eingesammelt.

Gerade als der Drucker sich in Bewegung setzt und meinen Bericht ausspuckt, ruft der Funker nach uns. »Ich weiß, das war jetzt grad kein toller Einsatz, aber seid ihr wieder einsatz-klar? Wir hätten noch zwei Unfälle, die erledigt werden müssen!«

Wir schauen uns an, Sonia nickt zögerlich.

»Natürlich sind wir einsatzklar«, sage ich, und wir gehen raus zum Streifenwagen.

Ich lasse mich auf den Beifahrersitz fallen. »Geht's einigermaßen?«

»Mein Glaube an die Menschlichkeit ist tief erschüttert, aber sonst ...« Sonia lächelt, dann startet sie den Motor. »Auf, auf zu neuen Taten, das lenkt uns ab. Das macht uns stark.«

Noch während sie lacht, weiß ich, dass dieser Einsatz eine Geschichte werden wird. Eine Geschichte, für die ich ein paar Tage brauchen werde, bis ich die richtigen Worte finde, um meine Fassungslosigkeit und den Abgrund zu beschreiben, der sich da im schönsten und teuersten Viertel unseres Bereichs vor mir aufgetan hat und in den ich hoffentlich so bald erst mal nicht wieder blicken muss.

SECHS WOCHEN IN DER DUNKELKAMMER
2009

»Janine Binder!« Freundlich strecke ich den vier Beamten des KK 12, denen mich die Leiterin gerade vorgestellt hat, die Hand entgegen. »Ich soll euch hier die nächsten Wochen unter die Arme greifen.«

Freundliches Nicken, die vier stellen sich ebenfalls vor. »Na, dann komm mal her. Hast ja scheinbar erst mal die Arschkarte gezogen. Spannend ist das hier bei uns weniger.«

»Hier bei uns« ist das Kriminalkommissariat 12, kurz: KK 12 in Köln, ein Fachkommissariat, das sich mit Sexualdelikten und Kinderpornografie beschäftigt. Ich habe es mir als Praktikums-platz während meines Studiums ausgesucht, um wieder mal meine Belastungsgrenze auszuloten.

«Die ersten sechs Wochen des Praktikums wirst du wohl hauptsächlich mit der Sichtung von sichergestellten Speicher-medien zubringen«, erklärt mir Tom, einer meiner neuen Kol-legen.

Ich lächle etwas gequält. So richtig kann ich mir darunter nichts vorstellen – noch nicht.

Die Jungs zeigen mir mein neues Büro. Es ist stockdunkel, weil die Rollos vor den Fenstern heruntergelassen sind. Auf dem Schreibtisch sehe ich drei große Computerbildschirme, an der Wand gegenüber stehen zwei Fernseher. Hinter dem Schreibtisch türmen sich Kartons und Schachteln voller CDs, DVDs, Videokassetten, USB-Sticks, Festplatten und anderem Computerschrott.

»Na, dann mach's dir mal gemütlich«, meint Tom, »ich erklär

dir kurz unser Programm. Im Grunde ist das nicht schwer, ähm ... Na ja, wir werden sehen. Hast du was gegessen?«

Ich frühstücke nie, also schüttle ich den Kopf.

»Iss erst mal was«, rät mir Tom. »Ich will nicht, dass du gleich beim ersten Film aus den Latschen kippst!«

Lässig winke ich ab und richte meinen Blick auf die Computerbildschirme, die langsam hochfahren. Auf jedem zeigen sich andere, mir fremde Programme. »Geht schon, ich bin da hart im Nehmen.« Ich schicke ein unsicheres Lächeln durch den Raum und setze mich.

Die Programme sind tatsächlich simpel zu bedienen, und so verstehe ich rasch, was ich zu tun habe: Bilder durchsehen, verwerfliche Kinderfotos und Filme markieren und auf einem besonderen Ort zwischenspeichern.

Der Kollege klickt sich fast teilnahmslos durch die Fotos. Viel nackte Haut, Lack und Leder, Pornobilder jeglicher Variation sind auf den Bildschirmen zu sehen. Das eine oder andere entlockt mir ein schiefes Grinsen, hier und da reiße ich, die ich durchaus nicht prüde bin, dann doch schockiert die Augen auf.

»Na ja, es sind halt auch normale Sachen dabei, die nicht verboten sind«, erklärt Tom und klickt immer weiter. »Da klickst du dich einfach durch. Man gewöhnt sich dran. Du glaubst gar nicht, was für kranken Kram wir auf den Rechnern finden. Aber solange die Leute alt genug sind, ist das für uns uninteressant. Wenn du was fürs Urheberrecht findest, also gebrannte Filme oder so, markierst du sie ebenfalls, die gehen dann in ein anderes Kommissariat.«

Ich nicke mechanisch, ohne den Blick von den Bildschirmen zu lösen.

»Und noch was: Mach Pause, sooft du willst. Wir wissen, wie beschissen es ist, hier im Dunkeln zu sitzen, mit dem ganzen Dreck da.« Sein Arm wischt durch die Luft und landet auf der Maus. »Ah, das hier ist was ...!«

Zwei Mausklicks, und auf dem größten Bildschirm flackert ein Bild auf. Ein Mann hält ein etwa vierjähriges schreiendes Mädchen fest, während ein Zweiter sich an ihm vergeht. Ich schlucke.

»Das brauchst du dir dann auch gar nicht genau anzusehen. Einfach markieren ...« Tom tippt Befehle in die Tastatur, während ich wie gebannt und angeekelt auf den Bildschirm starre. Das Kind schreit offenbar wie am Spieß, doch der Ton des PCs ist ausgeschaltet.

»Wir haben hier alle den Ton aus. Das kann man sich nicht geben, ist so schon schlimm genug.«

Ich nicke stumm und stiere weiter auf den Bildschirm. Eine Messerklinge blitzt auf, senkt sich in den Hals des Kindes, Blut spritzt durch den Raum und auf das Objektiv der Kamera.

Mir wird schlagartig heiß, ich merke, wie mir der Magensaft die Speiseröhre hochsteigt. »Toilette?«, presse ich atemlos hervor.

»Auf dem Gang, zwei Türen weiter.«

»Danke!« Ich renne los, werfe die Klotür hinter mir zu, falle auf die Knie und kotze in die Schüssel.

Fünf Minuten später lasse ich mir kaltes Wasser über die Handgelenke laufen und schaue in den Spiegel. »Was für Schweine schauen sich so einen Dreck an?«

Ziemlich blass taumele ich zurück in mein Büro. Tom schaut mich betreten an. »Sorry, wir stumpfen hier ein bisschen ab. Ich hätte dich warnen sollen.«

Ich hebe abwehrend die Hand. »Schon gut.«

Er grinst schief. »Ich kann dich aber beruhigen. Der Film, den du dir da grad angesehen hast, ist ein Fake. Ein gut gemachter, aber ein Fake.«

Er spult zurück und zeigt mir die Stellen, an denen ich erkennen kann, dass dem Kind tatsächlich nicht die Kehle durchgeschnitten wurde. Zu erkennen ist das daran, dass das Blut aus der falschen Richtung spritzt. »Ändert aber nichts. Ist genauso verboten und widerlich. Kommst du hier parat, oder musst du noch was wissen?«

Ich zucke mit den Achseln. »Wird schon schiefgehen. Wo habt ihr den ganzen Kram denn her?«

»Wohnungsdurchsuchungen, aufmerksame Ehefrauen, die seltsames Zeug auf den Rechnern ihrer Männer finden, oder Tipps aus dem Internet. Manchmal finden auch die Kollegen zufällig was, wenn sie eigentlich nach was ganz anderem suchen.«

Ich atme tief durch, lasse mich auf den Stuhl fallen und betrachte die unermessliche Datenmenge, die da an der Wand aufgestapelt ist. »Ist das alles, was ihr habt?«

Tom lacht trocken. »Wovon träumst du nachts? Komm mal mit!«

Zögernd folge ich ihm über den Gang in ein weiteres Büro. Ein etwa fünfzehn Quadratmeter großer Raum, vom Boden bis zur Decke voll mit Speichermedien, Computern, Laptops, Kisten mit CDs und DVDs – alles, was das Hackerherz begehrt.

»Wenn du deinen Berg fertig hast, kannst du hier weitermachen«, meint Tom und grinst. »Aber ich bezweifle, dass du so weit kommst. Und wir kriegen jeden Tag neues Zeug rein.«

Wie auf Bestellung kommt uns auf dem Gang eine Kollegin mit einem Handkarren entgegen. Zwei PCs und drei Laptops plus mehrere große Festplatten stapeln sich darauf. »Hier kommt schon Nachschub!« Freundlich hält sie mir die Hand hin. »Ich bin Bianca! Du bist also unsere neue Sklavin für die nächsten Wochen? Viel Spaß!« Mit diesen aufmunternden Worten verschwindet sie hinter den Mauern aus Kisten.

Langsam gehe ich zurück in meine Dunkelkammer, wie ich das Büro im Stillen getauft habe. Erst jetzt fällt mir die Wärme auf, die von den vielen elektrischen Geräten ausgeht. Ich knöpfe meine Strickjacke auf und lasse mich auf den Stuhl fallen.

Zwei Stunden später klopft es. »Alles in Ordnung bei dir?« Es ist Bianca.

Wie aus einem Fiebertraum erwachend, hebe ich den Kopf, sehe, wie sich meine roten Wangen in einem der ausgeschalteten Fernseher spiegeln, und nicke. »Ja, alles gut.«

»Mach mal 'ne Pause!« Sie hält mir eine Tasse Tee und ein paar Kekse hin. Widerstrebend reiße ich mich von dem Bildschirm los. Ich habe in den zwei Stunden ganz normale Zeichentrickfilme, Erotikfilme, Softpornos und Hardcore-Pornos im Schnelldurchlauf durchgesehen. Kinderpornografie habe ich keine gefunden, dafür sind meine Kenntnisse über das, was manche Menschen offenbar erregend finden, um einige seltsame Fäkalienspielchen erweitert worden.

»Schaust du nur auf einem Bildschirm?«

Ich sehe sie irritiert an. »Ja!«

Bianca geht zum Fernseher, betätigt ein paar Tasten und zeigt mir, wie ich gleichzeitig mehrere Filme durchsehen kann, um meine Geschwindigkeit ein wenig zu erhöhen.

Konzentriert springt mein Blick von rechts nach links.

»Du musst halt nur stoppen, wenn du was Strafbares entdeckst!«, meint Bianca.

Ich schlürfe meinen Tee und nicke stumm.

Zwei Tage später schaue ich bereits mehrere Folgen »Sex and the City« parallel auf drei Bildschirmen im Schnelldurchlauf. Es kann nämlich durchaus sein, dass nach einem normalen Serienvorspann plötzlich keineswegs die Serie beginnt, sondern dass dort kleine verbotene Szenen mit Minderjährigen zwischengeschnitten sind. Es reicht also nicht aus, sich den Anfang einer Folge anzusehen, nein, man muss den gesamten Film durchschauen. Auf einem vierten Bildschirm klicke ich mich parallel durch eine Sammlung von Nacktbildern eindeutig Minderjähriger.

Meine Sinne werden so rasch geschult, dass ich bald kein Problem mehr damit habe, mehrere Dinge auf einmal im Auge zu behalten. Trotzdem bin ich immer wieder entsetzt, wenn zwischen zwei Folgen »Star Trek« plötzlich kleine nackte Mädchen über den Bildschirm flimmern.

Jetzt verstehe ich, warum Tom meinte, ich solle so viele Pausen machen, wie ich will. Denn was ich da sehe, ekelt mich zunehmend an. Ich bekomme zwar nicht die prophezeiten Albträume, und auch mein eigenes Sexualleben gerät nicht aus der Bahn, wie mir der eine oder andere Kollege angekündigt hat. Aber ich werde traurig. In meiner kleinen Dunkelkammer, allein mit so viel Dreck auf CDs und DVDs, frage ich mich, wie man sich so etwas tatsächlich zur Befriedigung ansehen kann. Immer wieder stapfe ich über den Flur, strecke den Kopf in die anderen Büros und rede mit den Kollegen und Kolleginnen, um mich abzulenken, um wieder den richtigen Blick für die Wirklichkeit zu bekommen.

Das Reden brauche ich, damit sich meine Normalität nicht verschiebt, damit mein Bezug zur Realität nicht verloren geht und damit mein Hass auf die Menschen, die Kindern so etwas antun, kontrollierbar bleibt. Glücklicherweise hocke ich nicht jeden Tag der sechs Praktikumswochen in meiner Dunkelkammer, sondern werde von den Kollegen auch immer mal wieder zu Wohnungsdurchsuchungen mitgenommen, »damit du die Sonne noch mal siehst«, wie einer lachend meint.

Seit dieser Zeit weiß ich, welchen psychischen Belastungen die Kollegen im KK 12 ausgesetzt sind, und habe große Hochachtung vor ihnen. Trotz oder gerade wegen der entsetzlichen Dinge, die sie auf den beschlagnahmten Rechnern und DVDs finden und ansehen müssen, herrscht auf der Dienststelle ein wunderbarer Umgang miteinander, ein Aufeinanderaufpassen und eine immer freundliche Stimmung. Und trotz meiner Dunkelkammer habe ich mich dort immer gut aufgehoben und versorgt gefühlt. Nach meinem ersten Sturm aufs Klo musste ich glücklicherweise auch nie mehr über den Gang flitzen. Es mag schrecklich klingen, aber man gewöhnt sich tatsächlich an alles, auch daran, das Leid unzähliger Kinder mit anzusehen.

Dieses Praktikum hat mir vor Augen geführt, wie groß die Zahl solch schrecklicher Taten tatsächlich ist, und mir ist klar geworden, dass es nur durch die Mithilfe aller – durch aufmerksame User der Internetgemeinde und durch hilfreiche Bürger, die auf Fahndungsaufrufe reagieren – möglich ist, solche Straftaten aufzudecken und zu ahnden. Denn es ist keineswegs ein Kavaliersdelikt, sich solche Filmchen anzusehen, weil auch hier die Nachfrage das Angebot steuert. Wenn es niemanden gibt, der sich so etwas herunterlädt, wird auch die Produktion der Filme weniger lukrativ und, so rede ich es mir zumindest ein, die Welt ein wenig sicherer.

MEIN MANN MACHT SO WAS NICHT!
2009

Ich lehne im Hausflur an der Wand und betrachte die leicht schimmlige Deckenfarbe, die an manchen Stellen schon abblättert, während mein Kollege Rudi die Klingel betätigt, zum x-ten Mal. Immer wieder sind Geräusche hinter der Tür zu hören, aber niemand öffnet.

»Ich geb's auf, holen wir einen Schlüsseldienst!«, sagt Rudi laut und vernehmlich.

Ich greife in meine Jackentasche und wähle bereits die Nummer der Leitstelle, als sich die Wohnungstür, vor der wir jetzt bereits seit einer Viertelstunde stehen und Sturm läuten, öffnet. Ich lasse das Handy wieder in der Jacke verschwinden. Rudi grinst. »Schön, funktioniert doch jedes Mal! Vor dem Schlüsseldienst und den Kosten für ein neues Schloss haben sie dann doch alle Angst.«

In der Türöffnung erscheint ein Mann mittleren Alters. Trotz seines Jogginganzugs wirkt er gepflegt und nicht unattraktiv, denke ich noch kurz, bis mir der Grund unseres Hierseins die Röte auf die Wangen treibt.

»Tag, Kriminalkommissariat zwölf, Sexualdelikte und Kinderpornografie. Wir haben einen Durchsuchungsbeschluss!«, rattert Rudi seinen Spruch herunter.

Der Mann versucht, die Tür wieder zuzudrücken.

»Zu spät, wir kommen dann mal rein!« Lächelnd drückt Rudi die Tür weiter auf. Ich betrete hinter ihm die Wohnung. Manfred, ein weiterer Kollege, folgt uns.

Rasch verschaffen wir uns einen Überblick, und zumindest

ich bin überrascht: Bisher hatten wir auf der Suche nach Kinderpornografie immer Junggesellenwohnungen aufgesucht. Kleine, schäbige Zufluchten, vollgestopft mit technischem Schnickschnack, zig Rechner, Fernseher, Filme und Festplatten, alles irgendwie schmierig. Häufig fand ich mehr bewichste Taschentücher als Lebensmittel.

Diesmal betreten wir eine ordentliche Wohnung, in der Küche steht eine junge Frau am Herd, ein Kleinkind auf dem Arm, zwei weitere Kinder spielen in einem Zimmer auf dem Boden, und der Mann, der uns geöffnet hat, tritt nervös von einem Bein auf das andere und studiert den Durchsuchungsbeschluss, den Rudi ihm unter die Nase hält.

»So was mach ich nicht!«, verkündet er im Brustton der Überzeugung.

»Dann haben Sie ja nichts dagegen, dass wir uns hier ein wenig umsehen!« Sprach's, und wir fangen an.

Die Frau sieht uns schweigend zu, wie wir systematisch ihre Wohnung durchwühlen. Auch sie liest den Durchsuchungsbeschluss des Richters genau und schickt dann die Kinder aus der Wohnung. Dem Ältesten drückt sie das Kleinste in die Arme und sagt: »Geht spielen!«

Mit verschränkten Armen baut sie sich vor mir auf. »MEIN MANN MACHT SO EINEN DRECK NICHT! Ich stelle meinen Mann sexuell vollkommen zufrieden. Der braucht so was nicht!«

Ich schiebe sie routiniert und fast gleichgültig zur Seite und beginne, den Inhalt des Wohnzimmerschranks vor mir auf dem Boden auszubreiten. DVDs und Videokassetten, alle selbst aufgenommen und mit Filzstift beschriftet, türmen sich hundertfach vor mir auf. Mir wird ganz anders, als ich überschlage, wie lange ich brauchen werde, um das alles zu sichten.

»Ich hab gesagt, mein Mann macht so was nicht!!«

Ich ignoriere die Frau weiter und beginne, eine weitere Schublade auszuräumen. Als sie ihren Spruch zum dritten Mal wiederholt, gibt ihr Rudi in fast schon gelangweiltem Tonfall die Auskunft: »Im Rahmen einer Internetrecherche des Landeskriminalamts wurde festgestellt, dass von einem Ihrer Rechner diverse Videos mit belastenden Inhalten heruntergeladen und weiterverbreitet wurden.«

Bockig wiederholt sie ihren Satz. Während ich weiter den Schrank ausräume, behalte ich ihren Gatten im Auge, der nervös von einem Bein aufs andere tritt und immer blasser wird, je näher wir uns an den Schreibtisch heranarbeiten.

Ein wenig lasse ich ihn noch zappeln, dann tue ich, was wir für einen solchen Fall vorher abgesprochen haben: »Würden Sie mir wohl die Toilette zeigen?« Liebenswürdig und arglos lächele ich dabei die Frau an.

»Den Gang runter links!«

»Würden Sie freundlicherweise mitkommen? Nicht, dass es nachher heißt, ich hätte irgendwas mitgenommen.« Wieder lächele ich mein bravstes Sonnenscheinlächeln.

Schließlich nickt sie und begleitet mich den Flur entlang, wo ich sie in ein Gespräch über ihre Kinder und die Fotos im Flur verwickle, möglichst weit weg von ihrem Mann. Die Herren sind nämlich meist gesprächiger, wenn die Dame des Hauses nicht in der Nähe ist.

Aus dem Wohnzimmer höre ich gedämpfte Stimmen. Während ich die Frau weiterhin dümmlich anlächle, spitze ich die Ohren: »Könnten wir vielleicht ... Also meine Frau muss ja nicht wissen ... Kann schon sein, dass ich da mal so eine Datei runtergeladen habe ... In letzter Zeit Potenzprobleme ... Weiß auch nicht, was mich da geritten hat.«

Ich lächle zufrieden, schließe die Toilettentür hinter mir, tue so, als würde ich mich erleichtern, und betätige die Spülung, während die Frau draußen auf mich wartet.

Als wir das Wohnzimmer wieder betreten, sitzt der Mann am Rechner, über den Bildschirm flackert ein Pornovideo mit einer Siebenjährigen, das ich bereits kenne.

»Gut. Haben Sie sonst noch irgendwo was gespeichert?«, fragt Manfred, während der Mann das Video stoppt. Er sucht den Blick seiner Frau und wird, als er ihr entgeistertes Gesicht sieht, auf seinem Bürostuhl immer kleiner. »Nein, nur auf der Festplatte und mit dem Passwort gesichert, damit die Kinder nicht drankommen.«

»Mein Mann macht so was nicht!« Aus ihrer Stimme ist jegliches Leben verschwunden. Entsetzt schaut sie mich an. »Was mach ich denn jetzt? WAS MACH ICH DENN JETZT?« Ihr Blick klebt auf dem angehaltenen Video. »Du Schwein!«, entfährt es ihr, und ich kann ihre Hand gerade noch mit dem Unterarm abhalten, bevor sie den Kopf ihres Mannes erreicht. »Wie konntest du nur? Das sind Kinder!!«

»Aber ich hab doch nur geguckt, Mausi! Ist ja nicht so, als hätte ich selbst ...«, stammelt er und reibt verlegen immer wieder mit den Fingern über die Hosenbeine.

»Du Schwein! RAUS HIER! RAUS AUS MEINER WOHNUNG!«

»Aber ich hab wirklich nur geschaut, Mausi, ich wollte doch nur ...« Seine Stimme versagt.

Manfred, der bereits den Rechner in einen Karton packt, blickt ihn kalt an. »Was glauben Sie, warum diese Videos gedreht werden? Warum jemand diesen Kindern all das antut? Nur weil es einen Markt dafür gibt! Weil es Menschen gibt, Menschen wie Sie, die sich diesen Dreck auch noch ansehen. Tut's nicht auch ein normaler Porno? In dem alle erwachsen sind? Von mir aus, wenn's denn sein muss, achtzehnjährige Mädchen. Aber nein, es müssen Kinder sein! Wissen Sie, wie alt das Mädchen auf dem Video da ist? Sieben! Genauso alt wie Ihr mittlerer Sohn!« Mühsam beherrscht, wendet er sich wieder den Kabeln zu und überlässt mir und Rudi das Reden.

Wir tragen unsere Kartons aus der Wohnung. Zwischen der Frau und ihrem Mann herrscht Schweigen, während wir

Laptops, den PC, DVDs, Videokassetten und Festplatten sicherstellen.

Vorsichtig versucht der Mann, ihr eine Hand auf den Arm zu legen. »FASS MICH NICHT AN!« Ihre Stimme ist so laut, dass ich sie auch im Flur noch deutlich höre.

Er kommt hinter mir hergelaufen und tippt mir auf die Schulter: »Wann bekommen wir das alles wieder? Die Computer und all das?«

»Wenn wir es durchgesehen und als unbedenklich klassifiziert haben. Alles an bedenklichem Material bleibt bei uns, bis das Gericht anders entscheidet.«

Fassungslos sieht er mich an. »Sie können doch meine Computer nicht einfach mitnehmen!«

Manfred trägt eine Kiste mit Videokassetten die Treppe runter und drängt sich mit den Worten »Doch, können wir!« an uns vorbei.

»Aber da ist überall das Zeug drauf«, stammelt der Mann, »Sie können doch nicht alles behalten!«

»Ich dachte, das sei nur auf der einen Festplatte?«, frage ich.

Betreten blickt er zu Boden, dann geht er stumm zurück in die Wohnung, die nun von allem technischen Schnickschnack befreit ist. Sogar die Playstation haben wir eingepackt, da in ihr eine Festplatte verbaut ist, auf der auch Filme gespeichert werden können.

Seine Frau drückt ihm eine Tasche in die Hand, die sie wohl gerade in Windeseile gepackt hat. »RAUS!«, höre ich ihre Stimme ein letztes Mal, dann knallt sie ihm die Tür vor der Nase zu.

Mit uns gemeinsam geht er die Treppe hinunter, sein Jogginganzug raschelt beim Gehen. Vor dem Haus spielen seine drei Kinder in einem Sandkasten. Als er auf sie zugehen will, ruft seine Frau aus dem Fenster: »Fass sie ja nicht an, oder ich schrei aus dem Fenster, was du getan hast!«

Er hält in der Bewegung inne. Drei Augenpaare blicken ihn verdutzt aus dem Sandkasten an. »Was ist denn, Papa?«

Er fährt sich mit einer Hand übers Gesicht, dann schaut er zum Himmel und atmet tief durch. Als er seine Kinder wieder ansieht, erwidert er: »Der Papa hat was Böses gemacht. Ich fahr für ein paar Tage zur Oma. Geht hoch zur Mama, und seid lieb.«

Ohne ein weiteres Wort dreht er sich um und geht die Straße hinunter.

Mein Blick folgt ihm, und ich entscheide, dass mir die vergammelten Buden von einsamen Junggesellen als Durchsuchungsobjekte doch wesentlich lieber sind, egal, wie eklig es dort oft ist, wie viel seltsames Sexspielzeug, dessen Sinn und Zweck sich mir manchmal erst nach eingehender Internetrecherche erschließt, ich dort finde oder wie muffig es dort häufig riecht. Egal, wie skurril so mancher Konsument von pädophilen Videos eingerichtet ist oder wie viel Schwachsinn der eine oder andere mir während der Durchsuchungen an den Kopf wirft – viel schockierender als all das finde ich, dass sich diese perverse Neigung offenbar sogar in einer auf den ersten Blick total normalen Familie findet und dass eine Ehefrau neben ihrem Mann herlebt und über Jahre nichts davon mitbekommt.

Wie schrecklich muss sich eine solche Frau fühlen?

EINE HEIKLE GESCHICHTE
2009

Ein Besprechungsraum der Kinderpsychiatrie in Köln-Mer-heim. Ich schaue gelangweilt aus dem Fenster, während mein Kollege Andreas die sechzehnjährige Hatice vernimmt. Vor drei Wochen habe ich die »Dunkelkammer« hinter mir gelassen und bearbeite mit meinem Kollegen jetzt Sexualdelikte.

Seit anderthalb Stunden sitzen wir nun schon hier und hören uns die seltsame Geschichte der jungen Türkin gerade zum dritten Mal an. Hatice hat einen Freund getroffen. Er ist ein guter Freund, aber trotzdem weiß sie nur seinen Vornamen. Dieser Freund ist mit ihr in eine Wohnung gefahren, die in der Nähe der Wohnung ihrer Eltern liegt. Hatice ist dort eingeschlafen, und als sie wieder aufwachte, war sie nackt. Sie kann sich nur an wenig erinnern, aber sie ist überzeugt, dass etwas sehr Schlimmes passiert ist. Was genau das sein soll, damit rückt sie nicht so recht heraus, aber ihre verschämten Andeutungen lassen eine Vergewaltigung vermuten. Sie hat dort in der Wohnung dann schnell ihre Sachen zusammengesammelt, ist aus dem Fenster geklettert und nach Hause gegangen. Zufällig hat Hatices Bruder sie dabei gesehen, und daher muss sie zu Hause erzählen, was passiert ist. Ihr Vater ist daraufhin mit ihr zur Polizei gegangen. Auf der Kriminalwache hat sie einen Nervenzusammenbruch erlitten, sich selbst die Haare ausgerissen, und so sitzt sie nun hier in der Kinderpsychiatrie und sieht mich mit ausdruckslosem Blick an.

Andreas kratzt sich am Kopf und lässt Hatice ihre Geschichte erneut erzählen, während ich weiter stumm aus dem Fenster glotze und mir total überflüssig vorkomme. Hatice benutzt auch in der vierten Version die gleichen Wörter. Nicht die kleinste Abweichung in der Schilderung, kein Stocken, keine Erinnerungslücken. Emotionslos leiert sie alles herunter und weicht an den Stellen, die für uns zur Beurteilung der Situation wichtig wären, unseren Fragen geschickt aus.

Mein Kollege hört ihr aufmerksam zu, guckt an den richtigen Stellen mitleidig und sagt hier und da: »Oh mein Gott, du Arme!«, während ich immer noch unbeteiligt tue und nur ab und an ein ungläubiges Schnaufen hören lasse. Wäre das Ganze nicht so ernst, würde ich am liebsten kichern, denn unsere klassische Rollenverteilung »guter Cop – böser Cop« funktioniert heute besonders gut.

Dank Hatices Beschreibung haben wir ihren Freund ausfindig gemacht. Er heißt Steven und ist für uns kein Unbekannter. An seiner Bekleidung haben wir Hatices Haare gefunden und durch den Polizeiarzt an seinem Glied einen DNA-Abstrich vornehmen lassen, der mit Sicherheit Hatices DNA enthalten wird. Fall gelöst, Täter gestellt, könnte man meinen, zumal es mit Steven ganz sicher kein unbeschriebenes Blatt träfe. Er ist als Kleindealer bekannt und hat bereits ein paar Pkw-Aufbrüche auf dem Kerbholz. Doch obwohl alles gegen ihn spricht, haben mein Kollege und ich Bauchschmerzen bei der Sache. Irgendwas ist faul an Hatices Geschichte.

Steven erzählt nämlich genau wie Hatice, dass er sie abgeholt hat und mit ihr in seine Wohnung gefahren ist. Mit dem kleinen Unterschied, dass Hatice nach Stevens Schilderung keineswegs eingeschlafen ist, sondern freiwillig mit ihm Sex hatte. Er schlief danach ein, und als er wieder wach wurde, war sie weg. Keine Stunde später standen Polizisten vor der Tür und nahmen ihn mit.

Die Kollegen setzten ihm in der Vernehmung ordentlich zu, bis der coole Steven tatsächlich in Tränen ausbrach. Und trotzdem wich er nicht einen Zentimeter von seiner Geschichte ab.

Nur dass er im Gegensatz zu Hatice durchaus kleine Änderungen in seinen Schilderungen hatte. Er ließ, was bei Vernehmungen durchaus normal ist, hier und da Sachen aus, wenn wir nicht genau nachfragten. Vor allem aber verwendete er nicht wie Hatice immer wieder die gleichen Wörter, als hätte er das Ganze auswendig gelernt.

»... dann bin ich aus dem Fenster geklettert!«, endet Hatice in diesem Moment.

Jetzt reißt mir der Geduldsfaden, und ich ergreife zum ersten Mal das Wort: »Hatice, du weißt, dass Steven ins Gefängnis geht, wenn das stimmt, was du hier sagst!«

Sie hebt den Blick, sieht mich aber nicht an, sondern blickt durch mich hindurch. Dann antwortet sie: »Ja, schon.«

Ich lasse meine Worte wirken und gucke anschließend wieder aus dem Fenster, während Andreas sie erneut zu Einzelheiten befragt. »Wie lange kennst du Steven schon? Magst du ihn? Wart ihr ein Paar?«

Gleichzeitig versuche ich immer wieder, Hatice durch aggressive Einwürfe ein wenig zu provozieren, muss aber vorsichtig sein, denn es könnte ja sein, dass unser Bauchgefühl uns doch täuscht und das Mädchen tatsächlich irgendwie unter Drogen gesetzt und missbraucht wurde.

»Bist du sicher, dass du dich nicht erinnern kannst, was dann passiert ist?«, frage ich Hatice.

»Ich hab geschlafen, das hab ich jetzt schon viermal gesagt. Sind Sie irgendwie doof oder so?«, erwidert sie trotzig und verschränkt die Arme vor der Brust, wodurch sich ihr üppiger Busen hebt und fast aus dem knappen Ausschnitt fällt.

Unbeirrt frage ich weiter: »Hattest du vorher schon mal Sex mit einem Jungen?«

Sie springt entrüstet auf, beginnt wieder, an ihren Haaren zu reißen, und kreischt: »Ich bin gläubige Muslimin. NATÜRLICH HATTE ICH VORHER NOCH NIE SEX!«

Durch ihr Geschrei ist die Pflegerin angelockt worden, die

bisher vor der Tür wartete. Sie nimmt Hatices Arm, löst ihre Finger aus den Haaren, blickt uns vorwurfsvoll an und führt das Mädchen aus dem Raum.

»Sie lügt! Sie bescheißt uns von vorn bis hinten, aber wenn sie dabei bleibt, geht der Junge in den Bau. Ganz klare Kiste.« Andreas fährt sich mit der linken Hand durch die Haare und blickt mich nachdenklich an.

Im nächsten Moment geht die Tür auf, und die Pflegerin führt Hatice wieder in das Zimmer. »Regen Sie die Patientin auf keinen Fall noch einmal auf!«, sagt sie mit drohendem Unterton, wirft mir noch einen letzten giftigen Blick zu und bezieht wieder Posten vor der Tür.

Das ist leichter gesagt als getan. Am liebsten würde ich das Mädchen so lange schütteln, bis sie mit der Wahrheit rausrückt, denn das, was wir bisher wissen, ist der Wahrheit so fern, dass sogar ich mit meiner geringen Vernehmungserfahrung es spüren kann.

»Okay, Hatice!« Andreas hat seinen Frauenverstehertonfall angeschmissen. »Meine Kollegin glaubt dir nicht. Was meinst du, woran könnte das liegen?«

»Weil sie eine Schlampe ist und keine Moralvorstellungen hat. Ich habe noch nie freiwillig mit einem Jungen geschlafen!« Sie blickt mich an, als hätte ich die Krätze. »Mein Vater würde mich umbringen, wenn ich so was freiwillig täte.«

Aha, denke ich, wir nähern uns dem Knackpunkt. »Darum war es ja auch schlecht, dass dein Bruder dich gesehen hat, als du aus dem Fenster geklettert bist, richtig?«, bohre ich nach.

»Ja, war nicht so gut!« Betreten beißt sie sich auf die Unterlippe und senkt den Blick. Ich halte die Luft an, denn jetzt wird es spannend. »Aber ich wollte das wirklich nicht!«, schiebt sie noch hinterher, dann greift sie sich erneut in die Haare, und an ihrem Blick erkenne ich, dass sie wieder loskreischen will.

»Jetzt ist Schluss mit dem Zirkus hier!«, fahre ich sie an. »Reiß dich mal zusammen. Hier geht's nicht um ein Kinderspiel. Dein Freund Steven geht für ein paar Jahre in den Knast, wenn du bei deiner Aussage bleibst, und das nur, weil ihr euch gern habt und Sex hattet. Das ist nichts Schlechtes!«

Ihr bockiger Blick trifft mich. »In unserer Kultur schon, vor allem mit einem, der kein Muslim ist!«

»Aber in Deutschland nicht. Du bist siebzehn, du kannst selbst entscheiden, mit wem du schläfst. Das ist nichts, wofür man sich schämen muss. Und jetzt lass das hysterische Getue, und sei endlich ehrlich!«

Andreas wirft mir einen warnenden Blick zu, während er sich von seinem Stuhl erhebt, und ich verstumme, obwohl es mir schwerfällt. »Hier hast du unsere Telefonnummer, falls du uns doch noch etwas anderes erzählen möchtest!« Er gibt ihr zum Abschied die Hand, während ich einfach aus dem Raum gehe. »Wir lassen ihr ein bisschen Zeit zum Nachdenken«, sagt Andreas später auf dem Krankenhausflur zu mir.

Als wir unser Büro in Kalk betreten, klingelt tatsächlich bereits Andreas' Telefon. Eine heulende Hatice ist am anderen Ende. Natürlich liebt sie Steven, und natürlich hat sie freiwillig mit ihm geschlafen. Sie will nicht, dass er in den Knast muss.

Während Andreas noch mit ihr telefoniert, gehe ich zu den Gewahrsamszellen und sorge mit einem zweiten Kollegen dafür, dass Steven entlassen wird.

Mechanisch leisten wir die nötigen Unterschriften und wünschen dem Jungen alles Gute.

Sexualdelikte sind für uns Polizisten ein sensibles Thema: Opfer, die vor Scham schweigen, Täter, die sich keiner Schuld bewusst sind und ihr abnormes Verhalten total normal finden. Und immer wieder die Gratwanderung zwischen Wahrheit und Lüge. Vorsichtig müssen wir uns in den Vernehmungen an die Wahrheit herantasten.

Anfangs war ich geneigt, den Opfern solcher Taten vorbehaltlos Glauben zu schenken, und in vielen Fällen ist dies sicherlich nur allzu berechtigt. Aber nun, wenige Wochen und viele Fälle später, bin ich ein wenig vorsichtiger geworden. Ich zerfließe nicht mehr vor Mitleid, wenn jemand behauptet, Opfer einer Sexualstraftat geworden zu sein. Und nur weil jemand spektakulär weint, heißt das nicht automatisch, dass er – oder sie – die Wahrheit gepachtet hat. Leider.

Es gibt die verschiedensten Gründe, warum Geschichten erfunden werden: Kleine Mädchen denken sich böse Männer aus, die sie festgehalten haben, während sie tatsächlich einfach nur auf dem Heimweg von der Schule trödelten und Angst vor Strafe durch die Eltern hatten. Erwachsene Frauen dichten ihrem Ex-Lebensgefährten Straftaten an, weil sie beleidigt sind, weil es im Rahmen eines Sorgerechtsstreits ganz hilfreich ist oder weil man dem Partner einen Seitensprung nicht erklären kann. Dann sind da Mädchen wie Hatice, hin- und hergerissen zwischen zwei Kulturen, die mit unseren deutschen Freiheiten aufwachsen, deren Eltern aber andere Moralvorstellungen und Erwartungen an ihre Töchter haben. Aus lauter Angst und Panik verstricken sie sich dann in gefährliche Lügenmärchen.

Es waren nur ein paar Wochen, die ich auf dem Kriminalkommissariat verbrachte, doch es waren besonders lehrreiche. Ich lernte viel über psychologisches Feingefühl, ich schulte meine Fähigkeit, aktiv zuzuhören, lernte auch hier, die Geschichten nicht zu nah an mich heranzulassen, und entwickelte allmählich ein ganz gutes Gespür dafür, ob man mich gerade belog oder nicht. Für die Kollegen von der Kripo ist das ganz selbstverständlich, aber auch für den täglichen Streifendienst ist diese Fähigkeit nicht ganz unerheblich.

Lüge und Wahrheit zu erkennen stellt sich oftmals als gar nicht so einfach dar und ist die wohl größte psychologische und empathische Herausforderung, vor der ich in meiner bisherigen Dienstzeit stand. Denn wenn man sich als Polizist an eines gewöhnen muss, dann daran, dass einem grundsätzlich kaum jemand die Wahrheit sagt.

Dennoch ist es gerade im KK 12 wichtig, dass man Opfern von Sexualdelikten das Gefühl von Sicherheit und Vertrauen vermittelt. Kein wirkliches Opfer soll Angst haben, dass es sich rechtfertigen oder erklären muss. In diesen speziellen Ermittlungen ist es deshalb enorm wichtig, dass man auf die Zeugen, die Opfer und auch auf die Täter sehr intensiv eingeht und versucht, die Atmosphäre der Vernehmung so angenehm wie möglich zu gestalten. Für Kinder gibt es ein eigenes Videovernehmungszimmer, in dem man vorsichtig und kindgerecht Fragen stellen kann und sich durch eine eher spielerische Befragung den meist tragischen Vorfällen annähern kann.

Es sind heikle und sensible Fälle, mit denen die Kolleginnen und Kollegen im Kriminalkommissariat 12 zu tun haben. Nicht jeder ist dafür geeignet. Deshalb gibt es für die Beamten dort besondere Schulungen, um mit Opfern und Tätern gleichermaßen einfühlsam und angemessen umzugehen und letztlich natürlich die Wahrheit ans Licht zu bringen.

MANCHMAL GEHT'S NUR MIT GEWALT
2011

In der Regel versuchen wir Polizisten, jede Konfliktsituation, in die wir geraten, ohne großes Aufsehen zu bereinigen, einfach und sauber. In den meisten Fällen funktioniert das auch. Hin und wieder kommt es allerdings vor, dass man tun und sagen kann, was man will, und trotzdem nicht vorankommt. Manchmal kann man trotz oder gerade wegen der Polizeiuniform einen aufgebrachten Menschen nicht beruhigen oder bekommt zwei Streithähne partout nicht getrennt. Dann müssen wir Verstärkung anfordern und nach anderen Lösungen suchen – und sie möglichst schnell finden.

Oft sind es alkoholisierte oder mit Drogen zugedröhnte Menschen, die sich einfach nicht unter Kontrolle bringen lassen und die aufgrund ihres Drogenkonsums gegen unsere Hebel und Griffe recht unempfindlich sind. Häufig wirkt dann nicht mal Pfefferspray, und wir müssen aufpassen, uns damit nicht selbst zu gefährden.

»Verdammte Scheiße, LASS LOCKER! Halt doch einfach still!!« Peters Stimme dröhnt durch den Rettungswagen, in dem es mit sechs Polizisten und zwei Sanitätern recht eng ist.

Ich selbst stehe – nein, eigentlich liege ich mehr – am Fußende der Trage und habe meinen Oberkörper über beide Beine des etwa dreißigjährigen Mannes in Baggyjeans und Kapuzenshirt geworfen. Dass ich aufgrund meines Körperbaus nicht in der Lage bin, die Beine eines kräftigen Mannes nur mit meinen Händen fest- und an Ort und Stelle zu halten, habe ich bereits einmal lernen müssen, als mir ein Randalierer einen schmerzhaften Tritt mitten ins Gesicht verpasste. Seitdem setze ich meinen Oberkörper mit ein.

Keine Ahnung, warum das so ist, aber dummerweise bin ich immer diejenige, die bei Raufereien zufällig an den Beinen des Wildgewordenen steht und versuchen muss, mit meinem Körpergewicht den Herrn oder die Dame am Treten zu hindern – so auch jetzt. Gleichzeitig hängen an jedem Arm des Mannes zwei Kollegen und versuchen, seine Arme so zusammenzubekommen, dass sie die zweite Handfessel anlegen können. Mein Partner Peter hängt quer über dem Bauch des Kerls, damit der sich nicht von der Trage herunterschmeißt, während ich versuche, die Beine unter Kontrolle zu bekommen und gleichzeitig irgendwie meine Kabelbinder um die Knöchel zu wickeln.

Ich komme eigentlich nicht schnell ins Schwitzen, aber jetzt, in dem stickigen Rettungswagen, behangen mit meinem ganzen Einsatzkram und der Lederjacke, tropft mir der Schweiß von der Stirn in die Augen. Ich lockere meinen Griff, um mir über die Stirn zu wischen, und prompt hat der Kerl ein Bein wieder frei und tritt wild durch die Gegend.

»Verdammt, Janine, pass doch auf!«, schnauzt Peter mich an.

Einer der Sanitäter kann gerade noch den Tritten ausweichen, bis ich das wild gewordene Bein wieder unter meinem Oberkörper eingeklemmt habe.

»Halt du doch die Scheißbeine fest!«, zicke ich genervt zurück.

Endlich haben die Jungs es geschafft und die Arme des Mannes mit Handfesseln und Mullbinden gefesselt und sie zur Sicherheit auch noch an die Stahlstreben der Rettungstrage gebunden. Und endlich hat noch jemand die Hände frei, um mir mit den Beinen zu helfen.

Gerade als wir die beiden Kabelbinder um die Fußgelenke gezurrt und mit dem Sicherheitsgurt der Trage verbunden haben, richte ich mich auf. Mein Blick trifft den irren Blick des

Kerls, der immer noch schreit und sich unter seinen Fesseln windet, als wäre er besessen.

»TÖTET MICH! ICH BIN SATAN!«, brüllt er und stiert stumpf durch mich durch.

Einer der beiden Sanitäter macht mit der Hand eine Scheibenwischerbewegung. »Ich kenn den, der ist total ballaballa. Letztes Mal hatten wir den am Rheinufer, da wollte er den Schäferhund von irgendwem grillen.«

Während wir noch beratschlagen, was wir mit ihm machen sollen, und ihn fragen, ob er bereit ist, freiwillig ins psychiatrische Krankenhaus mitzukommen, sehe ich aus dem Augenwinkel, wie es hinter der Stirn des Typen arbeitet. Irgendetwas braut sich da zusammen. In einer plötzlichen Vorahnung ducke ich mich gerade noch rechtzeitig, als schon ein großer Flatschen gelbgrüner Rotze knapp über mir an der Wand des Rettungswagens landet und langsam heruntertropft. Wenn alles andere nicht mehr geht, weil die Arme und Beine fixiert sind, dann spucken sie.

»ICH HAB AIDS, ICH HAB AIDS, ICH STECK EUCH ALLE AN!«, kreischt er und spuckt wie wild um sich. Auch meine Jacke kriegt etwas ab.

Wenige Sekunden später trägt Satan einen Mundschutz, den die Sanis ihm umgelegt haben. Sein wütender Blick hinter der Gesichtsmaske trifft mich, und ich zucke entschuldigend mit den Achseln. »Hätten Sie sich benommen, wäre das alles nicht notwendig gewesen«, sage ich, während ich aus dem Rettungswagen klettere.

Mittlerweile ist der Notarzt eingetroffen und versucht herauszufinden, was überhaupt passiert ist. »... hat Kinder hier auf dem Spielplatz angegriffen ... haben Mühe gehabt, ihn überhaupt in den Rettungswagen zu bekommen ... steht total unter Drogen ... war wohl schon mal in der Geschlossenen ...«

Abwesend höre ich Peters Erklärungen zu, während ich mir den Rotz von der Jacke wische, die Gummihandschuhe ausziehe und froh bin, dass die Fahrt mit dem Rettungswagen nicht so lange dauern wird, denn das Alexianer-Krankenhaus, die Fachklinik für Psychiatrie und Psychotherapie in Porz, liegt ganz in der Nähe.

Die Kollegen begleiten den Rettungswagen, während Peter und ich auf dem Spielplatz bleiben und versuchen, aus den Kindern herauszubekommen, was eigentlich genau passiert ist. Aber auch wir können keine Ursache für den Ausraster des Mannes finden und schreiben schließlich eine kurze, fast schon nichtssagende Strafanzeige. Glücklicherweise wurde keines der Kinder verletzt, und auch wir sind diesmal ohne größere Blessuren davongekommen.

Leider geht das Zusammentreffen mit wahnhaften Personen nicht immer so glimpflich ab, manchmal kann es sogar ganz schön kritisch werden, wie im Fall einer jungen psychotischen Frau.

»Wir sind da, gehen Sie von ihr runter! Wir machen das jetzt schon!«

Mir bietet sich ein ziemlich sonderbares Bild: In einem Vorgarten liegt ein kräftiger Mann in Anzug und Krawatte am Boden, unter ihm ein vielleicht gerade achtzehnjähriges Mädchen. Es bekommt sichtlich schlecht Luft und rührt sich kaum noch.

»Gehen Sie runter!« Meine Stimme nimmt einen nachdrücklichen Tonfall an.

Der Mann lockert zögerlich seinen Griff. »Wie Sie wollen. Aber sagen Sie nicht, ich hätte Sie nicht gewa...«

Er kommt nicht dazu, den Satz zu beenden, denn kaum kann sich das Mädchen wieder etwas bewegen, beginnt sie sich zu winden wie ein Aal und robbt über den Rasen zu den Gehwegplatten hin, wo sie ihren Schädel immer wieder auf den Stein knallt.

Nach einer Schrecksekunde sind mein Kollege und ich zur

Stelle. Peter packt das Mädchen, schlingt seinen Arm mit einem geübten Griff um ihren Hals und hindert sie daran, ihren Kopf erneut auf die Platten zu schlagen. Ich schmeiße mich wie üblich quer über den Unterkörper, um den Kollegen vor Tritten zu bewahren. Dabei reiße ich mir die Dienstjeans an den Gehwegplatten auf und fühle einen scharfen Schmerz an beiden Knien, schaue aber nicht nach, sondern konzentriere mich darauf, die Beine der jungen Frau unter meinem Körper zu fixieren.

»Ich hab Sie gewarnt!« Der Mann im Anzug hat sich aufgerappelt und schaut jetzt auf uns herunter, während das Mädchen nur noch wilder um sich schlägt und tritt und immer wieder versucht, Peter in den Arm zu beißen.

»SCHEISSBULLEN!«, brüllt sie immer wieder. »Fotze! Fotze! Fotze!«

Sie ist zierlich und nicht besonders kräftig, aber ihre Bewegungen sind schnell. Sie ist gelenkig, und wir bekommen ihre Gliedmaßen kaum unter Kontrolle.

»UNTERSTÜTZUNG!«, keuche ich in das Funkgerät, dessen Knopf ich so gerade gedrückt bekomme, ohne die Beine loszulassen. Die nächsten Minuten kommen mir vor wie Stunden. Immer wieder gelingt es dem Mädchen, einen Arm freizubekommen oder ein Bein in unsere Richtung zu ziehen. Sie kratzt und beißt wie irre, und selbst meine Kleinkindern vorbehaltene besonders beruhigende Stimmlage kann nicht zu ihr durchdringen.

»VERPISST EUCH ALLE!« Sie beginnt erneut zu kreischen, und endlich höre ich aus der Ferne Martinshörner.

»Sie spielen unser Lied«, presst Peter grinsend hervor und versucht gleichzeitig, das Mädchen so gut festzuhalten, dass sie stillhält, ohne sie halb umzubringen.

Erst als ich eine Hand auf meiner Schulter spüre, realisiere ich, dass Unterstützung da ist. Vor Anstrengung klingeln mir die Ohren. Kaum zu glauben, dass so eine kleine Person uns so viel entgegenzusetzen hat.

Zu viert gelingt es uns schließlich, sie zu einem kleinen Paket zu verschnüren und so weit von den Gehwegplatten wegzuschleifen, dass sie ihren Kopf nur noch auf die Wiese donnern kann. Als sie sich selbst nichts mehr tun kann, stehe ich mit zerrissener und blutiger Jeans auf und gehe zu dem Herrn im Anzug, der aus sicherer Entfernung zu uns herübersieht.

»Binder!« Ich strecke ihm meine Hand hin. »Sie hatten recht, wir hätten sie so liegen lassen sollen, aber das konnte ich ja nicht ahnen.«

Er grinst und macht eine wegwerfende Handbewegung.

»Was ist denn überhaupt passiert?«

Er zuckt mit den Achseln und guckt Hilfe suchend zu den Menschen hinüber, die sich vor dem Zaun des Vorgartens versammelt haben, aber niemand scheint ihm helfen zu wollen.

»Na ja, also ich bin von der Arbeit gekommen und wollte nur schnell noch da am Kiosk einen Sixpack Bier mitnehmen. Da war die Kleine. Sie saß im Kiosk am Boden und weinte. Der Kioskbesitzer bat mich, sie doch bitte vor die Tür zu bringen. Er sagte, er kennt sie nicht und er weiß auch nicht, was sie hier will. Also hab ich sie angesprochen. Da ist sie plötzlich aufgesprungen und hat mir das ganze Gesicht zerkratzt.«

Ich blicke von meinem Notizblock hoch und nehme die unzähligen feinen roten Linien auf seinen Wangen wahr.

»Na ja, da hab ich gebrüllt: SPINNST DU! Und sie ist komplett ausgeklinkt. Hat gegen die Scheibe des Kiosks getreten und wollte sich hier vom Gartenzaun eine Latte abreißen und schrie, dass sie uns alle umbringt. Also hab ich sie umgehauen und mich auf sie draufgelegt, damit sie hierbleibt, bis wer kommt und hilft. Das waren dann Sie.«

»FICKEN WOLLTE DER MICH!«, kreischt das junge Mädchen hinter uns los. »ALLE WOLLEN SIE MICH IMMER NUR FICKEN! ABER ICH LASSE MIR NICHTS MEHR GEFALLEN! Auf die Fresse geb ich euch!«

Endlich trifft der Rettungswagen ein. Ich schaue mir das

Mädchen an und überlege kurz, ob sie nicht besser in unseren Gewahrsamszellen aufgehoben wäre, bis sie sich abgeregt hat. Aber ihr Mund ist ganz blutig, und auf der Stirn hat sie so große Beulen, dass wir wohl niemals eine Gewahrsamsfähigkeit vom Arzt bescheinigt bekämen.

»ZUGLEICH!«, ertönt das Kommando der Kollegen, und sie heben das verschnürte Mädchen auf die Trage des Krankenwagens. Im selben Augenblick bemerke ich etwas, das die Kollegen aus ihrer Position nicht sehen können: Das Mädchen zieht seine Hand aus der offenbar zu lockeren Handfessel und greift, während sie auf die Trage gehoben wird, grinsend nach der Waffe in Peters Holster.

»PETER, VORSICHT, WAFFE!«, schreie ich, so laut ich kann, und stürze nach vorne. Peter reagiert, Gott sei Dank, genauso schnell und knallt ihr mit voller Wucht sein Funkgerät gegen die Hand. Die Waffe fällt zu Boden, und er bückt sich, um sie aufzuheben.

Der Blick des Mädchen fällt auf mich, und sie kreischt: »FOTZE!«

Dann haben auch die übrigen Kollegen die Situation erfasst. Sofort packen alle wieder zu und binden ihr den Arm erneut fest, während sie weiter schimpft und schreit. Endlich schieben die Sanitäter das kreischende Bündel in den Rettungswagen.

»Das war knapp!« Peter atmet hörbar aus und steckt seine Waffe ins Holster zurück.

Ich nicke nur stumm und betrachte sein von dem Schlag ziemlich lädiertes Funkgerät.

Eine halbe Stunde später sind wir im Krankenhaus, das Mädchen soll geröntgt werden. Der Arzt vermutet ein Gerinnsel im Kopf oder einen Schädelbruch und braucht eine Computertomografie. Allerdings ist das Mädchen so aggressiv wie zuvor, auch ihren Namen haben wir noch immer nicht aus ihr herausbekommen. Also bleibt sie weiterhin verschnürt und wird wie ein Päckchen auf die Liegefläche des CT gelegt. Zwei Kollegen halten ihren Körper in Position, und ich fixiere den Kopf mit meinen Händen. Entsprechend ulkig sehen hinterher die CT-Aufnahmen des Kopfes aus, da meine Hände mit auf den Bildern sind. Auch wir Polizisten sind bei solchen Untersuchungen den Röntgenstrahlen ausgesetzt, weshalb ich vorher rasch unterschreiben musste, dass ich zurzeit nicht schwanger bin.

Als alle schwerwiegenden Verletzungen ausgeschlossen sind, geht es für die junge Dame per Rettungswagen und unter polizeilicher Aufsicht ins Alex, zur Zwangseinweisung. Eine solche Einweisung kann nur durch einen Arzt erfolgen, der am Verhalten der Person eine Gefahr für die Person selbst oder andere sieht. Nach dem Gerangel und den wiederholten wahnhaften Äußerungen des jungen Mädchens ist das bei ihr nicht auszuschließen, und so stellt der Krankenhausarzt uns gleich die notwendigen Formulare aus.

Im Alex kennt man sie tatsächlich und kann ein wenig Licht ins Dunkel bringen. Eigentlich ist sie wegen Psychosen und wahnhaften Zuständen in einer Tagesklinik in Behandlung. Sie wurde medikamentös eingestellt und kann fast normal leben. Anscheinend hat sie heute ihre Pillchen nicht genommen und ist in einen Zustand verfallen, in dem sie, einfach ausgedrückt, die Realität vollkommen verschoben wahrnimmt.

Wir helfen den Schwestern noch, das mittlerweile fast apathische Mädchen von der Trage auf ein Bett zu legen, wo ihre Arme und Beine mit Gurten fixiert werden. Nach einem Becherchen Haldol, das sie nach viel gutem Zureden der Schwester brav schluckt, driftet sie ins Land der Träume ab. Leise wünsche ich ihr alles Gute, sie nuschelt noch mal kurz »Fotze!«, anscheinend ihre Lieblingsbeschimpfung, dann verlassen wir das Alex und brechen auf zu neuen, hoffentlich weniger tragischen Einsätzen.

DIE AFGHANEN UND DAS RHINOZEROS
2011

Ganz eng drücke ich mich an die Hauswand und werfe meiner Kollegin Ruth einen ratlosen Blick zu. Aber auch sie zuckt nur mit den Achseln und blickt dann wieder auf die Fensteröffnung über uns, aus der nun schon seit ein paar Minuten ununterbrochen Gegenstände fliegen. Kleidungsstücke, eine Luftmatratze, ein Küchenstuhl, mehrere gefüllte Müllbeutel, Kinderspielzeug – das alles liegt jetzt auf der Wiese vor dem Haus. Durch das Fenster sind unartikulierte Schreie eines Mannes zu hören, und eigentlich dürfen wir nicht länger warten. Verstärkung ist zwar angefordert, aber im direkten Umfeld hat niemand Zeit. Also wird es ein wenig dauern, bis hier jemand eintrifft, der uns helfen könnte.

Als wieder ein Hilferuf aus dem Fenster dringt, treffe ich eine vermutlich ziemlich leichtsinnige Entscheidung. Ich nicke Ruth kurz zu, packe die Dose mit dem Pfefferspray, und wir stürmen durch die Hauseingangstür, die Treppe hoch in die erste Etage und sofort durch die offene Wohnungstür, hinter der die Schreie immer lauter werden.

»POLIZEI!«, schreie ich den Hünen an, der dort in Feinripp-unterhemd und rosa Rüschenunterhose am Küchenfenster steht und gerade dabei ist, mehrere Kochtöpfe hinauszuwerfen. Meine Kollegin tritt gegen die beiden Türen, die von dem Wohnungsflur abgehen und nur angelehnt sind, und wirft vorsichtige Blicke in die Räume. »Alles leer, außer ihm niemand hier!«, raunt sie mir von hinten zu. Auch sie hat bereits erfasst, dass wir, obwohl wir zu zweit sind, gegen den Riesen nicht die geringste Chance haben, wenn er sich nicht beruhigen sollte. Die Kollegen sind immer noch weit weg, entnehme ich den leisen Stimmen am Funk.

Wieder treffe ich eine leichtsinnige, aber in diesem Fall glücklicherweise richtige Entscheidung und stecke mein Pfefferspray weg.

»Hallo, Herr Albayrak?!« Den Namen habe ich von einer kleinen goldenen Plakette an der Wohnungstür abgelesen.

Er dreht sich vom offenen Fenster zu mir um, und ich sehe Angst und Panik in seinem Blick. »DIE GREIFEN UNS AN! HELFEN SIE! SCHNELL, HELFEN SIE!«, ruft er mir zu und wirft den nächsten Kochtopf aus dem Fenster.

Vorsichtig trete ich auf ihn zu, zeige ihm meine offenen Handflächen. »Herr Albayrak, wer greift Sie an?«

»Die Afghanen, da, da, da und da ... überall!« Wild zeigt er aus dem Fenster, sein dicker behaarter Bauch schaukelt über der rosa Unterhose auf und ab, während er mich anfleht, ihn vor den Afghanen zu retten. Ratlos tauschen Ruth und ich Blicke. Was jetzt?

»Da sind keine Afghanen, Herr Albayrak!« Ich wende das an, was wir auf der Schule gelernt haben: so oft wie möglich den Namen wiederholen, um den Menschen wieder in die Realität zurückzuholen.

Er senkt den Arm, in seiner riesigen Pranke hält er eine Bratpfanne. »KEINE AFGHANEN? BIST DU BLIND!? Da, da, da, da und da ... überall Afghanen! MIT MESSERN UND BOMBEN!«

Ich trete noch näher, die Bratpfanne immer im Blick und die Hand an der Waffe. Hoffentlich sieht er nicht, dass ich mir selbst gerade vor Angst fast in die Hose mache, allerdings nicht wegen der Afghanen, sondern wegen der Bratpfanne.

Noch ein Schritt, und ich stehe vor ihm. Ruth ist direkt hinter mir, ich fühle, wie angespannt auch sie ist. Herr Albayrak dreht sich wieder zum Fenster und will gerade die Pfanne rauswer-

fen, als die Kollegin schreit: »DA, TATSÄCHLICH – DIE AFGHA-
NEN! Schnell, wir müssen in Deckung gehen!«

Sie packt Herrn Albayrak am Arm und zieht ihn hinter sich
her aus der Küche ins Schlafzimmer. Ich hinterher.

»Schnell, schnell, Sachen anziehen! Wir müssen fliehen, die
Afghanen sind gleich da«, raunt sie ihm in verschwörerischem
Ton zu, und ich ärgere mich, dass ich nicht selbst auf die Idee
gekommen bin. Herr Albayrak sieht dankbar erst Ruth, dann
mich, dann wieder Ruth an. Schließlich zieht er sich tatsächlich eine Hose über die rosa Rüschenbuxe und eine Jacke über
das Unterhemd.

»Herr Albayrak, wir brauchen noch Ihren Ausweis, damit
wir über die Grenze kommen!«, flüstere ich und lasse mich
auf das Spiel ein. Erst sieht er mich fragend an, dann rennt er
geduckt unter den Fenstern entlang in die Küche, während er
murmelt: »Schnell, schnell, die Mädchen helfen bei der Flucht.
Die Afghanen kommen, aber die netten Mädchen helfen bei
der Flucht. Ach, was bin ich froh ...«

Während ich überlege, was ich mache, wenn er jetzt ein
Messer zieht und auf uns losgeht, wühlt er wie wahnsinnig in
seinem Küchenschrank. Dann steht er glückstrahlend mit einer
grünen Tupperdose vor mir. »Da, mein Ausweis!«

Ratlos sehe ich die Dose an. »Das ist kein Ausweis!«

Das glückliche Strahlen verschwindet, er stürzt erneut in die
Küche und steht kurz darauf mit einer Topfpflanze vor mir.
»Hier, mein Ausweis! Schnell, schnell, die Afghanen!«

Er tritt unruhig von einem Fuß auf den anderen, während
ich die Topfpflanze achselzuckend auf dem Boden abstelle. Na
gut, muss es halt ohne Ausweis gehen.

Ruth führt Herrn Albayrak die Treppenstufen hinunter, während ich das Fenster schließe, die Wohnungstür ins Schloss
ziehe und den Schlüssel einstecke.

»Wir müssen ganz leise sein, sonst hören uns die Afghanen!«, flüstert er Ruth zu.

Ich muss mir ein Lächeln verkneifen, denn wir geben wahrscheinlich ein höchst sonderbares Bild ab: Ein riesiger Mensch schleicht gebückt durch den Hausflur, an der Hand einer kleinen rothaarigen Polizistin, gefolgt von einer noch kleineren blonden.

Herrn Albayraks Nachbar schaut durch den Spalt seiner Wohnungstür und folgt uns mit Blicken. Er war es, der uns angerufen hat – wegen des Lärms und aus Angst, dass Herr Albayrak sich verletzen könnte. Ich will lieber nicht wissen, was er jetzt über uns denkt.

Auf dem Weg zum Streifenwagen suchen wir mit Herrn Albayrak mehrmals Deckung hinter einem Busch oder einem Auto. Dann sitzt er endlich auf der Rückbank, und ich steuere wieder mal das Alexianer-Krankenhaus an.

Als wir aussteigen, seufzt er: »Mädchen haben mich zur schützenden Burg gebracht. Allah sei Dank!«

Er lächelt uns dankbar an, während wir ihn zu der Station führen, die man uns am Empfang nennt. Herr Albayrak ist hier im Alex bereits bekannt, allerdings wird er sonst, wenn er aufgrund seiner Kriegstraumata psychotisch wird, immer gut verschnürt durch die Kollegen oder den Rettungsdienst hergebracht.

Interessiert wollen die Pfleger und der Stationsarzt wissen, wie wir ihn zum Mitfahren überredet haben, und ein wenig verschämt schildere ich unsere Flucht vor den Afghanen.

Lachend klopft der Arzt Ruth und mir auf die Schultern: »Ganz schön kreativ! Ist zwar nicht gut für den Behandlungserfolg, denn jetzt wird er uns tagelang erzählen, dass ihr zwei die Afghanen auch seht. Aber gut, Hauptsache, der arme Kerl wurde nicht schon wieder gefesselt. Eigentlich ist er nämlich ganz umgänglich, da haben wir hier ganz andere mit dem gleichen Krankheitsbild. Denen wollt ihr nicht alleine gegenüberstehen!«

Als wir gehen, reißt Herr Albayrak sich von den beiden Pflegern los und rollt wie eine Fleischwoge auf uns zu. Ich überlege kurz, wie ich reagieren soll, und bleibe schließlich genau wie Ruth einfach stehen und warte ab.

Als er uns erreicht hat, stoppt er, dann presst er erst mich und dann Ruth kurz an sich. Ich schiebe unauffällig meinen Arm über die Waffe und schicke ein Stoßgebet zum Himmel, dass er mich nicht erdrückt. Wir wirken beide wie Kleinkinder in seinen riesigen Armen, und ich falle ein paar Zentimeter tief, als er mich endlich loslässt.

Dann winkt er: »Tschüs, Mädchen, bis zum nächsten Mal!«

Während wir die eindrucksvolle Haupttreppe des Krankenhauses hinuntergehen, hoffe ich insgeheim, dass es kein nächstes Mal geben wird und dass Herr Albayrak einen Weg findet, mit seinen traumatischen Erinnerungen und Erlebnissen umzugehen, ohne andere Menschen oder sich selbst zu gefährden.

Einsätze mit psychotischen und neurotischen Personen können durchaus gefährlich sein. Vor allem aber können sie verstörend sein. Doch manchmal sind sie auch einfach eine traurige Mischung aus Aggressivität, Morbidität und Slapstick, wie die Geschichte von Rolf. Rolf hasst andere Menschen, aber mich mag er zum Glück.

»Rolf, komm, ist gut. Der Kollege will nur auf mich aufpassen. Musst du doch verstehen, ich bin ja ziemlich klein, da will der nicht, dass mir was passiert!«

Rolf, nackt bis auf einen um seine Hüften geknoteten grünlich braunen Pullover und von oben bis unten mit Kot beschmiert, nickt mir wissend zu und lässt sich von mir weiter durch den Flur des Alex ziehen. Dabei tätschelt er meine Hand. »Janine, du bist echt in Ordnung.«

Ich nicke und schleife ihn etwas unsanft weiter Richtung Aufnahme. Plötzlich reißt er sich los, und während ich noch genervt die Augen verdrehe, deutet er mit wirrem Blick auf

meinen Kollegen Flo. »ABER DER DA, DAS IST EINE SACK-
SAU! DER FASST MICH NIE WIEDER AN! SACKSAU!«

Flo, passend zu seinem Namen zwei Meter groß und mit
Oberarmen, die sein Diensthemd zu sprengen drohen, lächelt
freundlich. »Alles klar, Rolf«, brummt er. »Ich geh nur hinterher.«

»SACKSAU!« Im nächsten Moment hat Rolf sich wieder bei
mir eingehakt, und wir gehen weiter.

Leise raunt Flo mir von hinten zu: »Alles klar, Rolf gibt mir
Tiernamen, für heute bin ich dann die Sacksau!«

Doch Rolf hat gute Ohren, fährt wieder herum, und während
die beiden Sanitäter vor uns leise kichern, sagt er: »TIERNA-
MEN? ALLES KLAR! RHINOZEROS! So siehste nämlich aus,
du Kraftprotz. Aber mit Kraft is bei mir nix zu machen. Bei mir
braucht man Köpfchen. So wie die Janine.« Zufrieden wendet
er sich wieder mir zu, wiederholt unablässig: »RHINOZEROS!«
und schaut mich dabei Beifall heischend an.

Ich unterdrücke wegen des starken Geruchs nach Kot, der
immer noch an Rolf haftet, den Würgereiz und ziehe ihn weiter. »Komm weiter, Rolf. Ich hab gleich Pause und muss was
essen, du willst doch nicht, dass ich hungern muss, nur weil du
hier solche Sperenzchen machst?«

Entsetzt schlägt er sich die Hand vor den Mund und legt
einen Zahn zu. »Nein, nein, die Janine ist so dünn, die darf
keinen Hunger haben. Aber das fette Rhinozeros, das soll ruhig
mal einen Diättag machen!«

Flo schnaubt unwillig, sagt aber nichts. Brav läuft Rolf neben
mir her, durch die schwere Eisentüre in die Station.

»Hier bleib ich nicht!«, raunt er mir verschwörerisch zu.
»Hier sind nur Bekloppte!«

Ich merke, wie sich sein Körper anspannt, und rechne damit,
dass er sich wieder von mir losreißt. »Rolf, mir zuliebe. Nur ein
paar Tage, bis du wieder fit bist!« Dazu klimpere ich ein wenig
mit den Wimpern und fühle mich schäbig.

Er denkt kurz nach, dann geht er schweigend weiter mit mir zu einem Krankenbett. Wir werden begleitet von der Stationsärztin, mehreren Pflegern und meinem Koloss von Kollegen. Die beiden Sanitäter halten sich grinsend im Hintergrund, und ich lasse so viel Nähe zu Rolf auch nur zu, weil ich genau weiß, dass Flo ihn innerhalb von wenigen Sekunden zu einem handlichen Paket verschnüren würde, wenn Rolf sich danebenbenimmt. Und das möchte ich beiden gerne ersparen.

Wieder streichelt Rolf nervös meine Hand und betrachtet skeptisch das Bett mit den Gurten.

»Komm, Rolf, leg dich da hin.«

»ICH WILL ABER NICHT!«, kreischt er, und sein Blick driftet ab in irgendeine Ferne.

»Rolf, sieh mich an! Komm, leg dich hin. Tu es für mich. Wenn wir das hier mit Gewalt machen, dann verletz ich mich vielleicht, das willst du doch nicht?«

Langsam kehrt sein Blick wieder zu uns zurück. »Nein, das will ich nicht. Die Janine ist in Ordnung, auf die muss ich aufpassen.«

Er legt sich auf das Bett und lässt sich von den Sanitätern festschnallen. Ich winke noch einmal, dann bin ich durch die Tür und fühle mich richtig gemein. Andererseits freue ich mich, dass es uns gelungen ist, ihn hier abzuliefern, ohne dass wir Gewalt anwenden mussten. Danach sah es keineswegs aus, als wir ihn fanden.

Der kleine, dicke Mann hatte splitternackt, von oben bis unten mit Kot beschmiert, vor seinem Haus gestanden, Gott und Satan um Hilfe angefleht und immer wieder geschrien, dass er den schwarzen Mann getötet hätte. Als wir uns näherten, rastete er komplett aus, doch Flo brachte ihn mit zwei wohl recht schmerzhaften Armhebeln dazu, sich, so nackt und dreckig, wie er war, auf die Treppe zu setzen und dort brav zu warten, bis der Rettungswagen kam. Währenddessen flitzte ich durch das schmutzige Treppenhaus und suchte seine Wohnung, um sicherzugehen, dass dort nicht tatsächlich ein toter »schwarzer Mann« herumlag.

Die Wohnung war das reinste Chaos. Zerschlagene Glasflaschen überall und kleine Krabbeltiere, die im Schein meiner Taschenlampe über den Boden huschten. Keine einzige funktionierende Lampe, mitten auf dem Sofatisch ein riesiger Haufen Scheiße, aber nirgendwo eine Leiche.

Ich zog die Tür zu, schloss ab und rannte zu Flo zurück.

Rolf, der uns von zahlreichen früheren Einsätzen bereits bekannt war, saß immer noch auf der Treppe und stierte böse vor sich hin, während er Flo wüst beschimpfte. Der Rettungswagen ließ auf sich warten, und so versuchte ich, irgendwie zu Rolf durchzudringen, doch der schien mich gar nicht wahrzunehmen.

»He, die Beamtin spricht mit dir!«, rüffelte Flo ihn schließlich.

Langsam wandte Rolf mir den Kopf zu. »Vor Frauen hab ich ja großen Respekt!«, war der erste vernünftige Satz, den er hervorbrachte, und ich schenkte ihm dafür ein strahlendes Lächeln. Als er nach meiner Hand griff, platzierte Flo sich so hinter ihm, dass er ihn bei einer dummen Bewegung jederzeit packen und von mir wegzerren konnte. Doch nichts passierte.

Rolf streichelte meine Hand und himmelte mich an, nur ab und an schimpfte er in die Richtung meines Kollegen, dass es mir fast schon peinlich wurde. So entschieden wir uns dann auch, dass nicht Flo, sondern ich Rolf im Rettungswagen begleiten würde.

Brav stieg er mit mir ein und setzte sich auf den Sitz mir gegenüber. Doch dann weigerte er sich, den Gurt anzulegen. Mit Gewalt hatten der Sanitäter und ich ihn angeschnallt, doch Rolf drückte immer wieder auf das Gurtschloss, bis ich eine Idee hatte: »Rolf, komm, das ist gefährlich. Ist ja nicht schlimm, wenn dir das egal ist. Aber ich hab Angst beim Fahren. Ich muss angeschnallt sein. Wenn du dich immer losschnallst, muss ich aufstehen, und da kann mir viel passieren.«

Ich hatte noch nicht ausgesprochen, als Rolf sich wieder anschnallte und sagte: »Nä, dir soll nichts passieren. Auf kleine Frauen muss man aufpassen.«

Der Sanitäter lachte leise, und prompt flog Rolfs Kopf zu ihm herum. Er bäumte sich unter dem Gurt auf seinem Sitz auf und wollte sich über die in der Mitte des Rettungswagens stehende leere Krankenliege auf den Sanitäter stürzen. »HAB ICH MIT DIR GEREDET? DU SACKSAU? HALT'S MAUL! ICH BRING DICH UM!«

Meine Rechte ballte sich zur Faust, sofort zum Schlag bereit, wenn er sich nicht beruhigen sollte, die andere legte ich ihm sanft auf die Schulter. »Rolf, ich hab wirklich Angst, wenn du so wütend wirst! Du willst doch nicht, dass ich Angst habe!«

Er schnaubte noch zweimal, dann saß er wieder ruhig auf seinem Platz. »Wie heißt du?«, wollte er wissen.

Entgegen meiner sonstigen Gewohnheit nannte ich ihm meinen Vornamen, und er nickte. »Janine, du sollst keine Angst haben!« Er verschränkte die Arme vor der Brust und zeigte mir beim Grinsen seine schwarzen Zähne.

Ab da verlief die Fahrt ruhig und friedlich, und während ich ihn anlächelte, dass ich fast Muskelkater in den Wangen bekam, tätschelte er mir sachte die Hand. »Ich pass auf dich auf. Besser als die brutale Sacksau«, nuschelte er.

»Du, das ist mein Kollege, den mag ich wirklich gerne. Ich find das nicht schön, wenn du den Sacksau nennst!«, machte ich einen weiteren Vorstoß.

»Ist aber eine Sacksau. Hat mir wehgetan!« Rolf rieb sich den Arm, und ich nickte: »Ja, weil er auf mich aufpassen muss. Er hatte Angst, du tust mir was!«

»Ich tu dir nichts. Ich hab nur den schwarzen Mann getötet, und dann hab ich auf den Wohnzimmertisch geschissen! Gott wird mich zu sich holen für diese Tat. Meinst du nicht?«

Ich nickte und lächelte und fragte mich, was im Leben eines Menschen schieflaufen muss, damit er solche Dinge denkt und tut.

Rolf kam noch ein paarmal auf die Wache und fragte nach Janine und dem Rhinozeros, aber nackt und mit Scheiße beschmiert haben wir ihn zum Glück seitdem nicht noch mal einsammeln müssen.

MACH DICH NACKIG
2001–2011

In meinem Beruf kommt es immer wieder vor, dass ich Menschen körperlich nahe komme, häufig näher, als mir lieb ist. Oft müssen Personen durchsucht oder zumindest grob abgetastet werden. Das ist für die Betroffenen unangenehm, für mich aber nicht minder. Wo ich schon überall hineingegriffen habe und was manche Leute in ihren Taschen so spazieren führen – allein damit könnte man Bücher füllen. Angelutschte Bonbons, gebrauchte Kondome, berotzte Taschentücher, Nadeln, Spritzen, Messerchen. Und leider sieht man den meisten Menschen nicht an, was für einen Saustall sie bei sich tragen.

Generell gibt es verschiedene Formen der Durchsuchung, vom Abtasten nach gefährlichen Gegenständen oder der Suche nach Ausweispapieren bis hin zum kompletten Entkleiden in einer Zelle und dem Vorbeugen, damit man auch wirklich in jede Körperöffnung hineingucken kann. Nicht, dass das besonders interessant wäre, aber die Erfahrung zeigt, dass selbst in die entlegensten Winkel der menschlichen Anatomie noch Gegenstände passen, die geklaut wurden, verboten sind oder verletzen können. Und wer meint, die Durchsuchung von Frauen sei angenehmer als die von Männern, täuscht sich zumindest aus meiner Sicht ganz gewaltig. Der folgende Fall ist daher nur einer von vielen.

Vom Fenster aus sehe ich bereits, dass die Kollegen eine ältere Frau gefesselt in Richtung Wache zerren. Mit einem Blick habe ich die Situation erfasst, packe die neue Kollegin Katharina am Arm und ziehe sie hinter mir her nach draußen. »Komm mit!«

Schnell will ich an den anderen vorbei auf die Straße in Richtung Streifenwagen. Wir haben es fast geschafft, als die Stimme meines Chefs über den Parkplatz tönt. »KOMMT IHR WOHL WIEDER HER!«

Ich senke den Blick. Wir haben verloren ...

»Mist!«, entfährt es mir, während Katharina mich fragend anguckt.

»Was sollte das denn? Wo wolltest du eigentlich hin und warum?«

»Das war ein Fluchtversuch! Und du wirst gleich sehen, warum.«

Sie runzelt die Stirn und zieht skeptisch die Augenbrauen hoch, während ich wie ein geprügelter Hund zurück in die Wache schleiche, Katharina im Gefolge.

Dort haben die Kollegen mit der keifenden Alten alle Hände voll zu tun. Trotz der Handfesseln dreht und windet sie sich wie irre, ist kaum zu bändigen und kreischt. Der Chef steht in der Tür und grinst mich an: »Schön, dass die Damen sich entschlossen haben zu bleiben. Wir brauchen euch für die Durchsuchung!«

Ich versuche nicht mal, mich zu rechtfertigen, und frage nur: »Wer kommt noch?«

»Sind noch zwei Kolleginnen unterwegs. Zu viert solltet ihr das doch schaffen.« Er grinst mich aufmunternd an und dreht sich um.

Im Flur riecht es bereits jetzt unangenehm nach Schweiß, Dreck und ranzigem Fett. Die Kollegen bugsieren die Frau gerade unsanft in den Zellentrakt.

»Was hat sie denn gemacht?« Katharina schaut über meine Schulter hinweg zu und betrachtet das Gerangel.

»Geklaut, was sonst!«, bekommt sie von einem Kollegen zur Antwort. Er ist schon ganz aus der Puste.

»Reicht grobes Drübergucken?«, frage ich mit einer leisen

Hoffnung, die aber leider sofort zerstört wird, als die Kollegen unisono die Köpfe schütteln. »Irgendwo hat sie noch vier Montblanc-Füller, und sie muss in die Zelle. Also richtig!«

Oh nee ... Das ist wirklich das Letzte, wozu ich Lust habe. Der Tag war so schön gewesen, und jetzt wird mir allein beim Gedanken an diese Durchsuchung übel.

Resigniert wühle ich aus den Tiefen meiner Lederjacke ein Döschen Mentholpaste und reibe sie mir unter die Nase. Auch Katharina biete ich etwas an, aber sie zeigt mir nur einen Vogel. »Als wäre das so schlimm!«

»Du wirst schon sehen!«, antworte ich.

Die Alte kreischt immer noch, verflucht uns, unsere Kinder und Kindeskinder. Als die beiden anderen Kolleginnen eintreffen, ziehe ich meine Lederjacke aus und greife aus der Box neben der Zelle Gummihandschuhe, die ich mir mit einem leisen Flitschen über die Finger ziehe.

Wie auf Kommando lassen die männlichen Kollegen die Frau los und verlassen den Raum. Zu viert treten wir Frauen ein.

»Verstehen Sie mich?«, frage ich die Frau und ernte einen bitterbösen Blick.

»STIRB, SATAN!«

»Ich denke, das kann man als JA deuten. Also, wir haben zwei Möglichkeiten, das hier durchzuziehen. Sie wissen, dass wir nachsehen müssen, und ich weiß das auch. Ich mach Ihnen jetzt die Handfesseln ab. Wenn Sie mitarbeiten, haben wir das alles in fünf Minuten erledigt. Sie ziehen sich aus, drehen sich um und beugen sich vor, sodass ...«, ich stocke kurz und suche nach dem richtigen Wort, »sodass ich untenrum nachsehen kann.«

»DU WIRST KINDER MIT ZWEI KÖPFEN GEBÄREN. DEINEM FLEISCH UND BLUT WERDEN PFERDEFÜSSE WACHSEN!«

»Okay, gut zu wissen, ich plane eigentlich sowieso keinen Nachwuchs. Allerdings heißt das dann wohl, Sie wollen die zweite Variante. Die ist unschön!«

»STIRB!!« Ihre Stimme ist laut und schrill, und ich merke, wie meine Migräne angeflogen kommt und sich auf meiner Schulter niederlässt.

Zwei Kolleginnen treten vor und lösen ihre Handfesseln. Dabei kreischt sie immer weiter und versucht, sich loszureißen. Doch wir sind vorbereitet, und wenige Sekunden später liegt sie auf dem Boden, an jedem Arm eine Kollegin, die sie runterdrückt. Unsere Neue liegt quer über ihren Beinen, ausnahmsweise also mal nicht ich, obwohl ich in diesem speziellen Fall die Position am Fußende fast schon vorgezogen hätte.

Leicht belustigt sehe ich Katharinas schockierten Gesichtsausdruck, als sie mit der Nase näher an die Beine der Frau herankommt, verkneife es mir aber, ihr noch mal die Mentholpaste anzubieten.

Ich taste Arme und Beine der Frau locker ab. Dann schiebe ich ihre langen schwarzen Haare hoch und betaste ihren Schädel. Sie wäre nicht die Erste, die etwas in den Haaren versteckt.

Bereits jetzt hat sich ein schmieriger Fettfilm auf meinen Gummihandschuhen gebildet, und der ganze Raum beginnt widerlich zu stinken. Ich rieche es trotz der Mentholpaste.

Als ich fertig bin, nicke ich den Kolleginnen zu. »Ausziehen!«

»DAS IST VERGEWALTIGUNG!«, kreischt die Alte, und ich denke mir, dass es tatsächlich ein bisschen was von einer Vergewaltigung hat, als wir ihr die Kleider vom Leib ziehen. Was hätte ich darum gegeben, wenn sie es selbst getan hätte ...

Ein verflecktes Kleidungsstück nach dem anderen schälen wir von ihrem Körper, während der Geruch im Raum immer stärker wird. Aus dem Mund mit den schwarzen Zahnstummeln strömt ebenfalls ein strenger Geruch, der mich dazu zwingt, bei jedem Atemzug den Kopf in eine andere Richtung zu drehen.

Endlich liegt sie in BH und Strumpfhose vor uns. Ihre Klauschürze, die sie unter einem der bunten Röcke trug, und die daran befestigte kleine Schere zum Durchtrennen von Handtaschenriemen lege ich auf die Seite.

Skeptisch betrachte ich die Strumpfhose und weiß: Jetzt wird's richtig eklig. Entschlossen reiße ich die fast mit dem Körper verwachsene Hose los. Es gibt ein Geräusch wie von einem Klettverschluss. Dreck rieselt von der Haut, und dicke braune Flocken fallen zu Boden.

Es ist offensichtlich, dass diese Hose nur selten heruntergezogen wird. Insgeheim frage ich mich, wie die Frau wohl zur Toilette geht, und will die Antwort eigentlich lieber nicht wissen.

Aus dem BH hole ich zwei Goldringe und mehrere tausend Euro in kleinen Scheinen. Alles lege ich zur Klauschürze, während die Frau ihre Beschimpfungen fortsetzt. »DEIN BLUT WIRD DIE ERDE BENETZEN! MEINE KINDER WERDEN DEIN HIRN ESSEN! ICH WERDE AUF DEIN GESICHT SCHEISSEN!«, kreischt sie und windet sich, sodass die drei Kolleginnen alle Hände voll zu tun haben, um sie festzuhalten.

Als ich auch den Slip entfernt habe, ist es, wie es immer ist. Keine Ahnung, warum, aber die Frauen, die ich durchsuche, haben immer und ausnahmslos ihre Tage. Ich habe noch nicht eine Frau gründlich durchsucht, die ich nicht bitten musste, den getragenen Tampon herauszuholen (an dem Fädchen könnten ja auch ganz andere Sachen als Watte befestigt sein), oder bei der ich mir, weil sie auf solche Hygieneartikel gänzlich verzichtete, blutige Finger geholt habe.

Aus diesem Grund führe ich immer ein Sortiment an Damenhygieneartikeln mit mir: Tampons in allen Größen und sogar eine Binde, in der Hoffnung, irgendwann mal auf eine Frau zu treffen, die den Sinn dieser Dinge versteht und sie benutzt. Ganz abgesehen davon, dass sich die kleinen Watteröllchen ganz wunderbar für den Polizeidienst zweckentfremden lassen: Ich habe sie schon an Tatorten zur Sicherung von Blut- oder Speichelspuren benutzt, die sonst vom Regen weggespült worden wären. Bei den Kollegen löste das hier und da zwar mal einen Lacher aus, aber manchmal muss man eben kreativ sein. Nicht alle Streifenwagen sind mit umfangreichem Spurensicherungsmaterial ausgerüstet, wie es den Kollegen von der Kripo zur Verfügung steht.

Also, auch diese Dame hat ihre Tage, obwohl ich sie aufgrund ihres Alter schon weit jenseits der Wechseljahre vermutet hätte. Gerade, als sie ganz nackt daliegt und ich bereits die gestohlenen Füllfederhalter aus ihrer Scheide ragen sehe, reckt sie plötzlich den Hintern in die Höhe, und ein Schwall Blut läuft samt der gestohlenen Stifte über ihre Beine und auf den Boden.

Ich sammle die vier Füller vom Boden auf und versuche, mich nicht zu ekeln.

»TRINK MEIN BLUT, SATAN!«, kreischt sie erneut, aber schon deutlich leiser. Sie weiß, dass sie verloren hat.

Die Kolleginnen lassen sie los, ich reiche ihr ein Papiertaschentuch, damit sie sich reinigen kann, aber sie zieht einfach wieder den Slip über die Blutrinnsale an den Beinen.

Wütende Blicke treffen uns, während sie sich in unserem Beisein anzieht.

»Das wäre auch einfacher gegangen!«, sage ich halb zu ihr, halb zu mir.

Stumm setzt sie sich auf die Pritsche der Zelle und sagt keinen Ton mehr. Ich zucke mit den Achseln und verlasse mit unseren Fundstücken den Raum, der mittlerweile bestialisch stinkt. Als alle Kolleginnen draußen sind, verriegele ich die Zellentür.

Katharina sieht mich an, sie ist sichtlich blass um die Nase, hält sich aber wacker. »Okay, ich habe verstanden, warum du abhauen wolltest. Und nächstes Mal hätte ich gerne eine große Portion Mentholpaste!«

Aus der Zelle ertönt die Stimme der Alten. »IHR WERDET ALLE STERBEN! ICH WERDE AUF EURE GEBEINE KACKEN UND MIR MIT EUREN KNOCHEN DIE ZÄHNE PUTZEN! Meine

Sippe wird mich rächen. Ihr werdet alle sterben, QUALVOLL UND ELENDIG!«

»Wäre ja schön, wenn sie überhaupt irgendwas an sich putzen würde!«, ertönt es vom Waschbecken, wo die Kolleginnen ihre Hände schrubben. Obwohl wir alle Gummihandschuhe trugen, haben wir das Bedürfnis, den Gestank von uns abzuwaschen, was leider nur halbwegs gelingt.

Als ich kurz darauf einer Passantin vor der Wache den Weg erkläre, rümpft sie die Nase, und ich spüre, dass sie durch den strengen Geruch ziemlich irritiert ist. Ich ringe mir ein freundliches Lächeln ab und erspare mir weitere Erklärungen. Es würde mir sowieso niemand glauben, der noch nie eine solche Durchsuchung mitgemacht hat.

Hin und wieder haben wir aber auch freundliche »Kunden«, die uns bei der Durchsuchung sogar noch behilflich sind, wodurch das Ganze zumindest für die andere Seite angenehmer wird, für uns nicht unbedingt. Nachdem vor einiger Zeit tatsächlich eine schriftliche Befragung zur »Kundenzufriedenheit nach Aufenthalten im Polizeigewahrsam« durchgeführt wurde, die wie erwartet ergab, dass die Kunden im Gewahrsam generell eher unzufrieden sind, benutzen wir den Begriff in Köln ab und an etwas belustigt.

Mein Kollege Vincent hält auf dem Rastplatz an. An den Toiletten drücken sich bereits zwei Zivilteams herum, alles Männer. Vincent und mich haben sie zur Durchsuchung dazubestellt. Es handelt sich um eine junge Frau, bei der man den »innerkörperlichen Schmuggel von Betäubungsmitteln« vermutet.

Ein leichtes Schmunzeln liegt auf den Gesichtern mancher Kollegen, und so stelle ich mich schon mal auf eine richtig eklige Dame ein. Doch in der Damentoilette treffe ich auf eine gepflegte, ausgesprochen hübsche Frau, die mich freundlich begrüßt. Auch die beiden Kollegen, die sie hier bewachen, grinsen verhalten, als sie uns alleine lassen, und ich frage mich allmählich, was denn hier so witzig ist.

Ich erkläre ihr, was sie zu tun hat, während der Chihuahua in ihrer Handtasche leise zu kläffen beginnt. Schneller, als ich gucken kann, hat sie sich in dem engen Toilettenräumchen ausgezogen und steht jetzt nackt vor mir. Ich taste ihre Kleidung ab und lege sie auf den Spülkasten. Kurz bewundere ich die wirklich gut gemachten künstlichen Brüste der Frau, dann mache ich mit dem Finger eine Kreisbewegung: »Okay, das ist jetzt ein wenig unangenehm. Drehen Sie sich bitte um, und beugen Sie sich einmal leicht vor. Dann ziehen Sie bitte beide Pobacken nach rechts und links auseinander.«

Sie kichert und tut ohne Protest wie ihr geheißen.

»Ein bisschen mehr vorbeugen, bitte!«

Wieder kichert sie. »Also weiter geht's nicht, aber gucken Sie mal, so kann man viel besser reingucken.« Sie setzt sich auf den Toilettensitz, spreizt die Beine so weit, dass mir trotz Ballettunterricht allein vom Zugucken die Hüftgelenke wehtun, fasst sich an die Schamlippen und zerrt sie unsanft auseinander.

»Danke, reicht schon! So genau muss ich das gar nicht ...«

»Hach, ich freu mich doch, wenn ich das alles mal jemandem zeigen kann!« Wieder kichert sie und beginnt nach einem verliebten Blick auf ihr Geschlecht, sich anzukleiden.

Ich gucke wahrscheinlich ziemlich irritiert und denke mir dann: Na gut, jeder Jeck ist anders!

Mit einem freundlichen Lächeln reiche ich ihr die Klamotten.

»Ist Ihnen DA UNTEN bei mir nichts aufgefallen?«, fragt sie mich plötzlich und sieht mich erwartungsvoll an.

Ich zucke mit den Achseln. »Nein, alles sauber. Warum?« Es stimmt: Normalerweise handelt es sich bei den Damen, die ich auf diese Art nach Drogen durchsuche, um käufliche oder gänzlich verwahrloste Damen mit den widerlichsten Geschlechtskrankheiten, um Menschen, die so am Boden sind, dass sie keine andere Chance mehr sehen, als ihren Körper zu verkaufen und ihn als Gefäß für große Mengen von Betäubungsmitteln zu benutzen. Doch die Lady hier ist sauber, frisch rasiert, gewaschen und vor allem (eine Premiere!) unblutig.

Ich nicke ihr noch einmal freundlich zu, werfe einen letzten Blick in die Handtasche und taste auch den kleinen Hund noch mal schnell ab. Dann verlassen wir die Toilette.

»Die Dame ist sauber!«, erkläre ich den wartenden Kollegen mit einem Lächeln, und sie steigt, nachdem sie ihre Papiere wiederhat, in ihr Auto und fährt davon.

Die Kollegen versammeln sich um mich. »UND?«, fragt einer erwartungsvoll.

»Was, und? Sauber, keine Drogen, nichts!«

Sie schubsen sich gegenseitig wie die Kleinkinder und lachen albern vor sich hin.

»Mensch, Jungs, was ist los?«

»Gar nichts Ungewöhnliches an der FRAU?«

Irgendwie betont er das Wort »Frau« so komisch, und bei mir fällt der Groschen: Ich sehe die künstlichen Brüste vor mir, die kleine Narbe auf dem Schamhügel, die etwas zu perfekten Schamlippen und ihre offensichtliche Freude daran, mir ihre Intimzonen in jedem Detail zu zeigen.

»SCHEISSE! Das war ein Kerl, oder?« Ich schlage mir vor die Stirn und lache jetzt ebenfalls.

Die Kollegen nicken. »Ja, hat aber auf der Durchsuchung durch eine Frau bestanden. Im Ausweis heißt er noch Andreas!«

Wochenlang löchern sie mich noch, wie das denn umoperiert so aussieht, und wollen neugierig Details wissen. Polizisten sind auch nur Menschen, stelle ich wieder mal fest. Aber ich schweige wissend und bin mir sicher, dass ich zum ersten Mal jemanden durch meine Durchsuchung glücklich gemacht habe – und sei es nur, weil ich nicht gemerkt habe, dass ich einen umoperierten Mann vor mir habe. Allerdings schärfe ich den Kollegen ein, dass sie mich nächstes Mal vorwarnen sollen, damit ich ein wenig sensibler an die Sache herangehen kann. Sie versprechen es grinsend, aber ich befürchte, dass sie sich wieder einen Scherz damit machen werden, wenn es darum geht, einen Transsexuellen zu durchsuchen.

Solange er so reinlich ist wie diese Lady, habe ich definitiv nichts dagegen.

EIN GANZ NORMALER DIENST
2011

Jetzt habe ich viel erzählt und berichtet, aber die geschilderten Einsätze können naturgemäß nur kleine Einblicke in das vermitteln, was meine Kollegen und ich tagtäglich tun und womit wir jeden Monat unser Geld verdienen. Es sind Streiflichter, die sich mit besonders erzählenswerten, spannenden, lustigen oder emotionalen Einsätzen befassen.

Das Bild wäre jedoch nicht rund, wenn ich verschweigen würde, wie ein Dienst von Anfang bis Ende aussieht.

Jeder Dienst, ob Früh-, Spät- oder Nachtdienst, hat seine speziellen Einsätze, seine Vor- und seine Nachteile, die jeder von uns anders bewertet. Und wie in anderen Berufen auch sind Highlights eher die Ausnahme, Routineeinsätze und ganz banale Tätigkeiten dafür die Regel.

Montagmorgen – Frühdienst

Verschlafen quäle ich mich die Treppe von der Tiefgarage zur Umkleide hoch, reiche jedem Kollegen, der mir begegnet, mechanisch die Hand und murmele schlecht gelaunt vor mich hin, wie sehr ich diesen Scheißfrühdienst hasse. Es gibt wirklich nichts Ätzenderes, finde ich.

Um halb fünf klingelt mein Wecker, selbst im Sommer ist es da meist noch dunkel, und oft kann ich nicht mal meine Katze dazu bewegen, mir im Bad Gesellschaft zu leisten. Mehr automatisch als wirklich wach, steuere ich dann mein Auto zur Wache. Oft bin ich zu faul, mich vorher richtig anzuziehen, und erscheine, so wie heute, im Jogginganzug. Ich muss mich ja sowieso gleich wieder umziehen und in die Uniform hüpfen.

Das angenehme Geschnatter, das sonst aus der Damenumkleide dringt, ist im Frühdienst ziemlich gedämpft. Meist schweigen wir ganz, und jede von uns konzentriert sich darauf, nicht im Stehen direkt vor dem Spind wieder einzuschlafen.

Anschließend führt mein Weg mich in die Waffenkammer, wo ich mich ausrüste: Pfefferspray an den Gürtel, Waffe durchladen und ins Holster, Ersatzmagazin in die Tasche. Im Funkraum warten bereits die Kollegen vom Nachtdienst ungeduldig auf unser Erscheinen, damit sie in den wohlverdienten Feierabend entschwinden können.

All meine Kollegen wissen, dass mit mir um diese Uhrzeit nicht gut Kirschen essen ist, und man lässt mich in Ruhe, bis ich meine Einsatztasche geordnet und den Dienstplan in Augenschein genommen habe.

Heute ist zu so früher Stunde noch nichts los, wie eigentlich fast jeden Morgen, also bleibt Zeit für eine Tasse Tee und einen Blick in den aktuellen »Express«. Für Zeitungen mit weniger Bildchen und mehr Inhalt reicht meine Auffassungsgabe um diese Uhrzeit noch nicht.

Mindestens einer der Kollegen ist leider immer ein übelst gut gelaunter Frühaufsteher, der mich lautstark quasselnd oder Witze reißend beim Wachwerden stört. Deshalb verkrümele ich mich rasch an den PC, sehe dort in Ruhe meine Mails durch, schaue aktuelle Fahndungen und Haftbefehle an und versuche, mir Gesichter und Namen einzuprägen. Erst wenn der für diesen Tag mit mir auf dem Dienstplan stehende Kollege neben mir auftaucht und das Zauberwort »Einsatz« spricht, erhebe ich mich.

Während wir zum Streifenwagen gehen, erzählt er mir, was los ist. Heute ist es ein Einbruch in ein Reifenlager. Frühdienste am Montag sind immer gespickt mit Einsätzen zu Taten, die eigentlich am Wochenende passiert sind, aber jetzt erst entdeckt werden.

Gemächlich rollen wir durch die immer noch menschenleeren Straßen in Richtung unserer Zieladresse. Vor dem Reifenhandel erwartet uns ein aufgeregter Mann. Da ich immer noch leicht verschlafen und kommunikativ deshalb nicht gänzlich auf der Höhe bin, überlasse ich meinem Kollegen das Reden und betrachte die Hebelspuren am schweren Rolltor, die Reifenspuren auf der Rasenfläche davor und den fehlenden Stapel Autoreifen samt teurer Felgen.

Während der Kollege Personalien und Tatzeitraum notiert, mache ich ein paar Fotos und sehe mich in der Umgebung um. Die Erfahrung sagt, dass Täter sich selten mit nur einem Tatort zufriedengeben. Wenn sie an einem Ort erfolgreich waren und nicht bemerkt wurden, schlagen sie meist in der Nähe noch einmal zu.

Auch diesmal wird diese Erfahrung bestätigt. Als wir gerade einsteigen und die Örtlichkeit verlassen wollen, winkt uns ein Mann vom gegenüberliegenden Gebrauchtwagenhandel heran, und wir trotten über die Straße. Tatsächlich, auch hier haben die Kerle am Wochenende zugeschlagen. Mehrere der zum Verkauf angebotenen Autos stehen nur noch auf Pflastersteinen, Reifen und Felgen sind weg.

Diesmal notiere ich die Personalien, und mein Kollege beschaut sich den Schaden und sucht nach Spuren, die hier jedoch leider fehlen. Er kratzt sich nachdenklich am Kopf, und wir steigen schließlich wieder in den Streifenwagen. »Dreist ist das. Wir sind nachts am Wochenende in der Gegend verstärkt Streife gefahren, die Zivilen waren hier auch unterwegs. Kann doch nicht sein, dass die nichts gesehen haben!«

Ich zucke mit den Achseln. Wir wissen beide, dass wir im Nachtdienst zwar Präsenz zeigen können, dass die Chance, jemanden bei einer Missetat zu erwischen, aber recht gering ist, da man unsere lauten Dieselmotoren in der Stille der Nacht bereits von Weitem hört und somit jeder Einbrecher gewarnt ist. Ganz abgesehen davon, dass es gerade in den Industriegebieten jede Menge Versteckmöglichkeiten und dunkle Winkel gibt. Im Vorbeifahren nimmt man oft kaum wahr, dass sich dort jemand verborgen hält.

Wir drehen weiter unsere Runde, rollen an der Grundschule vorbei, winken ein paar Schulkindern zu, und ich kann auf unserem Streifenplan, auf dem wir unsere Einsätze und Tätigkeiten eines Dienstes vermerken, ein Häkchen an den Punkt »Schulwegüberwachung« machen.

Am Fußgängerüberweg stoppen wir und halten einen kurzen Plausch mit dem Schülerlotsen, als ein flammend roter Minivan an uns vorbeidüst. Er ist deutlich zu schnell, die Kinder auf dem Rücksitz sind nicht angeschnallt, und die Fahrerin spricht fleißig in ihr Mobiltelefon. Den Fußgängerüberweg oder gar unseren Streifenwagen scheint sie nicht gesehen zu haben.

Zwischen meinem Kollegen und mir ist kein Wort notwendig. Gleichzeitig springen wir in den Streifenwagen, und dank der immer noch recht leeren Straßen haben wir den roten Van bald eingeholt. »Stop Polizei«, leuchtet es auf unserem Dach auf, aber die Dame reagiert erst, nachdem ich zusätzlich das Blaulicht eingeschaltet und per Außenlautsprecher den ganzen Häuserblock geweckt habe.

Da meine schlechte Frühdienstlaune immer noch nicht ganz verflogen ist, führt mein Kollege auch dieses Gespräch, während ich auf der Beifahrerseite stehe und den Kindergartenkindern auf dem Rücksitz lustige Grimassen schneide. Sie antworten ebenfalls mit Grimassen. Ein bisschen Spaß muss sein, und die Dame redet sich gerade so in Rage, dass sie meine Spielereien gar nicht mitbekommt.

»Ich habe nicht telefoniert, und ich war auch gar nicht zu schnell, ich musste nur mal eben ...«, will sie dem Kollegen gerade weismachen.

Der unterbricht sie und weist sie höflich darauf hin, dass ihr Telefon blinkend auf dem Beifahrersitz liegt und der Anrufer offenbar immer noch in der Leitung ist.

Das wiederum führt so sicher wie das Amen in der Kirche zum üblichen Konter fast jedes erwischten Verkehrssünders: »Sagen Sie mal, haben Sie eigentlich nichts Besseres zu tun?«

»Nö!«, erwidert mein Kollege wahrheitsgemäß und notiert ihre Daten aus ihren Fahrzeugpapieren und dem Führerschein. »Wir sichern hier den Schulweg, den irgendwann auch Ihre Kinder gehen werden, und daher ist es doch sicher auch in Ihrem Interesse, wenn wir dafür sorgen, dass jeder sich an die Verkehrsregeln hält!«

»Ich fahre seit fünfzehn Jahren unfallfrei!«, ätzt sie ihn an, und ich bin wirklich froh, dass er mit ihr redet und nicht ich, denn mit meiner Frühdienstlaune hätte ich ihr bestimmt schon mindestens eine ziemlich unfreundliche Antwort gegeben.

Nicht so mein Kollege. Geduldig erklärt er ihr noch mal, was genau sie falsch gemacht hat – Kinder nicht angeschnallt, zu schnell, Telefon am Ohr –, während ich immer noch lustige Grimassen schneide und den Kindern durchs Fenster bedeute, dass sie sich anschnallen sollen. Kichernd ahmen der Junge und das Mädchen meine wilden Anschnallbewegungen nach, und zwei Minuten später rollt der Minivan mit angeschnallten Kids und einer stinksauren Mutter weiter, die noch saurer werden wird, wenn sie demnächst Post von der Bußgeldstelle bekommt.

»Na, da bin ich ja froh, dass du Spaß hattest. Strebst du eine Karriere als Verkehrserziehungsclown an?« Mein Kollege haut mir leicht auf die Mütze, die ich tatsächlich ausnahmsweise mal zur Kinderbelustigung angezogen habe.

Dummerweise sind es tatsächlich weniger die jugendlichen Rowdys, die sich morgens und mittags an Schulen und Kindergärten nicht an die Verkehrsregeln halten, sondern überwiegend die Muttis, die »nur mal schnell« ihre Kinder abliefern müssen oder »nur mal grad hier eben« auf dem Fußgängerüberweg parken, weil ja sonst kein Platz ist. Da redet man sich den Mund fusselig und versucht zu erklären, dass solch ein Verhalten die Kinder gefährdet. Doch ich habe eigentlich nie den Eindruck, dass das zu nennenswerter Einsicht führt. Deshalb sind wir ganz froh, dass wir unsere Knolle für diesen Tag gemacht haben und uns anderen Aufgaben zuwenden können.

Entgegen einer verbreiteten Annahme gibt es für uns übrigens keine Verpflichtung, eine bestimmte Anzahl von Strafzetteln zu verteilen. In ruhigeren Diensten wird von uns auf Streife aber durchaus erwartet, dass wir nicht die Hände in den Schoß legen und ein bisschen spazieren fahren, sondern dass wir Verkehrsüberwachung betreiben, Verwarnungsgelder erheben oder auch Anzeigen schreiben.

Der Funker schickt uns zu zwei weiteren Einbrüchen, diesmal in zwei Kellerabteilen eines Hochhauses. Geklaut wurde nichts, ein paar Jugendliche haben dort wohl lediglich ein wenig gefeiert und den Weinvorrat geplündert. Die leeren Flaschen stehen noch rum, Hinweise auf die Täter gibt es keine, und gesehen haben will auch keiner was.

Anschließend, auf dem Weg zur Wache, finden wir noch einen kleinen Verkehrsunfall, den wir aufnehmen und den Fehler beim Rangieren mit einem Verwarnungsgeld ahnden. Ich mag kleine Unfälle. Es gibt nichts Ekliges zu sehen, niemand wurde wirklich verletzt, und wir werden meist freudig begrüßt, was sonst ja eher selten der Fall ist. Die Sachlage ist in der Regel einfach zu durchschauen, viel Schreibkram ist es ebenfalls nicht, und wenn wir uns verabschieden, können wir sicher sein, zumindest dem Geschädigten des Unfalls geholfen zu haben.

Heute ist der Übeltäter ein älterer Herr, der beim Rückwärtsfahren den Kleinwagen einer jungen Frau übersehen hat. Es hat ein bisschen geknirscht, der Lack ist beschädigt, aber beide Autos fahren noch. Und wenn man von der sauren Miene des

Mannes absieht, der sich ärgert, weil er für seine Unachtsamkeit nun auch noch zur Kasse gebeten wird, sind beide Beteiligten froh, dass wir ihnen Tipps geben können, was sie als Nächstes in Bezug auf ihre Kfz-Versicherungen tun müssen. Als wir uns verabschieden, bedanken sie sich sogar beide bei uns, was meine Frühdienst-Scheißlaune tatsächlich komplett verschwinden lässt.

Auf der Wache sind mittlerweile, wie wir dem Funk entnehmen, unsere bestellten Brötchen eingetroffen, die die Kollegen beim Bäcker abgeholt haben. Doch bis ich zum Essen komme, müssen wir noch zwei weitere Einbrüche aufnehmen – anscheinend war am Wochenende wirklich was los in unserem Bereich. Erst danach gelingt es uns, die Wache anzufahren.

Nach knapp sechseinhalb Stunden Dienst sitze ich kauend am PC und tippe gerade unsere Anzeigen in den Rechner, als der Funker den Kopf durch die Türöffnung streckt. »Ihr müsstet da noch mal schnell ...«

»Mal schnell ist gut, in zwanzig Minuten ist Feierabend!«, gebe ich ein wenig missmutig zurück, stehe aber auf, sammle meinen Kram zusammen und nehme auch mein Brötchen mit. Der Kollege weiß bereits mehr als ich und klärt mich auf dem Weg zum Streifenwagen schnell auf. »Einbruch in eine der Villen, die Dame ist wohl etwas durch den Wind. Darum kann das nicht auf den Spätdienst warten.«

Da mein Mund voller Brötchenkrümel ist, nicke ich nur wortlos und werde kauend zum Einsatzort kutschiert. Der Streifenwagen rollt die weiß gekieste Auffahrt eines noblen weißen Bungalows hoch, und eine nur mit Bademantel bekleidete Dame lehnt in der Öffnung der Haustüre.

Missbilligend mustert sie erst mich und dann meinen Kollegen, der durch seinen etwas weiblichen Gang und seine tatsächlich ein wenig tuckige Sprache trotz der Uniform sofort als schwul zu erkennen ist.

»Ich hatte um Ihre besten Leute gebeten!«, begrüßt sie uns eisig und wickelt den Morgenmantel enger um sich.

»Tja, und da sind wir!«, lächle ich sie freundlich an. »Was ist denn passiert?«

»Also, ich fände das wirklich besser, wenn Sie mir die Kripo schicken könnten!«

Mein Kollege rollt die Augen, während ich erkläre, dass auch die Kripo erst mal wissen muss, was denn genau passiert ist, bevor sie kommt.

Die Dame lässt ihren Morgenmantel los, und wir erhaschen einen ungehinderten Blick auf zwei auffällig ebenmäßige Brüste, bevor sie die Arme verschränkt und einen Schmollmund macht. »Also so was! Mein Mann dürfte Ihnen ja sicher bekannt sein, und der Polizeipräsident ist ein guter Freund von ihm!«

Ich unterbreche sie: »Nein, Ihr Mann ist uns nicht bekannt, und der Polizeipräsident wird bestimmt nicht hier erscheinen und den Sachverhalt aufnehmen. Also wollen Sie das Ganze nicht abkürzen und uns einfach sagen, was passiert ist?«

»Kommen Sie mit!« Abrupt dreht sie sich um und läuft barfuß vor uns her durch die marmorne Eingangshalle. Sie führt uns durch das ganze Haus, die große Küche, die drei Schlafzimmer, in denen überall wie beiläufig ihre Unterwäsche herumliegt, das Badezimmer, in dem man locker auch Fußball spielen könnte, und das Wohnzimmer mit großem offenen Kamin und einer Sofalandschaft, auf der ich am liebsten sofort ein kleines Mittagsschläfchen halten würde.

Ich spähe in alle Ecken und kann mir immer noch keinen Reim auf all das machen, genieße aber durchaus die Hausführung. Im Wohnzimmer stemmt die Hausherrin schließlich die Hände in die Hüften, sodass der Morgenmantel wieder ein Stück weit auseinanderklafft und ich sehr eindeutig sehen kann, dass sie nicht nur keinen BH, sondern auch keinen Slip trägt.

»Sehen Sie, da hat man so ein großes, schönes Haus, und niemand bricht ein!«

Mein Kollege und ich blicken uns ratlos an. »Ähm ... Aber das ist doch toll!«

»Nein, das ist gar nicht toll!« Jetzt verzieht sie ihr Gesicht zu einer Fratze, die vermutlich traurig aussehen soll, und über ihr perfekt geschminktes Gesicht kullern große Krokodilstränen. Theatralisch wirft sie sich auf das Sofa, und mein Kollege wendet sich taktvoll ab, als der Morgenmantel über ihre Hüfte rutscht und den Blick auf ihr Gesäß freigibt. »Da wird man jede Woche vom Mann allein gelassen, ängstigt sich zu Tode wegen der vielen Wertsachen, und dann passiert rein gar nichts! Und wenn ich trotzdem die Polizei rufe, schickt man mir 'ne Schwuchtel und ein Kleinkind. Armes Deutschland!«

Verblüfft schaue ich meinen Kollegen an, der grinst wenig getroffen zurück. »Das Kleinkind bist dann wohl ganz offensichtlich du!«, raunt er mir zu, bevor er laut sagt: »Ich stelle also fest, hier ist nichts passiert?«

»NEIN, natürlich ist hier nichts passiert, wie hier nie was passiert! Ach, ich will zurück nach New York!« Als würde sie sich erst jetzt an ihre Herkunft erinnern, spricht sie den letzten Satz mit starkem amerikanischen Akzent.

Ich werfe noch einen Blick auf die Terrassentür, ob nicht doch irgendwo Aufbruchspuren sind, schnuppere nach dem verräterischen Geruch von Drogen, finde aber nur eine leichte Spur Alkohol und schaue mich nach einer versteckten Kamera um. Mein kurzer Check verläuft negativ, also verabschieden wir uns, schärfen der Frau, die mittlerweile schluchzend auf dem Sofa liegt und ihre elende Langeweile beklagt, ein, den Notruf nicht noch einmal zu missbrauchen, erklären ihr, dass dies strafbar ist, wenn sie sich nicht daran hält, und gehen Richtung Ausgang.

»ABER ICH BIN DOCH IN NOT!«, schallt es noch theatralisch hinter uns her, bevor die Haustür ins Schloss fällt.

Kopfschüttelnd steigen wir in den Streifenwagen. »Und dafür mach ich jetzt Überstunden, für eine gelangweilte Nymphomanin!«

»Na komm, jeder andere Kollege hätte sich über den Anblick gefreut, nur du nicht, du Schwuchtel!«, erwidere ich und muss kichern.

»Kleinkind!«, gibt er patzig zurück und fährt uns zur Wache, wo wir den ungläubigen Kollegen von unserem Erlebnis berichten, während der Drucker unsere Anzeigen der ganzen Schicht ausspuckt. Hätten wir jetzt nicht Feierabend, wäre ich mir sicher, dass mindestens zwei männliche Kollegen noch mal bei der Dame vorbeifahren würden – als Service am Bürger und um zu schauen, ob wirklich alles in Ordnung ist. Und vielleicht hätten sie dabei rein zufällig auch noch mal einen Blick unter den Morgenmantel erhascht.

Aber so hänge ich den Streifenwagenschlüssel an den Haken und bin froh, nach Hause zu können und mich auf mein Sofa zu werfen, denn nach sieben Stunden Frühdienst kann man mit mir ohne Mittagsschläfchen den ganzen Tag nichts mehr anfangen.

Freitagnachmittag – Spätdienst

Gänzlich anders strukturiert sind unsere Spätdienste, die am frühen Nachmittag beginnen und bis zum späteren Abend dauern. Es geht hektischer zu, es gibt mehr als doppelt so viele Einsätze, auf der Wache treiben sich mehr Leute zur Anzeigenaufnahme herum, und auch die Einsätze haben meist ein etwas anderes Kaliber. Häufig kommt man nicht mal dazu, aufs Klo zu gehen oder eine Kleinigkeit zu essen. So was wie eine geregelte Mittagspause gibt's bei uns ja leider sowieso nicht, gefuttert wird, wenn der Bürger es zulässt, und manchmal ist nicht einmal das machbar.

»Wer fährt?« Mein Kollege hält mir den Autoschlüssel vor die Nase und wackelt damit herum.

»Du!«, sage ich und tippe ihm gegen die Brust, während ich unsere Kamera aus der Einsatztasche wühle und die Batterien tausche.

Wir haben noch nicht ganz alle Sachen zusammengesucht, geschweige denn alle Kollegen begrüßt, als es auch schon losgeht. »ICH BRAUCH ZWEI AUTOS! VU MIT!«, brüllt der Funker durch die Wache. Was, aus dem Polizeideutsch übersetzt, so viel heißt wie: »Verkehrsunfall mit Personenschaden«.

»Kinder, bewegt euren Arsch auf die Straße!«, werden wir noch mal lautstark motiviert. Woraufhin wir brav rausrennen und keine Minute später durch Porz rasen, auf dem Dach das Blaulicht. Der Lärm des Martinshorns dringt in den Fahrzeuginnenraum, und wir müssen sehr laut sprechen, um uns zu verstehen. Hinter uns die Kollegen im zweiten Streifenwagen.

Es ist wie immer im Spätdienst: viel los auf den Straßen, die Leute sind unaufmerksam, bemerken uns zu spät oder auch gar nicht, Fußgänger laufen uns trotz des Lichts und der ohrenbetäubenden Musik auf unserem Dach fast vors Auto, und mein Kollege stiert angespannt nach vorne, während ich an jeder Kreuzung, sobald ich sie einsehen kann, »RECHTS FREI!« über das Geheul hinweg brülle.

Mit quietschenden Reifen kommen wir an. Ein silberner Golf steht quer auf der Fahrbahn, daneben hat sich eine Menschentraube gebildet, ein Rettungswagen ist noch nicht in Sicht.

Auf den ersten Blick kann ich nicht erkennen, wer denn hier verletzt sein soll. Das Auto ist nur leicht beschädigt, und einen zweiten Beteiligten sehe ich nicht.

Wir springen aus dem Streifenwagen und gehen rasch auf die Leute zu, als ich es sehe. Da ist es bereits zu spät, mich innerlich darauf vorzubereiten. »Mist, Janine, das hättest du dir auch denken können!«, murmele ich vor mich hin und werfe einen Blick auf die Grundschule auf der anderen Straßenseite.

Neben dem Auto liegt eine blutdurchtränkte grellorangefarbene Mütze, wie sie die Erstklässler für den Schulweg aufgesetzt bekommen. Daneben ein ausgekippter Schulranzen. Ich dränge mich durch die gaffende Menge. »Ist jemand Arzt? Sanitäter?«

Alle schütteln den Kopf und starren weiter stumm auf den kleinen Jungen herunter, der auf dem Asphalt liegt. Neben dem Kind kniet eine Frau und hält seine Hand. »Ich hab dich nicht gesehen. Es tut mir so leid, ich hab dich nicht gesehen!«, wiederholt sie immer wieder und schaut hilflos auf die Gesichter der Umstehenden, die zwar anklagend auf die Unfallfahrerin schauen, aber selbst keinerlei Anstalten machen, zu helfen oder gar Platz für die Rettungskräfte zu machen.

Ein Blick zu meinem Kollegen reicht aus, und er versteht meinen unausgesprochenen Gedanken: »Schaff die Frau da weg!«

Ich lasse mich auf die Knie fallen und spreche den Jungen an. »Hallo! Ich bin von der Polizei, kannst du mich hören?« Er nickt leicht, was die Platzwunde auf seiner Stirn noch heftiger bluten lässt.

Ich sehe den Schädelknochen unter dem Blut aufleuchten, vertreibe die aufsteigende Panik gewaltsam aus meinem Gesicht und zwinge mich, ihn anzulächeln. »Alles prima. Du bleibst am besten hier genau so liegen. Du machst das super. Kannst du sprechen?«

»Ja!«, erwidert er leise, und ich sehe, wie sich meine Kollegin aus dem zweiten Streifenwagen bemüht, die Schaulustigen zu entfernen, damit wir und die hoffentlich bald eintreffenden Rettungskräfte ungehindert arbeiten können.

»Wer hat den Unfall gesehen? Kennt jemand den Jungen?«, höre ich ihre Stimme, während die Menschen sich langsam und zögerlich in Bewegung setzen. Teilweise murren sie sogar darüber, dass sie weggeschickt werden.

Im Lauf meines bisherigen Berufslebens habe ich mich so an die Gaffer gewöhnt, die immer und überall auftauchen, wo etwas passiert ist, dass ich es kaum mehr wahrnehme, wenn um einen Verletzten zig Leute herumstehen und keiner hilft. Trotzdem würde ich mir wünschen, dass ich irgendwann mal an eine Unglücksstelle komme, an der niemand im Weg steht und versucht, so viel Blut wie möglich zu sehen, sondern wo die Menschen Erste Hilfe leisten, die Beteiligten beruhigen oder einfach nur Platz machen, wenn wir oder die Feuerwehr eintreffen. In ganz krassen Fällen von Gafferei schreiben wir schon mal Anzeigen wegen unterlassener Hilfeleistung, doch dazu muss man in dem Durcheinander an den meisten Unfallorten erst mal die Zeit finden. So aber gehe ich möglichst konzentriert meiner Arbeit nach, denn jegliche Diskussion vor Ort würde nur zu unnötigen Verzögerungen führen.

»Okay, tut dir irgendwas weh?«

Der Kleine schüttelt vorsichtig den Kopf, und ein Schwall dickflüssigen Bluts rinnt erneut aus der Wunde und tropft auf die Straße. »Aber ich kann nicht aufstehen!« Eine Träne läuft über seine schmutzige Wange, und ich nehme seine Hand.

»Das ist nicht schlimm. Weißt du, wenn man einen Unfall hat, dann steht man schon mal so unter Schock, dass einem die Muskeln nicht gehorchen. Das ist ganz normal. Gleich kommt ein Doktor, der schaut sich an, was passiert ist, und gibt dir eine Medizin. Dann wird das schon wieder.«

Ich lege all meine Zuversicht in meine Stimme, und der Kleine lächelt mich an. »Ich wollte ja nur schnell zu meinem Freund auf die andere Straßenseite. Ich hab das Auto gar nicht gesehen, dabei hab ich so gut geguckt.« Um mir zu demonstrieren, wie gut er geguckt hat, bewegt er den Kopf von rechts nach links, und wieder suppt die blutige Masse aus der Stirnwunde. Ich muss mich zwingen, nicht panisch nach einem Notarzt zu brüllen, und schaue ihn weiter an, streichele seine kleine, kalte Hand und versuche unauffällig herauszufinden, wo er sonst noch verletzt ist.

Erleichtert stelle ich fest, dass er weder aus den Ohren noch aus der Nase blutet. Der linke Arm scheint gebrochen zu sein, und an seiner Hüfte bildet sich auf der Jeans ein dunkler Blutfleck.

Für die Kopfwunde kann ich nicht viel tun, sie ist so groß, dass ich keine Ahnung habe, wie ich da einen Druckverband drumbasteln soll. Also nehme ich mir die Wunde an der Hüfte vor. Ich lächele ihm zu, während ich erkläre, was ich gerade mache, immer darauf bedacht, ihn so wenig wie möglich zu bewegen. Als ich gerade seine Hose mit meinem Leatherman so weit aufgeschnitten habe, dass ich die Wunde sehen kann, werde ich zur Seite geschoben.

Notarzt und Sanitäter sind da, entschuldigen sich kurz für ihr Zuspätkommen und übernehmen die Verarztung des Kleinen. Ich zwinkere ihm zu und winke kurz, dann greife ich den Kollegen bei der Unfallaufnahme unter die Arme.

Der Zwerg ist tatsächlich einfach zwischen den parkenden Autos rausgelaufen. Eine Zeugin hat zwar gesehen, dass er sich nach rechts und links umgedreht hat, aber die Autos haben ihm so die Sicht verstellt, dass er den silbernen Golf gar nicht kommen sehen konnte. Obwohl die Frau nach Angabe der Zeugen höchstens 30 km/h fuhr, konnte sie nicht mehr bremsen. Der Kleine knallte auf die Motorhaube und rutschte dann an der Seite herunter, ein Reifen fuhr ihm noch über den linken Arm.

Die Fotos sind gemacht, die Kollegen übernehmen die Benachrichtigung der Eltern, und der Notarzt teilt uns mit, dass es nicht so schlimm ist, wie es aussieht. Platzwunde am Kopf, tatsächlich den Arm gebrochen und eine Fleischwunde an der Hüfte.

Ich scheuche die letzten Gaffer weg, die sich immer noch in der Nähe herumdrücken, und in weniger als vierzig Minuten sieht die Unfallstelle aus, als wäre nichts passiert – abgesehen von der blutbefleckten orangefarbenen Mütze am Straßenrand.

Kaum sitze ich im Auto und habe durchgegeben, dass wir eine Verkehrsunfallanzeige schreiben und dass der Junge ins

Krankenhaus unterwegs ist, haben wir auch schon den nächsten Einsatz. Randalierer in der Fußgängerzone.

Direkt hinter unserer Wache liegt eine Fußgängerzone samt einem größeren Busbahnhof, der leider immer wieder Schauplatz von kleineren Straftaten, Bandenkämpfen und einfachen Streitigkeiten ist. »Randalierer« kann also alles bedeuten, von einem Betrunkenen, der ein wenig herumkrakeelt, bis zu einer ausgewachsenen Schlägerei.

Als wir ankommen, haben sich bereits zwei Gruppen gebildet. Auf der einen Seite mehrere Jugendliche, auf der anderen die üblichen Alkoholiker, die die Bänke dort täglich bevölkern. Sie treffen sich, um zu trinken, tun aber eigentlich niemandem etwas zuleide.

Alle sind aufgebracht und beschimpfen sich quer über den Platz hinweg. Noch im Aussteigen sagt mein Kollege: »Du die Alkis, ich die Gettokinder!«

Ich nicke und steuere auf die fünf Frauen und Männer zu, die sich vor ihren Stammplätzen aufgebaut haben.

»Ah, Frau Binder, gut, dass Sie da sind. Sie sind in Ordnung. Sie können das hier mal klären!«

Ich grinse. Herr Eichner ist uns allen wohlbekannt. Ständig betrunken, manchmal ein wenig lästig, aber immer sehr freundlich und leider häufig total verwirrt.

»Herr Eichner, was ist denn passiert?«, frage ich.

Aus der Jugendgruppe schreit einer: »Ey, was redet die Bullenschlampe mit den Pennern?«, wird aber sofort durch meinen Kollegen scharf zurechtgewiesen.

»Die haben mein Bier umgetreten, die Jungens da!« Jetzt hat Herr Eichner fast Tränen in den Augen. »Das dürfen die doch nicht! Ich hab nur hier gesessen und mit meinen Freunden ein Bier getrunken, da kam der da mit den komischen Haaren und hat einfach mein Bier umgetreten. Ich hab gesagt, ist ja nicht so schlimm, soll er mir halt ein neues kaufen. Da hat er gesagt, ich wäre Sozialschmarotzer, und er pisst auf mein Bier.

Als ich noch jung war, hätte ich dem eine in die Fresse gehauen!«

Wütend schüttelt er die Faust in Richtung der Jugendlichen, seine Freunde bestätigen, was er erzählt hat.

»Herr Eichner, ruhig bleiben. Wir machen das schon. Setzen Sie sich hier hin, und ich geh mal eben rüber und schau, was die Jungs dazu sagen.«

»Sozialschmarotzer, ich! Die haben in ihrem Leben noch nicht gearbeitet, aber mich armen Rentner Sozialschmarotzer nennen!«, brabbelt er vor sich hin.

Grimmig schauend, baue ich mich neben meinem Kollegen auf, der aufgrund der fadenscheinigen Aussagen der Jungs auch ohne die Aussage von Herrn Eichner schon kapiert hat, wer hier wem was Böses wollte.

»Armselig seid ihr, alle miteinander! Legt euch meinetwegen mit euresgleichen an, aber lasst die alten Leute in Ruhe. Die tun euch doch nichts!«

»Die versaufen unsere Steuergelder!«

»Die verhässlichen unsere Stadt, die Asis da!«

»SOZIALSCHMAROTZER SIND DAS!«

»Die tun den ganzen Tag nix und stinken hier rum, und der Staat bezahlt das auch noch!«

Der Kollege lächelt freundlich: »So, so, Kevin, welche Steuern zahlst du denn so als Schüler? Und wenn ich mich richtig erinnere, geht dein Vater schon seit mehr als einem Jahr nicht mehr arbeiten. Der zahlt also auch keine Steuern. Abgesehen davon, dass Herr Eichner Rentner ist, der hat seinen Anteil bereits geleistet. Ihr geht ihm jetzt ein neues Bier kaufen und entschuldigt euch. Und dann will ich euch hier nicht mehr sehen!«

Murrend ziehen zwei der Jungs los zum Kiosk und tauchen Minuten später mit zwei Bierflaschen wieder auf. Ihre gemurmelte Entschuldigung quittiert Herr Eichner mit hochgezogenen Augenbrauen, dann verschwinden die Kids Richtung Jugendzentrum.

Herr Eichner und seine Kumpels sitzen jetzt wieder friedlich auf ihrer Bank. »Alles gut, Herr Eichner?«, will mein Kollege wissen.

»Ja, wollt ihr euch nicht setzen und ein Bierchen mittrinken?«

Ich betrachte grinsend die Bank, die herrlich in der Frühlingssonne steht, und das einladende Früh Kölsch in Herrn Eichners Hand. »Wollen schon, dürfen aber nicht!« Lachend gehen wir zum Streifenwagen.

»Zeigen Sie die jetzt an, weil die Bullenschlampe zu Ihnen gesagt haben, Frau Binder?«, ruft er mir hinterher.

»Wenn ich jeden anzeigen würde, der mich beschimpft, hätte ich viel zu tun. Da bliebe dann keine Zeit, Ihnen Ihr Bier wiederzubeschaffen!«, erwidere ich und winke.

Er winkt zurück, als wir wegfahren.

»Streit geschlichtet«, fasse ich den Einsatz über Funk zusammen.

»Wunderbar, geht direkt weiter. Acht aufgebrochene Pkw im Flughafenparkhaus!«

Seufzend bestätige ich, und wir fahren in Richtung Flughafen. Viel Schreibkram für nichts. Geknackte Autos sind nur dann interessant, wenn die Täter beobachtet, auf Video aufgenommen oder gar von irgendjemandem gestellt wurden. Alles andere ist lediglich Arbeit, die wir für die Versicherungen machen: Fotos von den Beschädigungen und Auflistungen, was fehlt. In seltenen Fällen finden wir mal ein bisschen Blut an einem eingeschlagenen Fenster oder ein paar Fingerabdrücke auf einer glatten Oberfläche, aber in den meisten Fällen ist es eher frustrierend. Häufig haben die Geschädigten keine Ahnung, was genau aus ihrem Auto fehlt, geschweige denn eine Identifizierungsnummer des Navigationsgeräts oder des Radios notiert, sodass selbst dann, wenn wir bei einem unserer kleinen Übeltäter mal ein paar Radios und Navis finden, die Zuordnung fast nicht möglich ist. Am Flughafen kommt erschwerend hinzu, dass die Geschädigten meist gar nicht da sind, sondern auf Mallorca oder in der Türkei in der Sonne liegen. Also müssen wir uns obendrein noch um die Sicherung der Fahrzeuge kümmern.

Während wir auf den Abschleppdienst warten, der die acht Autos in den dafür vorgesehenen gesicherten Käfig im Parkhaus schleppt, zücke ich mein iPhone und spiele eine Runde TinyWings. Mein Kollege sortiert bereits die Fotos des Unfalls auf der Speicherkarte unserer Kamera. Hier im Parkhaus sieht uns eh keiner, wir können niemandem sonst behilflich sein oder durch eine Kontrolle auf die Nerven gehen, und so vergeht wenigstens die Wartezeit angenehm zügig.

Anschließend nehmen wir zwei kleinere Unfälle auf, zanken uns mit einem Herrn herum, der mit seinem Elektrorollstuhl mitten auf der Straße langfährt statt auf dem Radweg und der all unsere Erläuterungen mit den Worten »Interessiert mich nicht! Ich bin behindert, ich darf das!« kommentiert.

Wir helfen beim Einfangen eines ausgerissenen Schäferhunds am Rheinufer, und als wir gerade die Wache ansteuern wollen, um schnell was zu essen und unsere Anzeigen zu Papier zu bringen, wird uns eine Messerstecherei am Busbahnhof gemeldet. Sofort rennen alle gerade auf der Wache befindlichen Streifenbesatzungen zu den Streifenwagen, Blaulicht und Martinshorn ist aus allen Richtungen zu sehen und zu hören, und wir fliegen mit dem Großaufgebot in den Busbahnhof ein.

Dort gibt es ziemlich schnell Entwarnung: Vier Jugendliche haben sich ein wenig herumgeschubst und Spaß gemacht, Passanten geben an, ein Messer gesehen zu haben. Niemandem ist was passiert. Sofort sinkt unser Adrenalinspiegel wieder, ein Wagen bleibt vor Ort und klärt den genauen Hergang, während mein Kollege und ich uns wieder zur Wache begeben und den zweiten Versuch starten, unseren Schreibkram zu erledigen.

Der Rechner fährt hoch, während ich mir zwei Brote schmiere. Aber wieder ist unser Vorhaben nicht von Erfolg gekrönt: Jugendliche haben in der einbrechenden Dunkelheit einen Gullydeckel auf der Schnellstraße entfernt. Erneut lasse ich alles stehen und liegen, greife mir diesmal aber geistesgegenwärtig meine beiden Brote und laufe zum Streifenwagen.

»Hirnverbrannte Kinder! Wenn da jemand reinfährt, ist Polen offen!«, meint mein Kollege. Ich nicke nur und beiße von meinem Brot ab.

Als wir vor Ort eintreffen, ist natürlich niemand mehr da. Dummerweise ist auch der Gullydeckel nirgendwo zu sehen, und das Loch in der Straße stellt eine echte Gefahr dar.

Wir platzieren den Streifenwagen davor und bauen ein paar Hütchen auf. Während wir auf Mitarbeiter der Stadt warten, die einen neuen Gullydeckel bringen sollen, mache ich es mir auf dem Beifahrersitz bequem und beginne mit meinem verspäteten Mittagessen.

»So gut hätte ich es auch gern mal!« Ein älterer Mann, offenbar Rentner, hat mit seinem Fahrrad auf dem Radweg neben uns angehalten und gestikuliert wild mit den Händen. »Dafür hab ich also all die Jahre meine Steuern gezahlt, damit SIE hier herumstehen, den Verkehr blockieren und Pause machen!«

Eigentlich habe ich es mir abgewöhnt, auf solche dummen Bemerkungen überhaupt zu reagieren. Aber der Herr steht abwartend neben meinem Fenster und sieht mich herausfordernd an. Also lasse ich die Scheibe ein Stück weiter herunter, während mein Kollege leise murmelt: »Wenn man keine Ahnung hat, einfach mal die Klappe halten!«

Freundlich lächelnd, frage ich den aufgebrachten Mann: »Was genau hätten Sie auch mal gerne?« Dabei schaue ich auf die Uhr. Eigentlich hätten wir seit einer halben Stunde Dienstschluss, und ein paar Anzeigen muss ich auch noch schreiben.

Da er nicht antwortet, sondern mich weiterhin böse ansieht, antworte ich an seiner Stelle: »Ich nehme an, Sie hätten auch mal gerne einen Zehn-Stunden-Dienst, bei dem Sie nicht mal Zeit finden, Ihr mitgebrachtes Essen auf der Wache zu essen, und das dann im Streifenwagen machen müssen, zwischen zwei Einsätzen, während Sie sich Ihre Kleidung vollkrümeln und natürlich vergessen haben, etwas zu trinken einzupacken? Oder würden Sie auch gerne mal auf einer unbeleuchteten, kurvigen Landstraße stehen, einen offenen Gully bewachen und bei jedem Auto, das von hinten angerast kommt, hoffen, dass der Fahrer nicht grad an seinem Handy herumspielt und Sie rechtzeitig sieht?«

Ich blicke ihn abwartend an, erhalte aber nur ein gepresstes »Unverschämtheit!« zur Antwort, während er sich auf sein Rädchen schwingt und weiterfährt.

Als ich mich wieder zurücklehne und den letzten Rest von meinem Brot esse, grinst mein Kollege mich an. »Ich wette, das gibt 'ne Beschwerde! Hundertprozentig gibt das 'ne Beschwerde! Warum reagierst du auf so was überhaupt?«

Bockig antworte ich: »Weil man sich ja nun nicht alles gefallen lassen muss!«

In dem Moment erscheinen die Herren von der Stadt mit einem neuen Gullydeckel, setzen ihn ein, und wir können endlich zur Wache fahren. Dort übergeben wir unsere Autoschlüssel den Kollegen vom Nachtdienst, die schon auf uns warten und sofort zu den nächsten und teilweise noch vom Spätdienst übrig gebliebenen Einsätzen aufbrechen.

Für uns ist aber leider immer noch nicht Feierabend angesagt. Die Anzeigen wegen der aufgebrochenen Autos müssen geschrieben werden, das hat leider nicht bis zum nächsten Tag Zeit, und tatsächlich verlassen mein Kollege und ich erst nach fast zehn Stunden Dienst die Wache, trinken kein Feierabendbierchen mehr mit den anderen Kollegen, sondern schleppen uns zu unseren Autos und fahren hundemüde nach Hause.

Samstag – Nachtdienst

Bleibt nur noch der Nachtdienst, die Schicht, die jeden aus dem normalen Rhythmus bringt, mir aber immer noch am besten gefällt, obwohl man von spätabends bis frühmorgens arbeitet, dann den Tag verschläft und erst am Nachmittag wieder aufwacht.

Unter der Woche geht es meist recht ruhig zu. Ab zwei, drei Uhr treibt sich kaum noch jemand auf den Porzer Straßen herum, und die Anzahl der Einsätze hält sich in Grenzen. Will man nicht untätig abwarten, bis der nächste Einsatz kommt, macht man sich selbst auf und sucht sich die Arbeit. So hat man in den ruhigeren Nachtdiensten Zeit, abgelegene Parkplätze, Industriegebiete oder auch Wohngebiete präventiv zu bestreifen, zu schauen, ob man einen Betrunkenen am Steuer eines Autos erwischt, oder um einfach mal an den Treffpunkten der Jugendlichen ein paar Kontrollen im Hinblick auf Drogen durchzuführen.

Hin und wieder ist es im Nachtdienst tatsächlich so tot, dass man nur versucht, irgendwie die Zeit herumzukriegen, und den Feierabend herbeisehnt. Und trotzdem heißt es, immer wach und einsatzbereit zu sein, denn in der nächsten Minute kann es schon wieder losgehen, und man kann voll gefordert sein.

Ich mag Nachtdienste, die hektischen genauso wie die ruhigen und beschaulichen. Denn bei den Einsätzen im Nachtdienst geht es überwiegend um das, weshalb ich zur Polizei gegangen bin: um die Bekämpfung von Kriminalität. Die Menschen, die uns nachts um Hilfe bitten, sind ganz andere als die, mit denen wir es tagsüber zu tun haben.

Und natürlich erfüllt es mich auch mit einer gewissen Befriedigung, wenn ich selbst jemanden bei einer Missetat erwische und nicht erst gerufen werde, wenn der Täter schon über alle Berge ist und ich genau weiß, dass ich eigentlich kaum noch etwas tun kann. Die Chancen dafür, jemanden auf frischer Tat zu erwischen, sind nachts einfach höher.

»Guten Morgen!« Grinsend und bereits in Uniform betrete ich die Wache. Zum Nachtdienst komme ich immer gut gelaunt und meist überpünktlich, weil ich weiß, dass die Kollegen vom Spätdienst froh sind, wenn sie sich endlich an ihren Schreibkram begeben können, den sie während des Nachmittags und Abends angesammelt haben.

»Guten Morgen? Sag bloß, du bist grad erst aufgestanden!« Meine Kollegin grinst mich an. »Alte Schlafmütze!«

Wir übernehmen unseren Streifenwagen vom Spätdienst, die Kollegen verdrücken sich gestresst in die Schreibräume, und ich frage beim Funker, ob noch Einsätze offen sind oder ob ich mich sonstwie nützlich machen kann.

Heute werden wir sofort raus auf die Straße geschickt, fahnden. Ein Sechzehnjähriger hat sich das Auto der Frau Mama geschnappt, ist offenbar betrunken und kurvt nun durch Köln. Bisher ist er noch niemandem aufgefallen, es scheint also, dass er trotz Alkohol und fehlendem Führerschein ganz gut fährt.

Ich sitze am Steuer, und wir rollen, nach rechts und links spähend, durch unseren Bereich. Da deutet die Kollegin auf einen vor uns fahrenden schwarzen Kleinwagen. »Der ist nicht angeschnallt!«

Auch ich hatte das bemerkt, wollte aber eigentlich großzügig darüber hinwegsehen. »Na gut, halten wir ihn an! Nach unserem kleinen Besoffski können wir auch später wieder Ausschau halten.«

Wir geben das Anhaltesignal, und der Kleinwagen stoppt so unvermittelt, dass ich ihm fast hinten drauffahre. Das rechte Rücklicht ist auch defekt, nehme ich zur Kenntnis, während ich aussteige.

»Guten Abend, Binder, Polizei Köln-Porz. Führerschein und Fahrzeugschein bitte!«

Am Steuer sitzt ein Junge mit einer beeindruckend stacheligen Frisur. Er sieht mich mit großen Augen an wie ein verschrecktes Kaninchen und reagiert nicht. Ich wiederhole meine

Aufforderung, sehe, wie sich seine Hand kurz Richtung Schalthebel bewegt, und mache mich bereit, zum Auto zurückzusprinten, falls er jetzt Gas geben sollte.

»Motor bitte auch aus!«, ergänze ich meine kleine Ansprache, und er leistet brav Folge. Trotzdem ist hier irgendwas faul, ich spüre es.

Über das Autodach hinweg tausche ich einen Blick mit meiner Kollegin. Die zieht eine Augenbraue hoch, ihr Bauchgefühl scheint also auch irgendwas anzudeuten.

Der Junge fingert unter unseren kritischen Blicken seine Papiere aus dem Handschuhfach und reicht sie mir. Ich betrachte den Führerschein und dann sein Gesicht, das er jetzt verschämt abwendet. Auffällig, wie er jeden Blickkontakt mit mir vermeidet.

»Sie waren nicht angeschnallt!« Ich beuge mich ins Fahrzeug und schnuppere, stutze und schnuppere dann noch mal. »Himmelherrgott, und in Ihrem Auto riecht's nach Gras, als hätten Sie einen ganzen Coffeeshop dabei! Steigen Sie mal aus!«

Langsam steigt er aus und stellt sich, wie man es im Fernsehen oft sieht, mit erhobenen Händen und leicht schwankend neben das Auto, ohne dass ich was gesagt oder getan hätte. Meine Kollegin kommt zu uns rüber.

»Also, wann hast du ... wann haben Sie den letzten Joint geraucht?« Häufig fällt es mir schwer, bei einem so jungen Burschen beim »Sie« zu bleiben.

Er schweigt nur und sieht mich über die Schulter hinweg an. Die Kollegin funkt bereits nach einem männlichen Kollegen für die Durchsuchung, die wir Mädels bei männlichen Personen nur in Ausnahmefällen durchführen dürfen.

»Ich hab nichts geraucht!« Er spricht so schleppend, dass ich gar keine weiteren Anhaltspunkte brauche, um zu wissen, dass er komplett stoned ist.

»Ja, genau, und ich bin der Weihnachtsmann! Haben Sie noch was von dem Kram dabei?«

Fahrig schüttelt er den Kopf, denkt aber doch kurz nach. »Weiß nicht, kann sein, im Kofferraum!« Er betrachtet interessiert seine Schuhspitzen und schwankt selbst im Stehen noch vor und zurück. Ein Wunder, dass er überhaupt geradeaus fahren konnte.

Der zweite Streifenwagen trifft ein, einer der Kollegen tastet den Jungen kurz ab und findet zwei kleine Päckchen mit Speed in seiner Hosentasche.

»Ey, das ist nicht von mir!«

Unbeeindruckt packen ihn die Kollegen in den Streifenwagen, um ihn wegen »Fahrens unter Betäubungsmitteleinfluss« zur Blutprobe auf die Wache zu bringen.

Anschließend durchwühlen meine Kollegin und ich systematisch das Auto. In zwei CD-Hüllen finde ich zwei weitere kleine Päckchen, diesmal mit Gras. Im Kofferraum entdecken wir schließlich ein ganzes Paket kleiner, aber leerer Portionsbeutelchen und eine große Tupperdose mit etwa sechshundert Gramm Marihuana.

»Toller Fang, und das nur, weil er nicht angeschnallt war!« Ich parke den Wagen am Straßenrand, schließe ihn ab, und wir fahren ebenfalls zur Wache. Das Dope hab ich in einer großen Tupperdose verstaut und in den Kofferraum verbannt, damit unser Auto nicht den Rest der Nacht danach riecht.

Auf der Wache ist der Arzt bereits eingetroffen und nimmt dem Burschen Blut ab. Der jammert, als ginge es um sein Leben. Eines haben sie alle gemeinsam, egal, wie cool sie auf der Straße sind: Wenn der Arzt die Nadel auspackt, wird gewinselt und hin und wieder sogar ein bisschen geweint.

Ungerührt betrachte ich den Jungen, tüte seinen Führerschein ein und packe seine persönlichen Sachen in ein Kistchen. Ein Telefonat mit der Kriminalwache hat ergeben, dass sie ihn wegen der Menge an Gras erst mal vorläufig festnehmen wollen: Verdacht des Handels mit Betäubungsmitteln.

All das erkläre ich ihm, und die Kollegen bieten sich an, ihn ins Gewahrsam zu fahren. Unsere Zellen auf der Wache sind ja nur für kurze Aufenthalte gedacht, und er wird warten müssen, bis der Haftrichter am nächsten Tag für ihn Zeit hat, während ich die Anzeigen wegen der Verkehrsdelikte und wegen des Verstoßes gegen das Betäubungsmittelgesetz tippe und die Kollegin das Gras wiegt und ordentlich verpackt.

Mittlerweile stinkt die ganze Wache nach dem süßlichen Zeug, und die Kollegen meckern schon, ob wir nicht was Besseres zu tun gehabt hätten, als ausgerechnet einen Haufen Gras anzuschleppen. Ich zucke entschuldigend mit den Achseln, als zwei andere Kollegen mit dem Burschen eintreffen, der mit dem Auto seiner Mutter besoffen von zu Hause abgehauen war.

»Heute scheinen wir sie ja alle zu kriegen!«, flötet unser Chef und bedeutet dem Arzt, dass er direkt eine weitere Blutprobe nehmen darf.

Der Kleine zickt ein wenig rum und zieht immer wieder seinen Arm weg, bis es dem Kollegen reicht. Er legt seinen kräftigen Arm um das Genick des Jungen und verursacht durch den Nackenhebel einen ordentlichen Druckschmerz, während ich den Arm festhalte.

»Stell dich nicht so an. Blut bekommen wir von dir auf jeden Fall, auch wenn du noch so zappelst!«, meint der Arzt und stößt ihm relativ unsanft die Nadel in den Arm.

»FOLTER!«, kreischt der Bube genau in dem Moment, als seine Mutter mit wogendem Busen und wehenden Röcken in den Raum rauscht.

»FOLTER! DIR GEB ICH FOLTER! Du hast Hausarrest, Spüldienst, und das Mofa bleibt die nächsten zehn Jahre in der Garage. Alkohol kannst du auch vergessen, Taschengeld ist gestrichen. Du kannst froh sein, dass ich dich überhaupt abholen komme!«

Wir Polizisten verlassen grinsend den Raum, damit die Mama ihre Strafpredigt ungestört fortsetzen kann. Es tut gut, auch mal Eltern zu erleben, die die Fehler bei ihren Kindern suchen und nicht uns für die Missetaten ihrer Youngsters verantwortlich machen, wie es leider häufig genug vorkommt. Wir hegen die leise Hoffnung, dass unsere beiden Kandidaten ihre Lektionen aus der heutigen Nacht lernen werden, sind aber eigentlich darauf eingestellt, dass wir den beiden ab heute häufiger begegnen werden.

»Häusliche Gewalt!«, ertönt in dem Moment die Stimme des Funkers und schickt uns und einen weiteren Streifenwagen zu einer deutsch-russischen Familie, in der es eigentlich grundsätzlich am Wochenende rappelt und die wir alle bereits kennen. An der angegebenen Adresse, einem Hochhaus in Finkenberg, wohnen die »Klitschkos«, wie wir sie nennen. Zwei Brüder, beide zwei Meter groß, jeder weit über hundert Kilo schwer und durchtrainiert bis in den letzten Muskel. Dummerweise trinken beide gerne mal einen über den Durst, und dann gehen sie sich gegenseitig ans Leder. Bisher war es zum Glück immer so, dass sie sich bei unserem Eintreffen wieder beruhigt hatten. Mir fällt nämlich auf die Schnelle heute Nacht kein Kollege ein, der es kräftemäßig mit den Brüdern aufnehmen könnte. Und selbst zu viert hätten wir meiner Ansicht nach keine große Chance gegen die beiden, ohne fiese Tricks anzuwenden.

Bereits vor dem Haus sind laute Stimmen zu vernehmen. Sie kommen aus den Fenstern im 8. Stock. Wir stürmen die Treppen hoch und kommen ziemlich außer Atem an.

Die Wohnungstür ist bereits offen, der Vater empfängt uns. »Jungs sind wieder GAGA!« Er tippt sich an die Stirn und tritt zur Seite, um uns in den schmalen Flur zu lassen.

Intelligenterweise bin ich die Erste, wofür ich mir am liebsten selbst in den Hintern getreten hätte. »Warum lasse ich eigentlich nicht den kräftigen Kollegen den Vortritt, sondern flitze wie ein wild gewordener Handfeger als Erste die Treppen hoch?«, frage ich mich, als mein Blick auf eine total verbogene Gabel auf dem Boden fällt, an der Blut klebt.

»Polizei!«, ruft mein Kollege hinter mir, und wir tasten uns langsam weiter in die Wohnung rein. Automatisch fährt meine Hand an die Waffe.

In der Küche werden wir fündig. Einer der Brüder liegt ausgestreckt am Boden und regt sich nicht, der andere hockt daneben und wimmert Entschuldigungen. Wir stürmen zu viert in den Raum, die beiden männlichen Kollegen zerren den großen Kerl von seinem Bruder weg, stellen ihn an eine Wand und tasten seine Hose nach Gegenständen ab, während meine Kollegin einen Rettungswagen verständigt und ich mich neben den Verletzten auf den Boden knie.

Auf der Stirn hat er mehrere kleine rote Punkte, aus denen langsam Blut sickert, am Hinterkopf eine große Platzwunde, aus der das Blut geradezu herauspulsiert. Die Punkte stammen eindeutig von der blutigen Gabel im Flur, also bitte ich die Kollegin, sie als Beweismittel einzusammeln.

Der Riese hat die Augen geschlossen, scheint aber halbwegs bei Bewusstsein. Sein Bruder wehrt sich zum Glück nicht, lässt sich Handfesseln anlegen und von den Kollegen aus der Wohnung führen. Irgendjemand reicht mir ein paar Mullbinden und Verbandspäckchen, und ich lege dem Verletzten einen zwar nicht schönen, aber offenbar wirksamen Druckverband am Hinterkopf an. Zweimal versucht er dabei, nach mir zu schlagen, aber seine Bewegungen sind kraftlos, und die Arme wischen folgenlos durch die Luft.

»Ich helfe Ihnen nur, halten Sie still!«, meckere ich ihn an. Da dreht er sich zur Seite und schläft einfach ein.

Als die Sanitäter eintreffen, liegt der Kerl laut schnarchend auf dem Küchenboden, und ich stehe mit blutigen Händen daneben und grinse ein wenig hilflos. Selbst als sie ihn auf die Trage laden, wird er nicht wach. Ächzend und schnaufend schaffen die Sanis ihn mit unserer Hilfe die acht Stockwerke hinunter.

Unten steht sein Vater, von dem wir endlich erfahren, was

passiert ist. Der eine Bruder hat die Freundin des anderen beleidigt, beide hatten wie immer viel getrunken. Erst prügelten sie sich, dann hatte der eine die Gabel in der Hand, und der andere griff zur Bratpfanne.

Kopfschüttelnd notiere ich alles. »Sachen gibt's!«, kommentiere ich den Einsatz, als wir wieder im Streifenwagen sitzen.

Die Kollegin zuckt mit den Achseln: »Ich bin bei denen immer nur froh, dass sie sich gegenseitig in die Fresse hauen und nicht mal plötzlich gemeinsam auf uns losgehen!«

Stumm nicke ich und fahre uns zum nächsten Einsatz. In der Nähe des Flughafens ist ein Auto in eine Rotte Wildschweine gefahren, die auf der Straße herumliefen.

Als wir ankommen, sieht die Landstraße aus wie ein Schlachtfeld. Überall Glassplitter, verbogenes Metall und Plastikteile, aber nirgendwo auch nur ein totes Wildschwein. Auch gut. Am Straßenrand steht ein Smart mit eingedrückter Front und zersplitterter Windschutzscheibe, in dem aber niemand sitzt. Suchend blicke ich mich um und sehe eine Frau, die auf dem Boden hockt und am ganzen Leib zittert.

Rasch gehe ich auf sie zu. »Binder, Polizei Köln-Porz!«, stelle ich mich vor. Ich habe kaum ausgesprochen, da springt die Frau auf, wirft sich mir in die Arme und beginnt hemmungslos zu weinen.

»Ist ja gut, ist ja gut. Ganz ruhig!« Sanft streiche ihr über den Rücken, um sie zu beruhigen und gleichzeitig unauffällig festzustellen, ob sie verletzt ist, während meine Kollegin und ich uns irritiert ansehen.

Die Kollegin geht um den Smart herum und macht plötzlich keuchend einen Schritt zurück. »Ach du Scheiße!«, entfährt es ihr. »Janine, das musst du dir ansehen!« Sie scheint sich von ihrem ersten Schreck erholt zu haben und grinst mich an.

Die Dame in meinen Armen atmet jetzt etwas ruhiger, und ich schiebe sie vorsichtig in Richtung Streifenwagen. »Setzen

Sie sich solange in unser Auto. Brauchen Sie einen Rettungswagen? Soll ich jemanden anrufen?«

Sie schüttelt den Kopf, zückt dann ihr Handy und wählt eine Nummer. Ich gehe zu dem Smart, und jetzt sehe auch ich, was mir eben beim flüchtigen Blick auf den Fahrersitz entgangen war: Dort liegt eine tote Wildsau, den Rüssel auf dem Armaturenbrett, den Hintern auf dem Polster des Beifahrersitzes.

»Ach du Scheiße!«, entfährt es auch mir wenig damenhaft, und ich muss gleichzeitig ein Kichern unterdrücken.

»Das kann man wohl laut sagen.« Die Kollegin wählt bereits die Nummer der Wache, um einen Jagdausübungsberechtigten für dieses Gebiet zu verständigen, der sich um die Beseitigung des Kadavers kümmern wird. Totes oder gar verletztes Wild nach einem solchen Unfall einfach liegen zu lassen oder gar einzupacken ist verboten und kann sogar den Straftatbestand der Wilderei erfüllen.

Nach einem kurzen Blick auf die Dame in unserem Streifenwagen beginne ich mit meiner Arbeit.

Eigentlich sind für so einen Unfall keine Fotos vorgesehen, aber es glaubt uns ja doch niemand, wenn wir das nicht dokumentieren. Ich knipse also die tote Sau auf dem Beifahrersitz, dann kehre ich die Scherben und das Metall in den Straßengraben.

Kurz darauf trifft der Mann der Smart-Fahrerin ein, und sie bricht erneut in Tränen aus. Aber statt sie in den Arm zu nehmen und froh darüber zu sein, dass sie offensichtlich unverletzt ist, weist er sie nur rüde zurecht und meckert sie an, dass sie sich nicht so anstellen solle. Ich bin froh, dass sie sich zumindest an meiner Schulter kurz ausweinen konnte.

Er macht die Beifahrertür des Autos auf, schnauzt mich an, dass die Sau den Sitz versaut und warum wir die noch nicht weggeräumt hätten. Dann geht er um den Wagen herum, öffnet die Fahrertür und befördert das tote Viech mit einem Fußtritt nach draußen.

Vorsichtig merke ich an, dass der Wagen nach dem Zusammenstoß ohnehin Schrott sei, was mir den Kommentar einbringt, dass ich als Frau von so was ja wohl überhaupt keine Ahnung hätte. Ich lächele freundlich und unverbindlich, denke mir: Arschloch, und freue mir fast ein Loch in den Bauch, als der Fahrer des Abschleppwagens den Smart auflädt und konstatiert: »Na, da ist wohl nix mehr zu machen, den können Sie nur noch verschrotten!«

Mir entweicht ein ganz unprofessionelles, aber triumphierendes »Sag ich doch!«, dann drücke ich dem freundlichen Menschen die Unfallmitteilung in die Hand. »Schöne Nacht noch!«, wünsche ich den beiden. Die Sau zerren wir von der Straße auf den Seitenstreifen, wo der Jäger sie am nächsten Tag einsammeln wird, und schon sitzen wir wieder im Auto.

»Hunger!«, stöhnt die Kollegin auf dem Beifahrersitz, und ich fahre uns zu McDonald's, wo wir uns mit Proviant eindecken. In einer Sackgasse des Gewerbegebiets halten wir an und beginnen zu futtern, immer noch fassungslos und total fasziniert wegen der Sau im Smart.

»Himmel, stell dir vor, die hätte noch gelebt, als sie auf dem Sitz gelandet ist. Die Frau wäre Matsch gewesen!«

Ich nicke und beiße herzhaft in meinen Burger, nehme einen Schluck Cola und deute auf einen klapprigen Kleintransporter mit rumänischen Kennzeichen, der erst auf uns zufährt und dann, als er unseren Streifenwagen sieht, anhält und schnell wendet.

»Was war denn das?«, frage ich mit vollem Mund.

»Och Mensch, immer wenn ich grad esse!«

Rasch stopfen wir alles in unsere Tüten, die Kollegin hält unsere Colabecher in der Hand, während ich Gas gebe und hinter dem Transporter herfahre. »Vielleicht wieder Kabeldiebe, der Altmetallpreis ist zurzeit ziemlich hoch! Wenn ich mich richtig erinnere, wurde da letztens so ein Transporter im Zusammenhang mit Kabelklau erwähnt. Erinnerst du dich, als sie die Kupferkabel der Verkehrsbetriebe geklaut haben und stundenlang keine S-Bahn fuhr?«

Die Kollegin nickt und nimmt einen Schluck aus ihrem Colabecher, während ich auf die Taste für das »Stop«-Zeichen drücke.

Der Transporter hält sofort an, und es steigen fünf offenbar osteuropäische Männer in dunkler Arbeitskleidung und mit Lederhandschuhen aus. Sie sind freundlich – zu freundlich, finde ich – und nervös – zu nervös. Wir fordern sie auf, sich in einer Reihe am Straßenrand aufzustellen. Während ich versuche, sie durch grimmige Blicke in Schach zu halten, und mir wohl bewusst bin, dass wir ein grandioses Chaos hätten, wenn jetzt auch nur einer losrennen würde, wirft meine Kollegin einen Blick in das Auto.

»Nix! Alles leer! Wollten wohl grad erst anfangen!«, ruft sie mir zu.

»Was anfangen? Wir nur wollten nach Hause. Haben verfahren, falsche Ausfahrt genommen!« Der Fahrer lächelt mich gewinnend an.

Ich ignoriere ihn einfach. »Die Ausweise bitte!«

Alle wühlen in ihren Taschen, bis ich von jedem eine Identitätskarte in den Fingern halte und sie per Handy auf der Wache überprüfen lasse. Unser Bauchgefühl hat uns nicht getrogen: Alle sind polizeilich bekannt, wegen Einbruch und Diebstahl.

Ein weiterer Streifenwagen, offenbar ebenfalls auf dem Weg zu McDonald's, kommt vorbei und hält neben uns an. »Sollen wir mal kurz in die Taschen gucken, Mädels?«

Ich winke die Kollegen heran, aber in den Taschen der Männer findet sich nichts wirklich Verbotenes: ein paar Schraubendreher (»Bau ich grad zu Hause Badezimmer neu auf!«), eine Brechstange (»Hab ich immer dabei, wegen gefährlich auf Straßen!«) und zwei Taschenmesser (»Ordentlicher Handwerker braucht Messer!«).

Seufzend gebe ich alles wieder heraus und notiere mir die Daten.

»Warum du schreibst uns auf? Wir nichts gemacht. Nix Zabzarab diese Mal!«

»Ja, und damit das heute Nacht so bleibt, schreib ich Sie auf. Wenn wir morgen feststellen, dass hier in der Gegend irgendwem was fehlt, dann wissen wir, dass wir bei Ihnen suchen müssen!«

»Das nicht fair, feine Frau. Das nicht fair! Auto ist leer, hast du gesehen, feine Frau!«

Schulterzuckend gebe ich die Ausweise zurück. »Was ist schon fair? Kabelklauen? Macht, dass ihr wegkommt!«

Die Männer steigen wieder ein, wir ebenfalls. Ich beiße in meinen kalten Burger und muss würgen. Mit einem lauten »Bäääh!« lasse ihn zurück in die Tüte fallen und werfe sie auf den Rücksitz. Auch die Kollegin rührt ihr Essen nicht mehr an. Auf der Wache stopfen wir beides in die Mikrowelle. Die Reste sind jetzt matschig, aber wenigstens warm. Wir futtern sie nebenher, während wir unsere Schreibarbeiten erledigen.

Langsam tritt jetzt die Nachtdienstmüdigkeit ein. Ich habe Schwierigkeiten, mich zu konzentrieren, immer wieder fallen mir vor dem Bildschirm die Augen zu. Schließlich renne ich ein paarmal den Flur rauf und runter, um meinen Kreislauf in Schwung zu bringen. Was aber auch nur kurz hilft.

»Einsätze?«, frage ich den Funker, aber der schüttelt den Kopf.

»Setz dich 'nen Moment, Kleines, und mach Augenpflege!«

Ich hocke mich auf einen der Stühle und stiere auf den Fernseher. Immer wieder fallen mir die Augen zu, aber ich kämpfe wacker. Als die Leitstelle sich über Funk meldet, sitze ich sofort senkrecht, reibe mir die Augen und lausche gespannt.

Wenige Sekunden später rasen wir mit flackerndem Blaulicht durch die Nacht. Einbrecher! Der Anrufer hat Fremde beobachtet, die im Haus seiner Nachbarn, die im Urlaub sind, herumgeistern.

Adrenalin schießt mir durch jeden einzelnen Muskel, und angespannt sitze ich am Steuer. Über Funk koordiniert der Funker die anderen Streifenwagen. Aus jeder Richtung ist jemand unterwegs. Kurz bevor wir ankommen, schalte ich das Blaulicht ab. Das Martinshorn war zu der Uhrzeit eh nicht an.

Als wir aussteigen, treffen zwei weitere Streifenwagen ein. Selbst wie Einbrecher, schleichen wir durch den dunklen Vorgarten, postieren an jeder Hausseite einen Kollegen, dann gehen zwei von uns ins Haus.

Ich stehe an der Terrassentür, durch die die Täter sich offenbar Zutritt verschafft haben und durch die jetzt auch die Kollegen ins Haus gelangen. Meine Hand ruht an der Waffe, konzentriert beobachte ich die Fenster der Hausrückseite, meine, eine Bewegung im Obergeschoss zu sehen, und höre die Kollegen brüllen: »POLIZEI! KEINE BEWEGUNG!«

Meine Füße zucken, am liebsten würde ich ebenfalls ins Haus stürmen und helfen, irgendwas tun. Aber dann steht hier niemand mehr, und wer weiß, wer noch im Haus ist.

Die Kollegen bringen einen gefesselten Jugendlichen nach draußen und legen ihn auf dem Rasen ab, während ich weiter die Fenster nach einer Bewegung absuche und geistesabwesend meinen Fuß auf den Rücken des Jungen stelle.

»Schön liegen bleiben!«, sage ich laut, als ich merke, wie er unter meinem Fuß alle Muskeln anspannt. Ich verlagere etwas Gewicht auf das Bein, mit dem ich auf seinem Rücken stehe. »Denk nicht mal dran. Ich bin schneller, ich bin nicht gefesselt, und ich habe eine Waffe!«

Er bleibt angespannt, und ich konzentriere mich mehr auf ihn als auf die Fenster und die Rufe der Kollegen im Haus.

Nach wenigen Minuten ist der Spuk vorbei, das Haus ist von oben bis unten durchsucht, und drei Einbrecher sitzen sorgsam verschnürt im Gras und gucken uns bockig an. Mehmet, Maurice und Andy heißen die Schätzchen, wie ich auf ihren Ausweisen, die sie freundlicherweise dabeihaben, lesen kann.

»Da fühlt ihr euch stark, was? Kleine Jungs prügeln!«, brüllt Maurice in unsere Richtung. Wir ignorieren ihn und teilen die weitere Arbeit auf: Personalien feststellen, Gebäude sichern, Zeugen anhören und so weiter.

Der aufmerksame Nachbar hilft beim Verschließen der Terrassentür, er besitzt auch einen Schlüssel für die Haustüre. Dann schaffen wir die drei zu den Streifenwagen. Sie wehren sich kräftig. Als Mehmet, den ich mit meinem Fuß am Boden gehalten habe, an mir vorbeigeführt wird, spuckt er mir vor die Füße und faucht mich an: »FOTZE! DRECKIGE FOTZE! Wir sehen uns wieder!«

Ich nicke und murmele leise: »Mann, dass denen echt nichts anderes einfällt als immer Fotze. Ich beschimpf doch auch niemanden als Schwanz!«

Scheinbar hat er mich gehört und brüllt, während er von einem Kollegen auf den Rücksitz geschoben wird: »SCHWANZLUTSCHENDE FOTZE! NUR WEIL ICH KEIN DEUTSCHER BIN!«

Einer der Kollegen antwortet lachend: »Nee, Mehmet, nur weil du eingebrochen hast! Das hat mit deiner Abstammung nicht wirklich was zu tun, und deine zwei Kumpels sind ja nun Deutsche, die sitzen aber genauso in der Patsche wie du, oder?«

»HALT DIE FRESSE, ARSCHLOCH!«, tönt es vom Rücksitz des Streifenwagens, und genervt schieben wir den Blondschopf Andy auf unseren Rücksitz. Während ich fahre, sitzt meine Kollegin hinten neben ihm.

Kaum ist er von seinen Kumpels getrennt, beginnt Andy zu wimmern. »Die Handschellen sind zu fest. Mir fallen die Arme ab. ICH STERBE!«

Über den Rückspiegel tausche ich einen Blick mit meiner Kollegin, die schüttelt den Kopf. »Die sind nicht zu fest, die sind genau richtig. Jetzt stell dich mal nicht an wie eine Heulsuse, wir sind ja gleich da.«

»MEINE AAAAAARME!«, jault Andy. Wir ignorieren ihn. Die Handfesseln sind natürlich nicht zu fest, aber klar ist es unbequem, mit einer Metallspange um die Handgelenke und den Armen auf dem Rücken im Auto zu sitzen. Im Vergleich dazu, wie unbequem es ist, aus dem Urlaub zu kommen und das ganze Haus durchwühlt vorzufinden, wie die Familie, die hier zum Opfer unserer Jungeinbrecher geworden ist, empfinde ich so ein bisschen Zwicken in den Armen für ihn als erträgliche Strafe.

Andy jammert weiter vor sich hin und hört erst auf, als ihm die Kollegen im Gewahrsam die Handfesseln abnehmen. An seinen Handgelenken ist nichts zu sehen, nicht mal eine Rötung oder eine Druckstelle.

Auf dem Gang begegnen wir, obwohl wir eigentlich versuchen, so etwas zu verhindern, Mehmet. »DU HÄLTST DIE FRESSE! Wenn du ein Wort sagst, hast du Probleme!«, brüllt der über den Gang zu unserem Kerlchen rüber und outet sich damit als Kopf der drei Möchtegern-Ganoven.

Als alle drei sicher in ihren Zellen sitzen, teilen wir die Schreibarbeit unter uns auf. Einer schreibt die Festnahmeanzeigen, einer die Strafanzeige zum Einbruch, wir restlichen Beamten verabschieden uns gut gelaunt wieder zur Wache.

Noch eine halbe Stunde. Ich sitze wieder im Aufenthaltsraum und starre Löcher in die Luft, warte, dass entweder noch was passiert oder dass die Kollegen der Frühschicht zur Ablöse kommen. Ich bin froh, als ich endlich den Streifenwagenschlüssel übergeben und nach Hause kann.

Die Kollegen treffen sich noch im Keller der Wache auf ein Bier, aber ich stiefele direkt zum Auto. Nach dem Nachtdienst zieht es mich immer unaufhaltsam ins Bett. Obwohl ich die Nachtschichten liebe, bin ich danach immer hundemüde. So auch heute. Ich schlafe, noch bevor mein Kopf das Kissen berührt.

FEIERABEND
2011

Das war's. Sie sind mit mir Streife gefahren, haben Einsätze mit mir erlebt, haben mit mir und meinen Kollegen gelacht und gelitten, haben vielleicht sogar den einen oder anderen Geruch in der Nase gehabt, das Martinshorn gehört oder das Blaulicht gesehen. Ich hoffe, ich habe Sie nicht nur gut unterhalten, sondern Ihnen auch einen Einblick in unseren Job ermöglicht.

Vielleicht haben Sie jetzt ein bisschen mehr Verständnis für die Polizistin, die schlecht gelaunt Ihre Anzeige aufnimmt, weil sie gedanklich noch bei der Kinderleiche ist, die sie eben gefunden hat. Vielleicht können Sie jetzt nachvollziehen, dass es für uns Polizisten manchmal Dinge gibt, die im Moment dringender sind als die gestörte Nachtruhe durch feiernde Nachbarn.

Und vielleicht haben Sie durch meine Geschichten erkannt, dass wir Uniformierten auch nur Menschen sind. Wir sind nicht perfekt, wir sind nicht unfehlbar, aber wir sind immer bemüht, zu helfen, für die Bürger da zu sein und unsere Aufgaben zu erfüllen.

Natürlich gibt es auch bei uns schwarze Schafe, wie in jedem Beruf. Und jeder Kollege, jede Kollegin hat mal einen schlechten Tag. Aber in der Hauptsache sind wir alle ganz in Ordnung, und wir freuen uns wirklich, wenn jemand mal »Danke« sagt oder einfach ein wenig freundlich zu uns ist. Denn eigentlich wollen wir niemandem etwas Böses, ganz im Gegenteil.

Passen Sie auf sich auf!

DANKE

... meinen Eltern, Fred und Marguerite Binder, weil sie mich zu dem Menschen gemacht haben, der ich heute bin.

... liebe Ise und lieber Ofes, Oma und Opa, Miri und Ossi, weil ihr ihnen dabei tatkräftig unter die Arme gegriffen habt und ihr alle auch jetzt noch für mich da seid, hier oder auf der Wolke, auf der ihr mittlerweile sitzt, und eure schützende Hand über mich haltet.

... Schwesterherz, weil du die Verrücktheiten auslebst, für die ich nicht mutig genug bin.

... Thomas und Torsten, weil ihr nie halbe, sondern immer ganze Brüder seid.

... an Sabine Cramer bei Piper, die für mich ein kleines Wunder wahr gemacht hat.

... an Sibylle Auer, die sehr einfühlsam mit meinem Text im Lektorat umging und viel Geduld mit mir, den Handschellen und dem Feierabend hatte.

... den vielen Vorgesetzten, Tutoren und Kollegen, die mich gelehrt, geprägt und die mir etwas zugetraut und mir vertraut haben – und es immer noch tun.

... aber auch all den Mitarbeitern und Menschen, die mir Steine in den Weg legten, denn aus solchen Steinen kann man durchaus etwas Sinnvolles bauen.

... an Herrn Funken, der ein erfahrener Polizist, ein strenger Prüfer, ein engagierter Lehrer und nicht zuletzt ein guter Mensch ist.

... Andrea Kammann und ihren Büchereulen, besonders Claudia Forsbach, Wiebke Lorenz, Laila El Omari, Tom Liehr, Petra Seeberger, Iris Kammerer, Anke Hüls, Corinna Klimek, Silke Porath, Andrea Fußhöller, Ansgar Hoffmann und Bernd Othmer. Ohne euch, eure Hartnäckigkeit und euren Glauben an meine Geschichten gäbe es dieses Buch nicht.

... Volker Uhl, der mir mit den »Polizei-Poeten« im Internet und in seinen Büchern eine Plattform für meine Texte gegeben hat.

... Nina, Sandra, Heiko, Charly, Ruth, Flo, Marvin, Daniel und all den anderen, für die ich in den letzten Monaten viel zu wenig Zeit hatte.

... all jenen, die mir bei meinem Job begegnen, die mich zu interessanten Geschichten inspirieren und die mir zeigen, dass es gut ist, was ich jeden Tag tue.

Die erste Leiche vergisst man nicht

Polizisten erzählen

Herausgegeben von Volker Uhl.
Vorwort von Dietz-Werner Steck
(»Kommissar Bienzle«). 224 Seiten
mit Fotos von Suzanne Eichel.
Piper Taschenbuch

Es gibt immer ein erstes Mal: der erste Raubüberfall, der erste Mord, der erste Suizid. Wie gehen Polizisten damit um, die jeden Tag dem Verbrechen ausgesetzt sind? Volker Uhl hat das Internet-Projekt »Polizei-Poeten« ins Leben gerufen und Kollegen dazu animiert, über ihre Arbeit zu schreiben. Sie berichten in kurzen Texten von ihren erschütternden Erlebnissen. Dabei zeigen sie sich als Menschen, die andere leiden und sterben sehen, weil es ihr Beruf mit sich bringt. Authentische, lebensnahe Geschichten mit eindrucksvollen Fotografien von Suzanne Eichel.

»Von schrecklich schöner Eindringlichkeit.«
ARD-Tagesthemen

Markus A. Rothschild (Hrsg.)

Todesspuren

Die spektakulärsten Fälle der Rechtsmedizin. 304 Seiten.
Piper Taschenbuch

Die unbekannte Leiche im Teppich, der Tote in der Badewanne, der plötzliche Fund eines seit Jahrzehnten vermissten Liebespaares in seinem Fahrzeug am Grund des Achensees oder die mysteriöse Explosion eines Bauwagens: Dies sind nur einige von zahlreichen ungewöhnlichen und mysteriösen Fällen, die von Rechtsmedizinern aus Deutschland und Österreich untersucht und hier berichtet werden.